ソフトウェアカンパニーの秘密

テック企業の
戦略から
見えてくる
DXの鍵

SWIPE TO UNLOCK

ニール・メタフ、
アディティヤ・アガシェ、
パース・デトロージャ 著
イノウ 訳

ソシム

大人になると、世の中とはそういうものだ、自分の人生はそうした世の中で生き、壁にぶつかりすぎないようにし、素敵な家族を持ち、楽しみ、少しお金を貯めるように言われがちです。しかしそれは、とても限られた人生です。人生は、ひとたびシンプルな真実に気づけば、もっと豊かになります。それは、あなたが人生と呼んでいる周りすべてのものは、あなたよりも賢くない人々によって作られたということです。そして、あなたはそれを変えられ、影響を与えられ、自ら作り出せるのです、他人が使うようなものをです。これが最も大切なのでしょう。人生はそこにあり、ただそれを生きるだけだという誤った考えを振り払うには、人生に向き合い、変化させ、向上させ、そこに自らの足跡を残すのです……。それを知れば、もう2度と同じことはしないはずです。

——スティーブ・ジョブズ

（ところで、彼はアップルのためにコードを書いたことはありません）

本書のサポートページについて
本書のサポートページは、次のURLよりアクセスできます。

https://swipetounlock.com/
https://www.socym.co.jp/1337

［諸注意］
- 本書中に記載されている情報は、2021年11月時点のものであり、ご利用時には変更されている場合もあります。
- 本書の一部または全部について、個人で使用するほかは、著作権上、著者およびソシム株式会社の承諾を得ずに無断で複写／複製することは禁じられております。
- 本書の内容の運用によって、いかなる障害が生じても、ソシム株式会社、著者、監修者のいずれも責任を負いかねますのでご了承ください。
- 本書に記載されている社名、商品名、製品名、ブランド名などは、各社の商標、または登録商標です。また本文中にTM、©、®は明記しておりません。
- 本書の内容に関して、ご質問やご意見などがございましたら、下記までFAXにてご連絡ください。なお、電話によるお問い合わせや本書の内容を超えたご質問には応じられませんのでご了承ください。

目次

2章 オペレーティングシステム

3章 アプリの経済学

6章 ビッグデータ

はじめに

どのような仕事をするにしても、テクノロジーの理解は欠かせなくなってきました。医師は人工知能を使って患者を診断するようになり、農家はドローンを使ってより良い作物を育て、ビジネスマンはかつて石油や電力会社だった世界最大の企業が今ではアップル、アマゾン、フェイスブック、グーグル、マイクロソフトといった企業になっていることに気がついています。

では、テクノロジーを理解するにはどうすればいいのでしょうか。

技術者が語る概念の数々を理解するには、熟練のプログラマでなければならないように感じることも多いでしょう。いくつかの例をあげれば、ＳａａＳ、ＡＰＩ、ＳＳＬ、クラウドコンピューティング、拡張現実などです。また、スタートアップ企業、企業買収、アプリケーションの発売、噂など、毎日のように氾濫するテックニュースを理解するには、ＭＢＡを取得していなければならないように感じられることも少なくありません。

しかし、私たちは、経歴に関係なく、誰でもテクノロジーを理解できると考えています。

インターネットの基礎知識からフェイスブックやウーバーのビジネス戦略まで、最も重要なテクノロジーのトピックを、わかりやすくシンプルに説明できると考えているのです。

―― 本書のゴール

本書は、ＩＴとビジネスの戦略入門書です。この本では、実世界の例に基づいて、テクノロジーの世界を動かしているソフトウェア、ハードウェア、ビジネスの戦略を分解し、テクノロジーを理解し、分析するためのツールを提供します。予備知識は必要ありません。『ソフトウェアカンパニーの秘密』の各セクションは、実際のケーススタディであり、あなた自身が抱いているであろう疑問を提起しています。たとえば、スポティファイはどのように、曲をレコメンドしているのか、自動運転車の未来はどうなるのか、アマゾンはなぜ、損をするにも関わらず、プライム会員の送料を無料にするのか、などなどです。

各セクションでは、「何＝ビッグデータや機械学習といったテクノロジーの概念」を説明し、次に「なぜ＝企業がこれらのテクノロジーを使うのかというビジネス上の理由」を説明します。大小のテック企業でプロダクトマネージャーとして働いてきた経験から、テックの世界がどのように機能しているかの洞察を提供するのです。

ゴールは、本書を読み終える頃には、技術者のように考える能力の鍵を開けることです。

テクノロジーがどのように機能するのか、なぜそのように作られたのか、お金はどこから得られるのか、それが成功するのかなど、将来遭遇するテクノロジーのトピックを通して考える力を鍛えます。特定のアプリや企業が登場しては消えていく中で、本書で学んだコアコンセプトが、今後も長きにわたって役立つことを願っています。

――この本は誰に向けられているか

本書は、あらゆるスキルレベルの人が読めることを目指しています。一般人でも、ビジネスのプロフェッショナルでも、きっと役立つ興味深いことが見つかると思います。

コーディングの経験がなくても、製品管理、事業開発、マーケティング、IT企業の非エンジニア職に就きたいと考えている人は、人工知能、アルゴリズム、ビッグデータのようなものをチームのメンバーやクライアントに説明できなければなりません。また、会社のビジネス戦略を立てるには、過去にどのようなビジネス戦略が成功したのか（しなかったのか）とその理由を理解しておく必要があります。本書のケーススタディと技術コンセプトの説明は、この両方に役立つはずです。

あなたがソフトウェアエンジニアでありながら、プロダクトマネージャーを目指している場合には、広告、マネタイズ、買収などのビジネス面を教えます。

起業家や技術リーダーであれば、優れた製品を作るだけでは十分でないことを知っているはずです。実際のケーススタディを使用して、技術への理解とビジネス戦略の直感力を養い、会社を成功させ、投資家や従業員と賢く話ができるようにします。

あなたが理工学部や経営・経済学部の学生であれば、本書のケーススタディは、あなたの授業にぴったりとフィットします。アマゾンのような企業が成功した理由やブラックベリーのような製品が失敗した理由を学び、テック企業が技術政策、破壊的イノベーション、新興市場をどのように扱ってきたかを理解します。

テック企業に勤めていなくても、あなたの会社が時代の先を行くためにテクノロジーを利用できる可能性はあるでしょう。予測分析、ＳａａＳ、Ａ／Ｂテストなどといったホットな用語と、こうした技術を非テック企業が利用して成長するための方法を学びます。

最後に、たとえテクノロジーの知識を必要としない人であっても、毎日テクノロジーを使っているはずです。私たちは、あなたがより良い情報を有するデジタル市民になるため、日常的に使用している技術がどのように機能しているかを、例え話や平易な言葉で説明します。また、ネット中立性、プライバシー、技術規制など、ニュースで耳にしたことのあるトピックも取り上げます。さらには、フェイクニュース、データ漏洩、デジタルドラッグの売買、ロボットによる雇用破壊など、テクノロジーの暗部についても触れていきます。

『ソフトウェアカンパニーの秘密』を読む理由が何であれ、貴重な洞察やアイデアがたくさん見つかり、技術者としての考え方や話し方を学ぶことができるでしょう。そして、エンジニアの考え方や話し方を学べるのです。

まずは、本書にどのようなことが書かれているのかを見てみましょう。

―― 本書には何が書かれているか

『ソフトウェアカンパニーの秘密』は、大きく3つに分けられます。1章から4章までは、ソフトウェアがどのように作られているか、インターネットはどのように機能しているか、主要なアプリケーションのビジネスモデルなど、テクノロジーの基礎を説明しています。5章から8章までは、ビッグデータ、クラウドコンピューティング、セキュリティなど、テクノロジーの世界を構成する主要要素を紹介します。そして、9章から12章では、前段を踏まえて、ビジネス戦略、新興市場、技術政策、テクノロジーの次の展開など、トレンド、分析、予測を深く掘り下げていきます。

各章は前の章をベースに構成されているので、テクノロジーに慣れていない方は、前から後ろに読むことをお勧めします。熟練者の方は、最も関連性の高いと思われるケースを自由に読み進めてください。必要な概念を学んでいれば、各ケースは独立して読むことができます。

メインコンテンツの後には、プログラミング言語、ビジネス用語、一般的なソフトウェアエンジニアリングツールなど、私たちがテック業界で働いている間に出会った最も重要なキーワードを集めた用語解説を掲載しています。これは、エンジニアのように話す上で役立ち、会話の助けになり、今後の有用なレファレンスになると考えています。

最後に、テクノロジーとビジネスの全戦略を１冊の本でカバーすることは不可能なので、各章ごとに数百件の引用文献を用意しました。これらのリンクはウェブサイト(swipetounlock.com/notes/3.4.0) に掲載されています。興味のあるトピックがあれば、ぜひ引用文献を利用して深く掘り下げてみてください。

――私たちは何者か

私たち３人が初めて会ったとき、シリコンバレーはオープン性や実力主義を謳っているものの、実際には専門家でない人がそれを理解するのは難しく、ましてやテック業界に入るのは難しいという話をしました。私たちは、この状況を変えることに情熱を持っていることに気づき、『ソフトウェアカンパニーの秘密』を執筆しました。

私たち３人は、いずれも大手テック企業でプロダクトマネージャーとして働いた経験がありますが、テック業界の中でもかなり異なる分野の出身です。ニールは公的機関や非営利団体、アディはスタートアップ企業、そしてパースはビジネスやマーケティングの分野で働いています。

もう少しご紹介しましょう。

ニール・メタフは、グーグルのプロダクトマネージャーです。それ以前は、マイクロソフト、カーンアカデミー、米国国勢調査局に勤務し、連邦政府初の全額出資によるエンジニア・インターンシッププログラムを立ち上げました。ハーバード大学を優秀な成績で卒業しています。

アディティヤ・アガシェは、マイクロソフトのプロダクトマネージャーです。それ以前は、ベルズアプリケーションの創業者兼ＣＥＯを務めました。コーネル大学を優秀な成績で卒業しています。

パース・デトロージャは、フェイスブックのプロダクトマネージャーです。それ以前は、マイクロソフト、アマゾン、ＩＢＭでプロダクトマネージャーおよびマーケターとして活躍していました。コーネル大学を優秀な成績で卒業しています。

――就職を考えている人への注意事項

1章に進む前に、テック企業でエンジニア以外の仕事を探している方のために、いくつかのヒントと資料を用意しました。

まず、『ソフトウェアカンパニーの秘密』で答えている質問は、実際の面接の質問に似せて作られているわけではありませんが、他人と差を付ける答えを作るための技術的、ビジネス的な洞察を得られることは覚えておいてください。

たとえば、本書では、グーグルが見せる広告を決定する方法や、マイクロソフトがリンクトインを買収した理由などを取り上げます。面接官はおそらく、これらの事例を再現するようには求めないでしょうが、特定層からの広告収入を増やす方法、マイクロソフトのエンタープライズ製品を改善する方法は聞かれるかもしれません。そのようなとき、これらの事例はより洞察力に富んだ回答をしたり、業界知識の深さを示したりするのに役立ちます。

つまり『ソフトウェアカンパニーの秘密』は、面接の仕方を教えるのではなく、エンジニアとしての考え方を身に付けることに重点を置いているのです。面接の質問例だけでは、テック業界について戦略的に考えたり、テクノロジーの概念を流暢に理解したりすることはできませんが、本書はその助けになると考えています。

面接の準備、履歴書の書き方、人脈作り、仕事の選び方など、より実践的なアドバイスをお求めの方には、swipetounlock.com/resources で、役に立つ書籍や記事へのリンクを紹介しています。

謝辞

本書の執筆を始めて間もなく、私たちは1人ではできないことに気づきました。ここでは、本書の執筆中にサポート、フィードバック、インスピレーションを与えてくれた友人や家族全員に感謝したいと思います。

ニール・メータ

namehta.com
linkedin.com/in/neelmehta18

つねに刺激を与えてくれる友人たち、そして私を支えてくれる家族へ——

アライシャ・シャルマ、エイミー・ザオ、アンドレ・チェン、アロン・ザント、アルパン・サルカ、イブラジ・シーラ、ジェフリー・ヘ、マイトリー・ジョシ、メナカ・ナラヤナン、サイム・ラザ、サトビック・スディレディ、ソフム・パワール、タラ・メータ、ヴィシャール・ジャインには、提案やアドバイスをいただきました。本当にありがとうございます。その他の友人たちも、私がこの本のことをしゃべり続けるのを我慢してくれています。また、私の技術的なスキルを使って変化を起こそうと思わせてくれた私の師匠たちにも感謝したいと思います。ジェフ・マイゼル、ニック・サイナイ、ウィリアム・グリーンローなどです。また、素晴らしい共著者であるアディとパースは、最高の友人であり、仲間でもあります。そして最後に、私が何をするにしても無限のサポートをしてくれる両親に感謝したいと思います。

パース・デトロージャ

parthdetroja.com

linkedin.com/in/parthdetroja

尽きることのない支援をしてくれた友人と家族、そして私のビジョンを信じてくれた師匠のデボラ・ストリーターに。この本を実現することができました――

この本を今の状態にするために協力してくれた友人や家族に、大きな感謝の気持ちを伝えたいと思います。特に、ミッシェル・ワン、デボラ・ストリーター、ジェレミー・シフリング、ジャック・キーリー、クリスティーナ・ジー、ステファニー・シュー、ニケタン・パテル、ケビン・コール、ブラッドレー・マイルス、アイビー・クオ、クリシュナ・デトロージャ、ガブリエル・エニス、アダム・ハリソン、ウィニー・サン、アマンダ・シュー、ウィリアム・スターン、サマンサ・ハブソン、スレイマン・デミレル、サウンダーヤ・バラスブラマニに感謝しています。これらの方々は、コンテンツ、デザイン、マーケティングなど、あらゆる面で貴重な時間、スキル、意見、洞察力を提供してくださいました。このような素晴らしい友人や家族に支えられていることに、心から感謝しています。

アディティヤ・アガシェ

adityaagashe.com

linkedin.com/in/adityaagashe

quora.com/profile/Adi-Agashe

家族や友人、ビジネスへの情熱を支えてくれたこと、そして恐怖心を乗り越えて起業家精神を持つことができたことに感謝します——

辛抱強くサポートしてくださった皆様に感謝しています。皆様のご支援がなければ、実現できなかったでしょう。まず、私たちが技術的な知識を共有することを熱心に勧めてくれたパム・シルバースタイン、ピーター・コートル、ナンシー・チャウ教授、マイケル・ローチ教授に心から感謝しています。次に、章の校閲から表紙のデザインまで、あらゆる面で協力してくれた友人たちに感謝します。ミッシェル・ジャン、ローレン・シュチュルテ、ホーリー・デン、ウヌ・ソン、サイ・ナイドゥ、サンディープ・グプタ、ニビ・オブラ、ジェニー・キム、ブライアン・グロス、エリック・ジョンソン、アイリーン・ダイに感謝します。また、ブックカバーやウェブサイト、その他のブランディングのためのデザインを精力的に手伝ってくれたナツコ・スズキにも大きな拍手を送りたいと思います。そして最後に、この旅を支え、愛してくれた家族に感謝します。

個人的な目的、学術やキャリア上の目的にかかわらず、『ソフトウェアカンパニーの秘密』がお役に立てることを願っています。お読みいただき、誠にありがとうございます。楽しんでいただけることを祈っています。

1章

ソフトウェア開発

テクノロジーの世界を探検するため、まずはみなさんが日常的に使っているアプリの裏側を見てみましょう。「ネットフリックス」と「Excel」では、かなり違うと感じるかもしれませんが、どちらも同じ要素で構成されます。それどころか、すべてのアプリは同じ構成要素で作られていると言っても過言ではありません。それは何でしょうか。答えは、続きをお読みください。

グーグル検索の仕組みとは

グーグルで検索すると、検索エンジンがインターネット上にある30兆以上のウェブページを調べ、質問に対する上位10件の結果を見つけます。[1] 92％の確率で、最初のページ（つまり上位10件の中）の結果をクリックします。[2] 30兆個の中からトップ10を探すのは、ニューヨークのどこかに無造作に落ちている1ペニー硬貨を探すのと同じくらい大変なことです。[3] しかし、グーグルはこれを巧みに、平均してわずか0・5秒で行います。[4] どのようにやっているのでしょう。

グーグルは、質問されるたびにインターネット上の全ページを訪問しているわけではありません。実際にはウェブページの情報をデータベース（エクセルにおけるような情報の表）に保存していて、そのデータベースを読むアルゴリズムによって、何を表示するかを決めているのです。アルゴリズムとは、一連の命令セットです。人間にはＰＢ＆Ｊサンドイッチ（ピーナッツバターとジェリーのサンドイッチ）を作るための「アルゴリズム」はあるかもしれませんが、グーグルのコンピュータには、検索バーに入力された内容に基づいてウェブページを見つけるアルゴリズムがあるのです。

クローリング

グーグルのアルゴリズムは、インターネット上の全ウェブページのデータベースを構築することから始まります。グーグルはウェブクローラと呼ばれるプログラムを使ってウェブを「クロール」し、すべてのウェブページ（少なくともグーグルが考えるすべてのウェブページ）を見つけ出します。ウェブクローラは、いくつかのウェブページからスタートし、それらをグーグルの「インデックス」と呼ばれるページリストに追加します。次に、これらのページにあるすべてのページリンクをたどり、新しいページ群を見つけて、インデックスに追加するのです。そして、それらのページにあるすべてのリンクをたどり、何も見つけられなくなるまで、同じことを繰り返します。

このプロセスはつねに行われており、グーグルはつねに新しいページをインデックスに追加したり、ページが変更されたときに更新したりしています。インデックスは巨大です。1億ギガバイトを超えるでしょう。これを1テラバイトの外付けハードディスクに収めようとすると、10万台が必要となります。[5] それを積み重ねると約1マイルの高さになるのでしょう。[6]

ワード検索

グーグルで検索すると、クエリ（検索バーに入力したテキストのこと）を取得し、インデックスを検索して最も関連性の高いウェブページを見つけます。

グーグルはどのようにこれを行っているのでしょう。最も単純な方法は、特定のキーワードの出現箇所を探すことです。これは、Ｃｔｒｌ＋ＦやＣｍｄ＋Ｆを押して巨大なワード文書を検索するようなものです。実際、90年代の検索エンジンはこの方法で動作していました。インデックスで検索して、キーワード密度と呼ばれる属性により[8]、最も合致するページを表示していたのです[7]。

このやり方はかなり簡単です。「スニッカーズ」というチョコレートバーを検索すると、「ｓｎｉｃｋｅｒｓ．ｃｏｍ」が最初にヒットすることは想像に難くありません。しかし、もし検索エンジンがウェブページ上の「スニッカーズ」という単語の出現回数を数えていたら、誰でも「スニッカーズ スニッカーズ スニッカーズ」とだけ書かれたランダムなページを作れば、検索結果のトップに躍り出られます。それでは明らかに、使い勝手が悪いですよね。

ページランク

グーグルのイノベーションの核心は、キーワード密度ではなく、創業者であるラリー・ページとセルゲイ・ブリンが作成したページランクというアルゴリズムです。このアルゴリズムは、ラリー・ページとセルゲイ・ブリンによって、98年に博士論文のために開発されました。[9] これは、パーティーで人気のある人が周りにいると、その人が人気者だとわかるのと同じような仕組みです。[10] ページランクは、各ウェブページに、そのページにリンクしている他の全ページのページランク・スコアに基づくスコアを与えます[11]（これらのスコアは、そのページにリンクしているページなどに左右され、線形代数によって算出されます[12]）。

たとえば、私たちがエイブラハム・リンカーンについての真新しいウェブページを作ったら、最初は非常に低いページランクになります。もし、無名のブログが私たちのページへのリンクを追加したら、私たちのページのページランクは少し上がるでしょう。ページランクはリンクの量よりも質を重視するので[13]、何十もの無名のブログが私たちのページにリンクを張ったとしても、あまり得られるものはありません。しかし、ニューヨーク・タイムズの記事（おそらくページランクが高いでしょう）が私たちのページにリンクすれば、ページランクの大幅上昇が可能です。

グーグルは、インデックス内で検索クエリに言及している全ページを見つけると、ページランクを含むいくつかの基準を用いてそれらをランク付けします。[14] グーグルは他にも様々な基準を持っています。ウェブページが最近更新されたかを考慮したり、スパムのように見えるウェブサイトを無視したり（先ほどの「スニッカーズ スニッカーズ」サイトのように）、地域を考慮したり（米国で「フットボール」と検索するとNFLがヒットし、英国で「フットボール」と検索するとプレミアリーグがヒットする、など）など、様々な基準を持っています。[15]

グーグルと勝負すると

しかし、ページランクには落とし穴があります。スパマーがキーワードの密度を悪用するように（「スニッカーズ スニッカーズ スニッカーズ」のように）、スパマーは「リンクファーム」、つまり無関係なリンクが大量にあるウェブページを作るようになりました。ウェブサイトの持ち主は、リンクファームにお金を払って自分のウェブページへのリンクを貼ることで、人為的にページランクを上げられるのです。[16] しかし、グーグルはリンクファームを捕らえて無視することにかなりうまくなっています。[17]

そのため、グーグルの攻略には、さらに人気のある方法が登場しています。ウェブサイトの持ち主がグーグルの検索アルゴリズムを解読し、ウェブページがグーグル検索上位に表示されるようにするため、[18]検索エンジン最適化（ＳＥＯ）と呼ばれる産業が生まれたのです。ＳＥＯの最も基本的な方法は、自分のページにリンクを貼るページを増やすことです。ＳＥＯには、ページのタイトルや見出しに適切なキーワードを入れたり、サイト内のすべてのページを相互にリンクさせたりするなど、様々なテクニックがあります。[19]

ただ、グーグルの検索アルゴリズムはつねに変化しています。マイナーアップデートは年に5百回以上行われ、[20]メジャーアップデートもときに行われます。たとえば、グーグルは18年にアルゴリズムを変更し、モバイル端末での読み込みが速いウェブサイトを優遇するようにしました。そのため、ウェブの専門家たちは、サイトのオーナーに対して、ＡＭＰ（Ａｃｃｅｌｅｒａｔｅｄ Ｍｏｂｉｌｅ Ｐａｇｅｓ）と呼ばれるグーグルのツールを使った、重要な記事の作成を提案するようになっています。[21]

スポティファイはどのように、曲をレコメンドしているのか

毎週月曜日の朝、リスナーには、ほとんど魔法のように好みにぴったりな30曲のプレイリストがスポティファイから送られてきます。「Discover Weekly」と呼ばれるこのプレイリストは瞬く間にヒットし、15年6月のサービス開始から半年で、17億回以上ストリーミングされました。[22] では、スポティファイは2億人のユーザーをどのようにして知り尽すのでしょう。[23]

スポティファイは、公開プレイリストを手作業で作成する音楽専門家を雇用していますが、[24] 2億人のスポティファイ・ユーザー全員に対して手作業はできません。スポティファイはそこで、毎週実行されるアルゴリズムに頼ることにしたのです。[25]

「Discover Weekly」のアルゴリズムは、2つの基本情報を調べることから始めます。まず、あなたが聴いて気に入ってライブラリやプレイリストに追加した曲をすべてチェックします。このアルゴリズムには、最初の30秒以内に曲をスキップした場合、その曲

が気に入らなかったのだろうと判断するくらい賢いのです。次に、他人が作った全プレイリストを調べます。その際、すべてのプレイリストには何らかのテーマがあると仮定して、たとえば「ランニング」プレイリストや「ビートルズジャム」プレイリストなどを作成します。[26]

これらのデータを入手したスポティファイは、2つの方法であなたが好きそうな曲を探します。1つ目の方法は、2つのデータセットを比較して、どの新曲があなたの好きな曲と関連しているかを把握することです。たとえば、ある人が8曲入りのプレイリストを作っていて、そのうち7曲があなたのライブラリにあるとします。あなたはおそらくこのタイプの曲が好きなので、おそらくDiscover

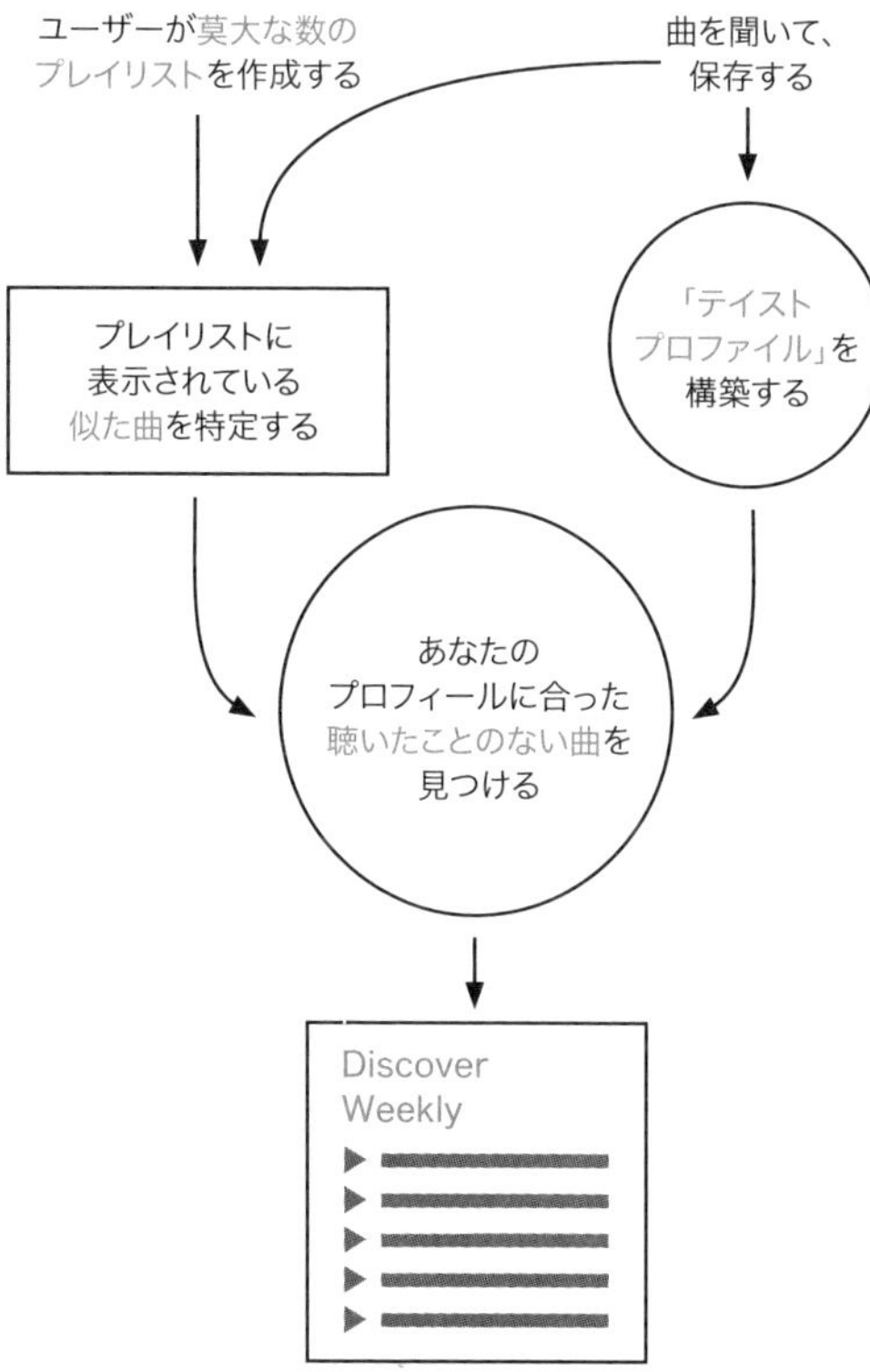

スポティファイが自動的に楽曲を推薦するアルゴリズム。
出典：Quartz[27]

Weeklyはあなたのライブラリにない1曲を推薦することになるでしょう[28]。

この技術は「協調フィルタリング」と呼ばれます。アマゾンがあなたの購入履歴と他の何百万人のユーザーの購入履歴に基づいて、あなたが好きそうなアイテムを提案する際にも同じ手法を使っています[29]。ネットフリックスにおける映画の提案、ユーチューブにおける映像の提案、フェイスブックにおける友だちの提案なども、協調フィルタリングを利用しているのです[30]。

協調フィルタリングは、サービスの利用者が増えれば増えるほど使い勝手が良くなります。この例では、スポティファイの利用者が増えれば、特定の人と好みが似ている人を見つけやすくなり、その結果、推薦しやすくなるのです。ただし、このようなアルゴリズムは、ユーザー数の増加に伴い、処理速度が低下したり、計算量が増えたりすることもあるでしょう[31]。

スポティファイがプレイリストを作成する際に使用する2つ目の方法は、あなたの「テイストプロファイル」です。あなたがこれまでに聴いて気に入った曲だけに基づき、スポティファイはあなたがどのジャンル（例：インディーズロックやR&B）、どのマイクロジャンル（例：チェンバーポップやニューアメリカーナ）が好きかを判断し、そのジャンルの曲をお勧めします。これは、過去の視聴パターンに基づいて曲を推薦するという彼らの戦略の別の形態に過ぎません[32]。

なぜ音楽レコメンドに投資するのか

こうしたレコメンドエンジンを構築するためにエンジニアを雇用すれば、費用がかかることでしょう。スポティファイのエンジニアの年収は何十万ドルにも及ぶからです[33]。では、なぜスポティファイはレコメンドエンジンを作るのでしょう。

第1に、優れたレコメンデーションシステムは、スポティファイがアップルミュージックのようなライバルに差をつけるためのセールスポイントになります。膨大な音楽ライブラリを持っているだけでは十分ではありません。ビジネス用語で言えば、音楽はコモディティです。スポティファイでもアップルミュージックでも何でも、どのような曲も大体同じように聞こえますし、金さえあれば誰でもライセンスを取得し、巨大なライブラリを構築できます[34]。

どの音楽ストリーミングサービスも実質的に同じ楽曲を揃えられるのであれば、スポティファイは競合他社と差別化するための何かが必要になります。そしてスポティファイのレコメンデーションシステムはその条件を満たしており、アップルミュージックのレコメンデーションシステムよりも優れていると広く認められているのです[35]。

協調フィルタリングはユーザー数が増えれば増えるほど効果を発揮するため、すでに多くのユーザーを抱えるスポティファイは、さらにリードを広げていけるでしょう。

第2に、パーソナライズされたレコメンデーションは、ユーザーがサービスを継続する可能性を高めることです。[36] スポティファイを使えば使うほど、アルゴリズムはユーザーの好みを把握し、より適切な音楽を推薦できるようになります。つまり、スポティファイをよく利用している人は、お薦めの音楽がかなり充実しているはずで、あなたのことをまったく知らないアップルミュージックに飛びつけば、大きな損失を被ることになります。このように「スイッチングコスト」が高いと、乗り換える可能性が低くなるのです（スポティファイでプレイリストを作成するように、アプリに入れた個人データは一般にスイッチングコストを高めます。新しいアプリに乗り換えたときにそうしたデータを再び作成しなければならないからです[37]）。

要するに、パーソナライズされたプレイリストはリスナーにとって素晴らしいものであると同時に、スポティファイのビジネスに貢献しているのです。パーソナライズされたレコメンデーションサービスを提供するアプリが増えていることに、何の不思議もありません。

フェイスブックはどのように、ニュースフィード表示を決めているのか

毎日10億人以上の人がフェイスブックのニュースフィードを見ており、米国人は人と顔を合わせて交流するのと同じくらいの時間をフェイスブックで過ごしています[38]。これほど多くの人の目に触れるのですから、ニュースフィードは非常に大きな力を持っているのでしょう。ニュースフィードは、私たちの気分に影響を与えたり、イデオロギー的な閉鎖空間に閉じ込めたり[39]、あるいは誰に投票するのかにさえ影響したりするのです[40]。要するに、ニュースフィードに何が表示されるかは重要です。では、フェイスブックはどのようにニュースフィードに表示する内容を決めているのでしょう。

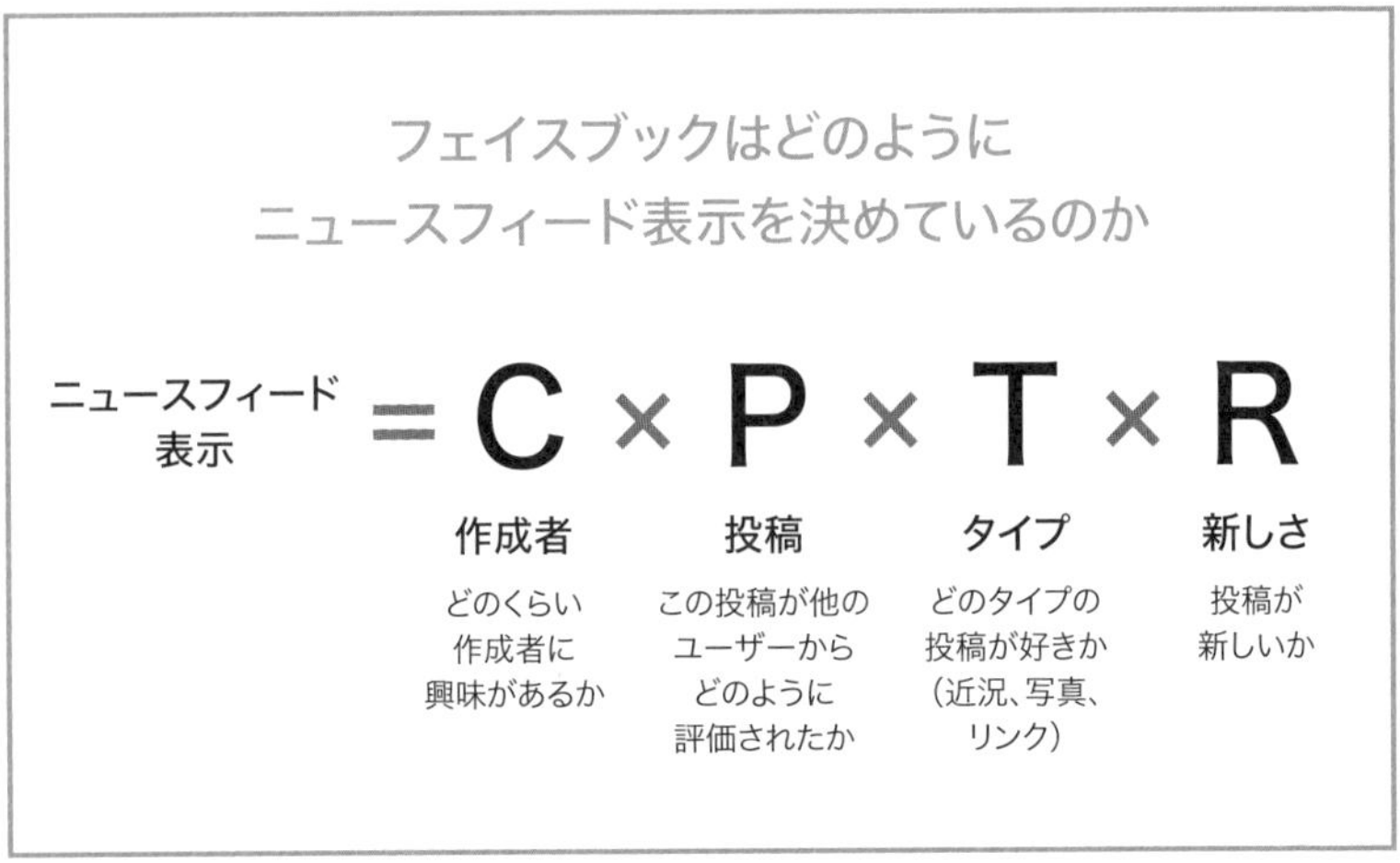

フェイスブックのニュースフィードのアルゴリズムを簡単に説明。
出典：TechCrunch[41]

具体的には、毎日届く何百（または何千）もの更新情報を、フェイスブックはどのようにして分類しているのでしょう。フェイスブックは、グーグルと同じように、アルゴリズムを使って何が最も重要なのかを判断しているのです。パーソナライズされる要素は10万個ほどですが、ここでは4つの重要な要素に焦点を当てましょう。[42]

第1の要因は、誰が投稿したかです。フェイスブックは、あなたがより多く交流した人（たとえば、より多くメッセージを送った人やより多くタグ付けした人）の投稿をより多く表示します。[43]

第2に、投稿の質です。より多くの人がその投稿に関わるほど（たとえば、「いいね！」やコメント）、フェイスブックはその投稿をより興味深いと捉えて、ニュースフィードのトップに表示される可能性が高くなります。[44]

第3には、投稿のタイプです。フェイスブックは、あなたが頻繁に交流で使っている投稿のタイプ（動画、記事、写真など）を把握し、それらをより多く表示します。[45]

そして第4の大きな要素は「新しさ」です。新しい記事が上位に表示されるのです。[46]

しかし、この他にも様々な要因があります。タイム誌はいくつかの要素を見つけました。

> モバイル接続が遅い携帯電話を使うと、しばしば動画が少なく表示される。コメントに「おめでとう」と書けば、その記事が人生の大きなイベントに関するものであるため、その記事をプッシュする。記事をクリックした後に「いいね！」を押すと、「いいね！」を押す前よりも強いポジティブな合図となる。これは、おそらくその記事を読んで楽しんだことを意味するからだ。[47]

ご存知のように、フェイスブックは、ニュースフィードの投稿に「いいね！」や「コメント」する確率を最大限に高めようとしています。結局のところ、新しいニュースフィードを気に入れば気に入るほど、下にスクロールすることになり、下にスクロールすればするほど、より多くの広告が表示されることになるからです。広告はもちろん、フェイスブックの売上のほとんどを占めています。[48]

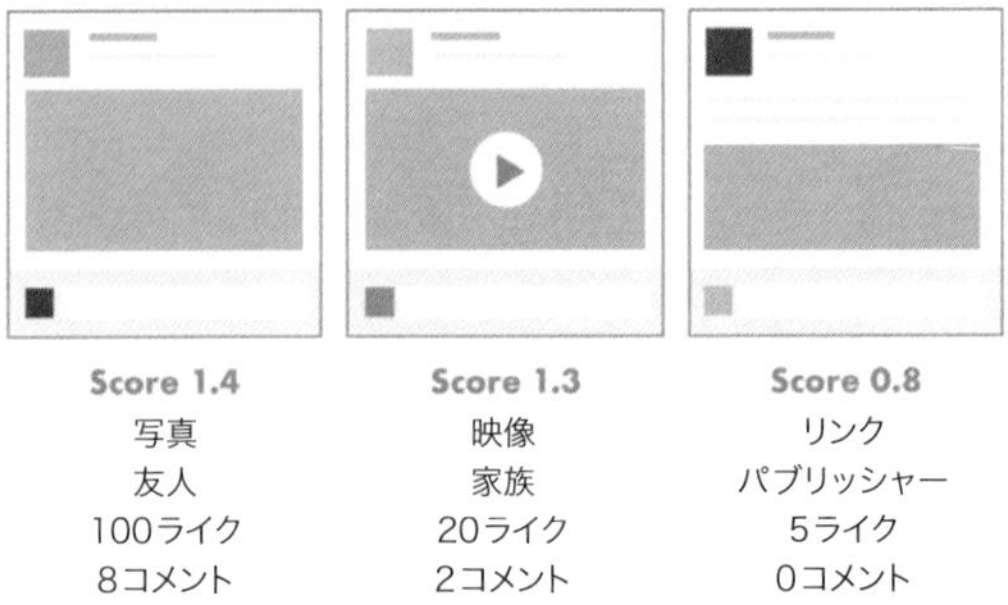

フェイスブックが投稿をランク付けし、ニュースフィードに表示する内容を決定する例。
出典：TechCrunch[49]

このアルゴリズムは、フェイスブックに役立つような行動を取るようにユーザーを仕向けます。誰もが自分の投稿が友だちのニュースフィードのトップに表示されることを望んでおり、フェイスブックは口コミ投稿を後押しするため、多くの人にシェアされるような投稿をするように人々は動機づけられます。[50] フェイスブック上で共有されるほど、投稿数も増え、より多くの広告を掲載できるようになるのです。

フェイクニュース対策

フェイスブックのニュースフィード・アルゴリズムのようなアルゴリズムは非常に強力ですが、巧妙なハッカーが簡単に利用できるというリスクもあります。人間が監視しなければ、アルゴリズムは私たちを害するように働く可能性があるのです。

有名な例に、16年の米国大統領選挙の際、フェイスブック上で爆発的に広がったフェイクニュースがあります。[51]

ニュースフィードのアルゴリズムでは、投稿の真偽や評判は考慮されず、エンゲージメントの最大化のみが考慮されていることを思い出してください[52]。フェイクニュースの発信者たちは、この点を利用して、気に入らない政治家を攻撃し、とんでもない明らかに虚偽のニュース記事をフェイスブックに投稿しました。これらの記事は当然ながら多くのクリックやコメントを集め、フェイスブックのアルゴリズムによって多くの人のニュースフィードのトップに掲載されたのです[53]。

その後のフェイスブックは称賛に値します。フェイクニュースの拡散を制限するため、ニュースフィードアルゴリズムを更新したのです。18年、フェイスブックはアルゴリズムを変更し、「意味のある社会的交流」を重視すると発表しました。つまり、単なるニュースを提供する代わりに、友人からの更新情報を促進するわけです。しかし、フェイスブックも認めているように、「意味のある社会的相互作用」を測定するのは、記事への「いいね！」やクリック数を測定するよりもはるかに難しいことです[54]。

フェイスブックは、ニュースフィード・アルゴリズムの弱点に対処するため、人間にも頼っています（アルゴリズムはそもそも人がしなくてはならない仕事を減らすために設計されているため、皮肉な話です。ですが、残念ながらアルゴリズムが完璧でないことをフェイスブックも認めているのです）。たとえばフェイスブックは、人々がフェイクニュースの投稿にフラグを立てる機能を導入したり[55]、ニュースフィードをチェックしてニュースフィード・アルゴリズムの設計者にフィードバックするフォーカスグループを採用したりしています[56]（そうなんです、フェイスブックを閲覧するだけでお金がもらえるのです）。

アルゴリズムは世界を動かす魔法の呪文ではありません。コンピュータに特定のタスクを実行させるために書かれたルールの集合体に過ぎません（複雑なものですが）。そして、フェイスブックが示しているように、ときにマシンと人間が一緒に仕事をすることが求められるのです。

ウーバー、イェルプ、ポケモンGoに共通する技術とは

たとえば、自分用のGoogleマップを作るとしましょう。そのためには、地球上のすべての道路、建物、都市、海岸線を追跡調査しなければなりません。グーグルが「Googleマップ」で行っているように、世界中を走り回って写真を撮影し、計測するための車が必要になるのです。[57] さらに、カメラの向きを左右に振って広い場面を写す機能、ズーム機能、2点間の道順を調べるアルゴリズムも組み込む必要があるかもしれません。

それは、控えめに言っても非常に難しいでしょう。Appleマップでさえ、Googleマップの品質に達していないと批判されています。[58]

そのため、ウーバーやポケモンGo、イェルプ（米国のローカル情報口コミサイト）などのアプリが、空いている車の位置を示したり、プレイヤーを助けたり、野生のポケモンを見つけたり、近くのレストランを表示したりするために地図を搭載しなくてはならないとき、おそらく数十億ドルの費用と数千時間をかけて独自の地図を構築することは望まないでしょう。

これらのアプリを利用したことがある人なら、代わりに何をしているのかがわかると思います。彼らは、自分のアプリにＧｏｏｇｌｅマップを埋め込んでいるのです。レストランを検索するとき、イェルプはあなたの現在地を中心としたＧｏｏｇｌｅマップにピンを落とします。街中でウーバーを呼びたいとき、アプリはＧｏｏｇｌｅマップ上にあなたが通るルートを描き、そこまでのおおよその時間を計算します。[59]

グーグルは、アプリにＧｏｏｇｌｅマップを描画するための小さなコードを組み込めるようにしています。また、地図上に絵を描いたり、地図上のポイント間の道順を計算したり、特定の道路の制限速度を調べたりするためのコードも用意されています。これらのツールはどれも安価で、無料のものさえあります。[60] グーグルが何年もかけて完成させた技術を、わずかなコードで使えるようになるのです。車輪を再発明する必要はありません。

ウーバーはグーグルマップのＡＰＩを使って、あなたが現在いる地域の地図を描き、車の移動時間を予測する。出典：アンドロイド上のウーバー

他のアプリケーションの機能やデータを借用するためのコードは、ＡＰＩ（Application Programming Interface）と呼ばれています。要するに、ＡＰＩがアプリ同士の会話を

可能にするのです。ここでは、主に3種類のＡＰＩを紹介しましょう。

3種類のＡＰＩ

1つ目のＡＰＩは、「機能ＡＰＩ」と呼ばれ、あるアプリが別の専門アプリに、道順の計算、テキストメッセージの送信、文章の翻訳など、特定の問題解決を依頼するものです。これは、家の不具合を自分で修理するのではなく、配管工や大工に依頼するようなものです。アプリには様々な機能のＡＰＩが使われています。電子メールやテキストメッセージを送信するコードを書くのは面倒なので、ベンモ（米国の個人間送金アプリ）のようなアプリは、確認用の電子メールやテキストを送信しなくてはならないとき、専用のＡＰＩを使用しています[61]。クレジットカードの支払い処理はかなり難しいので、ウーバーはペイパルのＢｒａｉｎｔｒｅｅＡＰＩに委託しています[62]。このＡＰＩを使えば、数行のコードを書くだけで、誰でもペイパルのクレジットカード処理アルゴリズムを使えるのです[63]。

「データＡＰＩ」と呼ぶことにする2つ目のＡＰＩは、あるアプリが別のアプリに、スポーツのスコアや最近のツイート、今日の天気など、興味深い情報の提供を求めます。たとえば、ホテルのフロントに電話して、お勧めの美術館やレストランを教えてもらうようなものです。ＥＳＰＮ（米国のスポーツ専門チャンネル）は、メジャーリーグ全チームの名簿と全試合のスコアが取得可能なＡＰＩを提供しています。[64] ニューヨーク地下鉄のシステムは、ユーザーが列車の位置を把握し、次の列車の駅到着時間を予測できるようにしています。[65] 猫の画像をランダムに取得するＡＰＩさえあるのです。[66]

　最後のＡＰＩである「ハードウェアＡＰＩ」は、開発者が端末自体の機能にアクセスするためのものです。インスタグラムでは、スマートフォンのカメラＡＰＩを利用して、写真のズーム、フォーカス、スナップを行っています。Ｇｏｏｇｌｅマップは、スマートフォンの位置情報ＡＰＩを使用して、あなたが世界のどこにいるのかを把握します。またスマートフォンには、加速度計やジャイロスコープと呼ばれるセンサーも搭載されており、フィットネスアプリはこれらのセンサーを使って、あなたが歩いている方向や速度を判断しています。[67]

　ただし、ＡＰＩは完璧ではありません。ＡＰＩを利用することで、アプリ開発者は楽になりますが、同時にアプリがＡＰＩに依存することにもなります。[68] たとえば、メール送信用のＡＰＩが停止すると、そのＡＰＩを利用しているすべてのアプリはメールを送信できなくなるのです。また、グーグルが独自のライドシェアサービスを開始することを決めれば、理論的にはウーバーのＧｏｏｇｌｅマップＡＰＩへのアクセスを制限して競争力を低下させることもできるでしょう。ウーバーが独自の地図サービスを構築すれば、グーグルの言いなりにならなくて済みます。

潜在的なビジネスリスクはあるものの、専門企業のAPIを使用することは、自社で構築するよりも簡単で信頼性が高く、多くの場合、安価です。

ここで、ウーバー、イェルプ、ポケモンGoに共通する技術は何かという問いに戻りましょう。ウーバー、イェルプ、ポケモンGoに共通しているのは、API、つまりGoogleマップAPIを利用していることであり、車輪を再発明していないことです。実際、APIは世の中のほとんどのアプリの核となっているのです。

ティンダーはなぜ、フェイスブックでログインすることを求めるのか

出会い系アプリの「ティンダー」を利用したことがある人は、プロフィール設定の前に、フェイスブックのアカウントでログインできることに気づくでしょう。フェイスブックのプロフィールを接続すると、ティンダーは、あなたのプロフィール写真、年齢、友達リスト、お気に入りのフェイスブックページといった情報を取り込みます[69]。お察しの通り、これはフェイスブックが提供するＡＰＩを通じて行われます。このシングル・サイン・オン（ＳＳＯ）ＡＰＩを使えば、どのようなアプリでもユーザーがフェイスブックのプロフィールをリンクした状態でアカウン

アンドロイドでティンダーを使う。フェイスブックでログインする必要があるので注意。

トを作成できるようになるのです。[70]

なぜティンダーはこのＡＰＩを使っているのでしょう。第１に、基本情報がつねにフェイスブックから取り込まれるため、確実に、（誰もスワイプしたくない）空のプロフィールが存在しないようにするためです。[71] 第２に、フェイスブックのアカウントでログインを要求することで、ボットや偽アカウントを阻止できます。友達リストを収集することで、ティンダーは相手候補との共通の友達の数を表示でき、そのつながっている感覚がスワイプの回数を増やすことにつながるのです。[72] 第３に、ティンダーは全ユーザーのフェイスブックのプロフィールを取得することで、ユーザーの年齢、住んでいる場所、興味あることなど、ユーザー層に関する深い洞察が得られます。[73] これらの洞察は、ティンダーがアプリのデザインや広告戦略を微調整するのに役立つのです。

また、フェイスブックに登録することは、ユーザーにとっても有益です。基本情報や写真のほとんどがフェイスブックから取り込まれれば、[74] ティンダーでのプロフィール作成は格段に早くなります。完成度の高いプロフィールを確認でき、ボットの数も減るので、ユーザー体験も向上するでしょう。[75] また、フェイスブックでサインアップすれば、ユーザー名やパスワードを覚える必要もありません。[76]

ではなぜフェイスブックは、フェイスブックの認証情報を使って他のウェブサイトにサインインするためのＡＰＩを公開したのでしょう。フェイスブックのシングル・サイン・オン

ＡＰＩを使ってティンダーに登録すると、フェイスブックはあなたがティンダーのユーザーであることを認識します。フェイスブックは、あなたがフェイスブックで他のウェブサイトにログインしたときにも、同様のデータを取得します。フェイスブックはこうしたデータを利用して、たとえばティンダーのユーザーにはデート関連の広告をより多く表示するなど、より効果的に広告を出すのです。[77]

フェイスブックで左にスワイプとは

18年、ティンダーは、ユーザーが選択した場合、フェイスブックアカウントではなく電話番号でサインアップできるようにすると発表しました。[78] なぜでしょう。

一言で言えば、競争です。18年にフェイスブックが発表した新しいデートサービスは、ティンダーの競合と広く受け止められ、ティンダーの親会社は一晩で株価が20%も暴落しました。[79] ティンダーはおそらく、フェイスブックにＡＰＩアクセスを切られることを恐れ、フェイスブックに届することなくサインオンできる新しい方法の構築に着手したかったのでしょう。

この話が示すように、ＡＰＩの公開は、企業にとってデータ取得や利用を促す素晴らしい方法であり、ＡＰＩの使用はアプリの開発時間を短縮し、より良い機能を提供が可能になる一方、リスクがないわけではないのです。

ワシントン・ポストの記事にはなぜ、2種類の見出しがあるのか

違いは。ワシントン・ポストでは、すべての見出しについて違うバージョンがある。[80]
出典:ワシントン・ポスト

同じワシントン・ポストの記事のスクリーンショットを、2つ見比べてみましょう。何かお気づきですか。

見出しが微妙に違いますね。16年、ワシントン・ポストは、記事執筆者が記事ごとに2種類の見出しを設定できる機能を投入しました[81]。しかし、なぜでしょう。

実はこれ、新聞社が記事のクリック数を最大化するために行っている実験なのです[82]。この実験では自動的かつ無作為に選んだ半数の訪問者には1つのバージョンの見出しを表示し、残りの訪問者にはもう1つのバージョンを表示します。しばらく実験を続けた後、開発者は見出しのクリック数といった特定の統計値や評価値を確認します。開発者はどちらのバージョンが優れているかを判断し、勝ったバージョンを全員に示

すのです。これは、アプリの評価値を改善するためのシンプルかつ強力な方法です。たとえば、上のバージョンのクリック率は3・3％、下のバージョンのクリック率は3・9％と[83]、単語をいくつか変えただけで18％も上昇しています。

Ａ／Ｂテストと呼ばれるこの手法は、データに基づいてオンライン製品を改善するための強力な手法となっています[84]。「Ａ／Ｂテスト」という名称は、ある機能の少なくとも2つのバージョン、ＡとＢを比較することから付けられました。

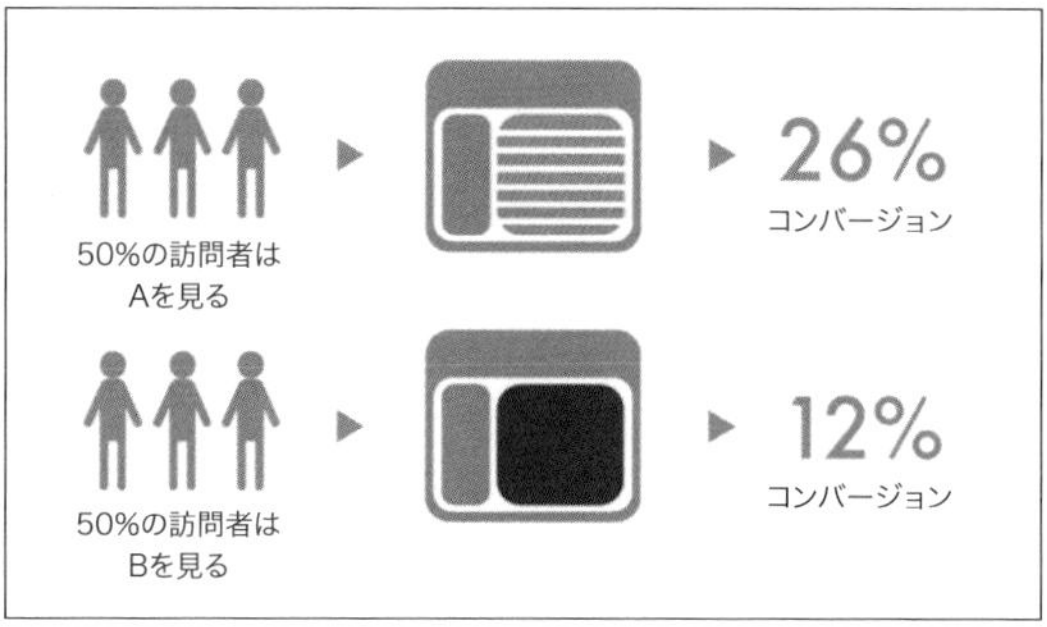

A/Bテストでは、同じ機能の少なくとも2つのバリエーション（AとB）を表示し、関連する指標を比較して、どちらのバリエーションを全ユーザーにアピールするかを決定する。今回のケースでは、ユーザーに目的の行動（コンバージョン）を起こさせるのに優れたAのバリエーションを全員が見ることになる。
出典；VWO VWO[85]

どのキャッチコピーが購買意欲をそそるのかわからないときには、Ａ／Ｂテストを実施しましょう。「サインアップ」ボタンとして、赤と緑のどちらが多くの人にクリックしてもらえるかわからなければ、テストしてみましょう（ご参考までに、ある実験では赤いボタンの方が34％多くクリックされたそうです[86]）。ティンダーのプロフィール写真で最もスワイプされるのがどれか、わからないとしましょう。ティンダーでは、Ａ／Ｂテストを行って、メインのプロフィール写真として、どの写真が最もスワイプされやすいかを調べることもできるのです[87]。

テストに適したすべてのニュース

ここで、ワシントン・ポストの記事には、なぜ各見出しに2つのバージョンがあるのかという疑問に戻りましょう。これは、ワシントン・ポストのA／Bテストフレームワーク「バンディット（アルゴリズム）」の一部なのです。バンディットは、異なるバージョンの見出しを試し、どちらの見出しがより多くクリックされるかを確認し、勝った見出しをより頻繁に表示します。[88]

A／Bテストは、報道機関の間でとても人気があります。バズフィード（06年創業の米国のバイラルメディア）は、A／Bテストを使って、最もクリックされやすい見出しを見つけています。[89] バズフィードのライバルであるアップワーシー（12年創業の米国のバイラルメディア）は、完璧な見出しを見つけるために、同じ見出しを25バージョンまで試しています。[90] A／Bテストは非常に重要です。アップワーシーによれば、まともな見出しと完璧な見出しでは、1千回と百万回という再生回数の違いを生むそうです。[91]

さらに多くのアプリやウェブサイトがA／Bテストを利用しています。たとえば、フェイスブックはつねに「限られたテスト観客」に対して新機能を提供しています。[92] スナップチャットでは、広告主が広告のA／Bテストを行い、最もタップされる広告を選ぶことができます。[93] 実店舗でもＡ／Ｂテストは可能です。たとえば、あるスタートアップ企業は、店舗で流すＢＧＭを変えることで、買い物客の消費を最大化しています。[94]

テストの意義

統計的なテストを行う際には、重要な注意点が１つあります。すなわち、観察された結果は、何か意味があって起こったのか、それとも単なる偶然なのかです。たとえば、コインを６回投げて、５回表が出たとしても、コインが不公平に表に偏っているとは断言できません。それは、単なる偶然なのかもしれないのです。しかし、６百回コインを投げて、５百回表が出たら、何かあるかもしれません。

企業がＡ／Ｂテストを行う場合、実験者は、一方のバージョンがもう一方のバージョンに比べて特定指標がどのくらい異なるのかを公表します。また、観察された違いが偶然によるものである確率を示すｐ値と呼ばれる統計値も報告されます。[95] 通常、ｐ値が０・０５未満であれば（つまり、単なる偶然である可能性が５％未満であれば）、その違いは意味のあるもの、つまり「統計的に有意」であると考えられます。[96] そうでなければ、その結果が単なる偶然でないことを確信できないからです。

たとえば、アマゾンがユーザーの半分に対して「カートに入れる」ボタンを少し大きくしたところ、売上が２％増加したとします。ボタンを大きくしたことは素晴らしい行動のように思えますが、売上増加がボタンではなく偶然の産物であった可能性は15％あります。この０・１５は０・０５よりも大きいので、アマゾンのテスターは大きなボタンを投入しません。

　もしあなたが「友情を終わらせるほど強い、18の食べ物についての議論」のような見出しでクリックを誘発されたとしても、反省する必要はありません。[97] 社会科学、ソフトウェア開発、統計学の強力な融合に直面しているからです。好むと好まざるとにかかわらず、Ａ／Ｂテストは非常に効果的なのです。

2章
オペレーティングシステム

アンドロイドかiOSか、MacかWindowsか。誰もが自分のお気に入りのオペレーティングシステム（ＯＳ）を持っています。ＯＳは、スマートウォッチからスーパーコンピュータまで、あらゆるコンピューティング端末の心臓部であり、ＯＳがなければ、アプリケーション１つ動かすことはできません。その仕組みを紹介しましょう。

ブラックベリーはなぜ、失敗したのか

00年、ブラックベリーは世界初のスマートフォンを発売しました。[1] ユーザーがどこにいてもインターネットや電子メールにアクセスでき、常時接続型のビジネスの世界に最適だったため、このスマートフォンは一躍有名になりました。[2] また、ＱＷＥＲＴＹキーボードを搭載したことで、文字入力が格段に速くなりました。[3] 人々は絶望的なまでにいわゆる「クラックベリー」（米国では、所有者が過剰に使用することから、クラック・コカインの中毒性になぞらえて、ブラックベリーをクラックベリーと呼んだ）の中毒となったのです。[4]

09年には、ブラックベリーの市場シェアは20％に達し、ｉＯＳ（14％）とアンドロイド（４％）の合計を上回り、スマートフォン分野で圧倒的な存在となりました。[5] 09年に就任したバラク・オバマ大統領がスマートフォンにブラックベリーを選んだほどの人気ぶりだったのです。[6]

しかし、16年の最終四半期まで早送りすると、ブラックベリーの市場シェアは０・０５％

を下回り、出荷台数はわずか20万台強。[7] 一方、同四半期のＡｎｄｒｏｉｄ ＯＳの出荷台数は３億５千万台以上、ｉＯＳは７千７百万台でした。[8]

ブラックベリーはどこで失敗したのでしょうか。ここでは、それを見ていきましょう。

ｉＰｈｏｎｅの台頭

07年にスティーブ・ジョブズがｉＰｈｏｎｅを発売したとき、[9] ブラックベリーの幹部はこの製品を深刻には受け止めませんでした。ｉＰｈｏｎｅは若者向けの派手なおもちゃであり、[10] ビジネスユーザーが圧倒的に多いブラックベリーの市場に対抗するものではないと考えたからです。[11]

しかし、ブラックベリーが気づかなかったのは、鮮やかな色とタッチスクリーンを備えたｉＰｈｏｎｅの使用を人々が心から楽しんでいることでした。[12] そしてアップルは、ブラックベリーのように企業のＩＴ管理者に販売するのではなく、消費者、つまり私たちのような一般の人々に直接ｉＰｈｏｎｅを販売したのです。[13]

その結果、どうなったでしょう。ｉＰｈｏｎｅが普及したことで、人々は仕事用のブラックベリーと、プライベート用のｉＰｈｏｎｅの２台持ちするようになったのです。[14] やがて企業は、従業員が個人の端末を仕事に使うことで、コストを削減し、従業員の幸福度を高められることに気づきました。[15] 徐々にではありますが、ｉＰｈｏｎｅはブラックベリーが大切にしてきたエンタープライズ市場に入り込み始めたのです。これは「エンタープライズのコンシューマライゼーション」と呼ばれるトレンドの好例でしょう。[16] ブラックベリーは、スマートフォンの主導権を握るのはビジネスパーソンではなく、一般ユーザーであることに気付いたのです。[17]

消費者に直接アプローチしなければならないと気づいたとき、ブラックベリーはすでに遅れをとっていました。[18] ｉＰｈｏｎｅに対抗するため、ブラックベリーは08年に「ストーム」というタッチスクリーン式のモバイルフォンを開発しましたが、準備不足で急いで出した端末は消費者から否定的な評価を受けます。[19] ブラックベリーのＣＥＯでさえ、この機種が失敗作であることを認めているのです。[20]

ブラックベリーが見逃したもう1つの大きなトレンドは、4章で詳しく説明する「アプリ経済」の台頭です。ブラックベリーは、顧客が携帯電話で電子メールを送るだけでなく、アプリやゲーム、インスタントメッセージを求めていることに気づかなかったのです。[21] ブラックベリーは、開発者が自社のプラットフォーム用にアプリを作ることを十分に奨励しませんでした。アップルのＡｐｐＳｔｏｒｅは、ブラックベリーのストアよりもはるかに多くのアプリを提供するようになり、顧客はｉＰｈｏｎｅに殺到したのです。[22]

要するに、ブラックベリーは既存ユーザーに注力しすぎて、新しいユーザー層を増やそうと考えず、自己満足に陥ってしまっていたのです。[23]また、ソフトウェア業界の新しいトレンドにも気づきませんでした。ブラックベリーは自社のスマートフォンをビジネス用の生産性向上ツールとして捉え続けていましたが、アップル（とグーグル）は日常生活に欠かせない多機能な「エンターテインメント・ハブ」として捉え直しました。[24]アップルは消費者を正しく読み、勝利したのです。[25]

ヘイルメアリー・パス

12年には、ブラックベリーの市場シェアは07年の20%からわずか7%にまで落ち込んでいました。[26]この年、ブラックベリーは状況を好転させるために新しいＣＥＯを任命し、[27]ニューヨーク・タイムズ紙の批評家が「ブラックベリーのヘイルメアリー・パス（アメリカンフットボールにおいて、試合で負けているチームが、一か八かのタッチダウンによる逆転を目指して行うプレイ）」と呼んだ、ハイエンド携帯電話の新シリーズ「Q10」と「Z10」を発売したのです。[28]

残念ながら、このパスは不成功に終わりました。

ブラックベリーは、ｉＰｈｏｎｅとアンドロイドに次いで3位へ沈み、「鶏が先か、卵が先か、という問題」と呼ばれる悪循環に陥りました。[29]すなわち、ユーザーがいなければ、開発者はブラックベリー・プラットフォーム用のアプリを作らず、アプリが十分になければユーザーはブラックベリーを買わないのです[30]。想像してみてください。十分な人数がいないと誰もパーティーに入ってこないとしたら、結果として、誰も入ってこないでしょう[31]。ブラックベリーは開発者を自社プラットフォームに呼び込もうと努力し、12年にはブラックベリー・アプリを作った人に1万ドルを提供しました[32]。しかし、それでもうまくいかなかったのです。

ブラックベリーは下降スパイラルに陥り、その後はご存知の通りです。

グーグルはなぜ、Android OSをメーカーに無料提供しているのか

グーグルのモバイルOS「Android OS」は、一般消費者にも端末メーカーにも無料で提供されています。サムスンやLGは、グーグルにお金を払うことなく、自社の端末にAndroid OSを搭載できるのです[33]。しかし、Android OSは現在、グーグルに年間310億ドル以上の収益をもたらしています[34]。無料で提供されているものが、いったいどのようにしてグーグルに大きな利益をもたらしているのでしょう。

グーグルの戦略はまず、できるだけ多くの人にAndroid OSを使ってもらうことから始まります[35]。Android OSの無料化が功を奏していることは明らかです。世界のスマートフォンの80%以上がAndroid OSを搭載しているのですから[36]……。

これだけのシェアがあれば、グーグルはAndroid OSで稼ぐための様々な戦術を採れます。

まずグーグルは、Android OSを採用しているスマートフォンメーカーに、ユー

チューブやＧｏｏｇｌｅマップといったグーグルの中核アプリをすべてデフォルトでインストールさせています。米国では、グーグルの検索バーをホーム画面からスワイプ１回分以内の場所に設置するようにスマートフォンメーカーに強制しているのです[37]。より多くの人にアプリを使ってもらうことで、グーグルはより多くのデータを取得し、より多くの広告を表示することができ、その結果、より多くの利益を得られるのです[38]。

２つ目の収入源はアプリの購入です[39]。これもまた、規模は小さいものの相当な大きさです。ほとんどの国において、グーグルはスマートフォンメーカーに対して、アンドロイドフォンのホーム画面にＡｎｄｒｏｉｄ ＯＳのアプリストアである「Ｇｏｏｇｌｅ Ｐｌａｙ」を目立つように表示するよう要求しています[40]。より多くのユーザーにこのストアからアプリをダウンロードしてもらうためです。そして、ユーザーがアプリを購入したり、アプリ内課金したりするたびに、グーグルは30％の手数料を得ているのです[41]。１回の購入で得られるグーグルの収益はわずかですが、それが積み重なることで年間２５０億ドルを稼いでいます[42]。Ｇｏｏｇｌｅ Ｐｌａｙの利用者が増えれば、ダウンロード数も増え、手数料収入も増えることになるのです。

３つ目は、Ａｎｄｒｏｉｄ ＯＳの普及により、グーグルの広告収入が増えることです[43]。ｉＯＳユーザーがグーグル検索で広告をクリックすると、そのたびにグーグルに入るはずだった広告収入のかなりの部分がアップルに入ることになります[44]。さらにグーグルは、グーグル検索をiOSのデフォルト検索エンジンにするだけのために、アップルに年間推定120億ドルを支払っています。[45] グーグルが、人々がiPhoneではなくアンドロイドでグーグル検索するように望む理由は、この点からもおわかりいただけるでしょう。Android OSのユーザーが増えれば、それだけグーグルの収益も増えるわけですから、Android OSを無料で提供するのに何の不思議もありません。

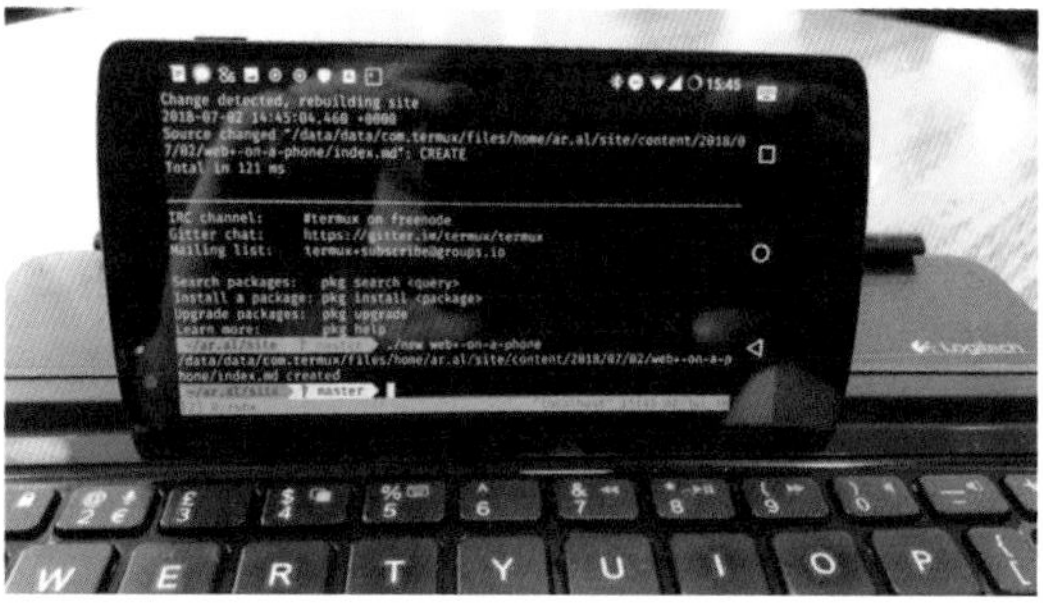

Android OSのスピンオフ版であるLineageOSを搭載したスマートフォン。通常のアンドロイドにはない、開発者向けのカスタム機能を備えている。
出典：アラン・バルカン[50]

なぜオープンソースなのか

Android OSは無料であるだけでなく、オープンソースのソフトウェアです。[46] つまり、誰もがアンドロイドのスピンオフ製品を作って配布できるのです。[47] 人気の高い「LineageOS」（旧称CyanogenMod）のように、アンドロイドのカスタム「フレーバー（派生品）」を作る開発者たちのコミュニティが活発になっています。[48] 使用している端末のAndroid OSをLineageOSに置き換えることで、スピード、カスタマイズ性、機能が向上するのです。[49]

Android OSは、世界最大級のスーパーコンピュータにも採用されているオープンソースのOSである「Linux」の「カーネル（OSの基本機能を担うソフトウェア）」を中心に構築されています。[51] カーネルとは、ファイルの読み書き、キーボードやWi-Fiへの接続など、アプリケーションが端末のハードウェアと対話するためのソフトウェアです。[52] カーネルは車のエンジンのようなものです。コンピュータは文字通り、カーネルがなければ動きません。

では、なぜグーグルはAndroid OSをオープンソースにしたのでしょうか。第1の理由は、エンジニアリングを容易にするためです。Linuxの開発者は91年以来、つねにカーネルを改良し続けているため、[54] Linuxの構築済みオープンソースカーネルを使用することで、開発者の作業を大幅に軽減できます。[53] また、Linuxはスーパーコンピュータからゲーム機まで、[55] 実に様々な機器で動作します。そのためLinuxを採用することで、Android OSは自動的に膨大な種類のハードウェアで動作するようになるのです。

第2に、Android OSがオープンソースであるため、メーカーがインターフェイスをカスタマイズでき、スマートフォンをより際立たせられます。[56] これはメーカーにとって、他のOSではなくAndroid OSを選択する良いインセンティブになります。

そして第3に、Ａｎｄｒｏｉｄ ＯＳをオープンソースにすることで、より多くの人々がアンドロイドとグーグルのエコシステムに参加できることです[57]。端末を大幅にカスタマイズしたい人は、オープンソースではないために簡単にカスタマイズできないｉＯＳよりも、オープンソースであるＡｎｄｒｏｉｄ ＯＳのスピンオフ製品を利用する可能性が高くなります。スピンオフ製品は、グーグルにとっても問題ありません。たとえ標準版ではなくスピンオフ版でも、グーグル検索やグーグルアプリを使うはずです。ユーザーが増えれば増えるほど収益が上がるので、オープンソースを推進することはグーグルの収益に貢献することになるのです[58]。

グーグルはなぜ、Ａｎｄｒｏｉｄ ＯＳをスマートフォンメーカーに無償提供したのかをまとめましょう。直接的な利益にはつながらないかもしれませんが、アンドロイドのユーザーが増え、アプリが購入され、ＯＳ上での検索数が増えることは、グーグルの利益につながるのです。

アンドロイド端末にはなぜ、多くのジャンクアプリがインストールされているのか

アンドロイドフォンを買ったことがありますか。買ってすぐに気づくのは、頼んでもいない無駄なアプリがぎっしり詰まっていることです。「ＮＦＬモバイル」「キャンディークラッシュ」「サムスンペイ」「ベライゾンナビゲーター」（月額5ドルのグーグルマップの偽物）など、何でもあります。サムスンのようなスマートフォンメーカー、ベライゾンのような通信キャリア、そして携帯電話販売会社は、これらを「プリインストールアプリ」と婉曲的に呼び、端末の機能や性能を紹介していると主張しています[60]。しかし、「ブロートウェア」と呼ばれる、こうしたアプリを好きな人はいません[51]。

ほとんどのプリインストールアプリはアンインストールできず、デフォルトではバックグラウンドでつねに動作しているため、バッテリーを消費し、端末の動作を遅くし、ストレージ領域を浪費します[62]。ある評論家は、サムスンのギャラクシーフォンを購入したところ、箱を開けた途端に37個のブロートウェアが入っており、64ＧＢのストレージのうち12ＧＢを使

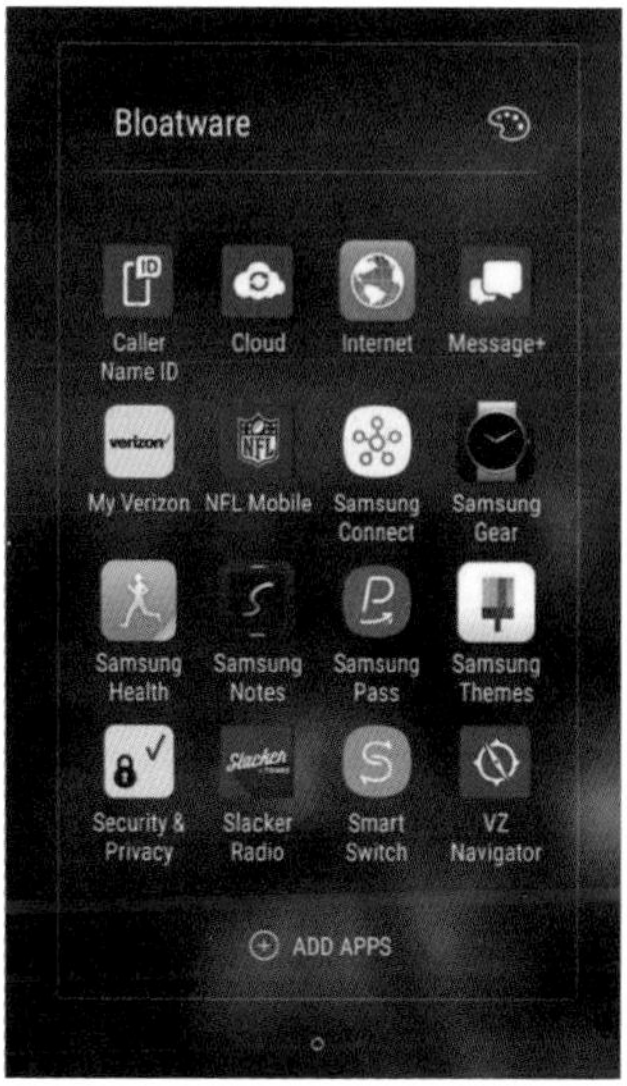

ブロートウェアだらけのアンドロイドフォン。この端末の持ち主は、これらのアプリがあまりにも煩わしいので、邪魔にならないように自分のフォルダに入れてしまったようだ。

い切っていたそうです。[63] たとえば、ベライゾンがギャラクシーＳ７にプリインストールしたソフトウェアは、ユーザーが知らないうちに他のソフトウェアをダウンロードしてしまうことさえあったのです。[64]

対策を講じるのも、それほど容易ではありません。一部のブロートウェアは無効化すれば、バックグラウンドで動作してバッテリーを浪費するのは防げますが、それでもストレージは占有します。[65]

ブロートウェアのビジネス

では、なぜスマートフォンにはこれほど多くのジャンクなアプリが搭載されているのでしょうか。通信キャリアやスマートフォン・メーカーは、単にひどいことをしているのではありません。ブロートウェアは、収益性の高いビジネスモデルの中核なのです。

ブロートウェアのビジネスモデルは、サムスンなどのスマートフォン・メーカーとＡＴ＆

Tなどの通信キャリアが、米国のスマートフォンとデータプランの市場がかなり飽和していることに気付いたときに生まれました。つまり、欲しがる人のほとんどはスマートフォンとデータプラン契約をすでに所有しているため、これらを販売するだけでは、スマートフォンメーカーや通信キャリアはあまり収益を伸ばせません。彼らは新たな収益モデルを模索し、結果、ブロートウェアにたどりついたのです。[66]通信キャリアやスマートフォン・メーカーがブロートウェアで儲ける方法は大きく分けて２つあります。

まず、アプリメーカーは通信キャリアやスマートフォン・メーカーにお金を払って、自社のアプリをプリインストールしてもらうことができます。たとえば、かつてベライゾンは大企業のアプリを１つ、１～２ドルでプリインストールすることを提案していました。[67]つまり、ベライゾンのスマートフォンに10個のブロートウェアが入っていれば、ベライゾンは簡単に20ドルの収益を上げられたのです。これは、通信キャリアやスマートフォン・メーカーが無料で手に入れられるお金であり、アプリメーカーは自社のアプリを人々の目に触れられるようにできます。これは重要なことです。というのも、米国人の大半が１ヶ月にダウンロードするアプリ数は、まさにゼロだからです。[68]そして、損をするのはもちろん消費者だけです。

次に、通信キャリアやスマートフォン・メーカーは、独自の自社アプリをプリインストールしています。たとえば、サムスンは独自のアンドロイドアプリ・ストアを、ＡＴ＆Ｔは

Googleマップのクローンである月額10ドルのナビゲーターをプリインストールしています。[69] ベライゾンの「Message+」は、フェイスブック・メッセンジャーのようなものですが、Wi-Fi経由で送信したメールは課金されます。[70]

なぜ通信キャリアやスマートフォン・メーカーは、このようなアプリをプリインストールするのでしょう。繰り返しになりますが、簡単に儲かるからです。サムスンはアプリストアの有料アプリやテーマから手数料を得ていて、[71] 通信キャリアやスマートフォンメーカーは高価なコピーアプリから利益を上げています。これらの企業は、ユーザーがブロートウェアの代わりに無料のものがあることに気づかずにデフォルトのプリインストールアプリを使う(そしてそのためにお金を払う!)ことを望んでいます。デフォルトであることは強力です。アップルは、iPhoneのデフォルトのナビゲーションアプリとして「Appleマップ」を採用しました。多くのユーザーが「Googleマップ」を好んでいたにもかかわらず、15年には、iPhoneにおいては「Appleマップ」が「Googleマップ」よりも人気となったのです。これは「Appleマップ」がデフォルトとしての地位を確立したからです。[72]

しかしながら、多くのユーザーは、ブロートウェアに反発しているようです。まず、多くの人がこの無用なソフトウェアを使いません。サムスンのブルートウェアであるチャットアプリ「チャットオン」は1億人のユーザーがいるにもかかわらず、その月の利用時間はフェイスブックの月20時間と比較して、[74]わずか平均6秒です[73]。また、ユーザーはアプリストアで多くのブロートウェアアプリに低評価を付け始めています[75]。このような状況は危険ではないでしょうか。欲求不満のユーザーは、ブロートウェアだらけのスマートフォンを完全に捨ててしまうかもしれません。ブロートウェア戦略が逆効果になってしまうのです[76]。しかし、ブロートウェアだらけではない代替のスマートフォンはあるのでしょうか。

ブロートウェアがないｉＰｈｏｎｅ

もしあなたがｉＰｈｏｎｅを持っているなら、喜ぶべき理由があります[77]。ｉＰｈｏｎｅにはブロートウェアがないからです。なぜでしょう。

まず、アップルの収益の仕組みを考えてみましょう。アップルの収益のほとんどはハードウェアの販売によるもので[78]、ｉＰｈｏｎｅの販売だけで収益の60％以上を占めています[79]。さらに、アップルのブランドは、製品を使用する際のスムーズで洗練された体験によって支えられており、これがアップルの中核的な強みの1つとなっています[80]。つまり、ブロートウェアはアップルの収益戦略に合致しませんし、アップルが大切にしているユーザー体験を弱めることにもなるのです。

では、なぜ通信キャリアが独自のソフトウェアを組み込めないのでしょう。そもそもアップルは、スプリントやＡＴ＆Ｔといった通信キャリアがｉＰｈｏｎｅにブロートウェアを搭載することを全面的に禁じています[81]。これにより、通信キャリアにとってはアンドロイドが魅力的に映るかもしれません。しかし、多くの顧客がｉＰｈｏｎｅを求めているため、通信キャリアがｉＰｈｏｎｅのサポートを拒否するのは馬鹿げています。そのため、アップルのブロートウェア禁止令に従わざるを得ないのです[82]。

しかし、ＳａｆａｒｉやｉＣｌｏｕｄ、Ａｐｐｌｅマップなど、ｉＰｈｏｎｅにプリインストールされているアップルのアプリはどうでしょうか。これらを好まないユーザーもいます。アップルが12年にＡｐｐｌｅマップをリリースしたとき、ユーザーからは「最悪だ」「ｉＰｈｏｎｅ最大の欠点だ」という声が上がりました[83]。しかし、これらのアプリを「ブロートウェア」と呼ぶことはできません。というのも、現在ではアップルのプリインストールされたアプリのほとんどは削除できるからです。「メッセージ」や「カメラ」など、アンインストールできないいくつかのアプリは、ＯＳの中核を成しているため[84]、削除できないのも理解できます。

ブロートウェアがないアンドロイド

最後に、この話には明るい兆しが見えています。一部のアンドロイドフォンは、ブロートウェアを削除しています。

16年にグーグルのフラッグシップモデル「ピクセル」が発売されたときグーグルは、ｉＰｈｏｎｅのように洗練されたユーザー体験を実現するため、自社製のブロートウェアを一切注入しないと発表しました[85]。しかし通信キャリアは、一部のブロートウェアをインストールできました。たとえば、ベライゾンは、初代ピクセルに「マイベライゾン」や「ＶＺベライゾン」などのアプリを組み込んでいたのです[86]。

しかし、技術的な制限にせよ、厳格なポリシーにせよ、グーグルはその後数年間に渡り、通信キャリアのブロートウェアを禁止することに成功し、18年に登場したピクセル3では、すべてのブロートウェアが排除された[87]のです。

世界第3位のモバイルＯＳとは

「世界3大モバイルＯＳは」と聞かれたら、Ａｎｄｒｏｉｄ ＯＳとｉＯＳは間違いなく上がるでしょう。しかし、3番目は何でしょう。それは、ブラックベリーではありません。このＯＳは終わっていますし、[88] Ｗｉｎｄｏｗｓフォンも終わっています。[89]

答えは、インターネット接続のフィーチャーフォン用の軽量ＯＳ、ＫａｉＯＳです。これは、特にインドをターゲットにしており、インドでは2番目に人気のあるモバイルＯＳとなっています。[90]

モバイル界の双璧とも言える大企業に対抗するのは非常に難しく、マイクロソフトのような大企業でさえできないことです。[91] しかし、ＫａｉＯＳはインドの携帯電話の15％を占めており、Ａｎｄｒｏｉｄ ＯＳの70％には遠く及ばないものの、ｉＯＳの10％を上回っています。[92] では、ＫａｉＯＳとはどのようなものなのでしょう。そして、他の多くのモバイルＯＳが失敗する中で、なぜＫａｉＯＳは3位にまで成長したのでしょう。

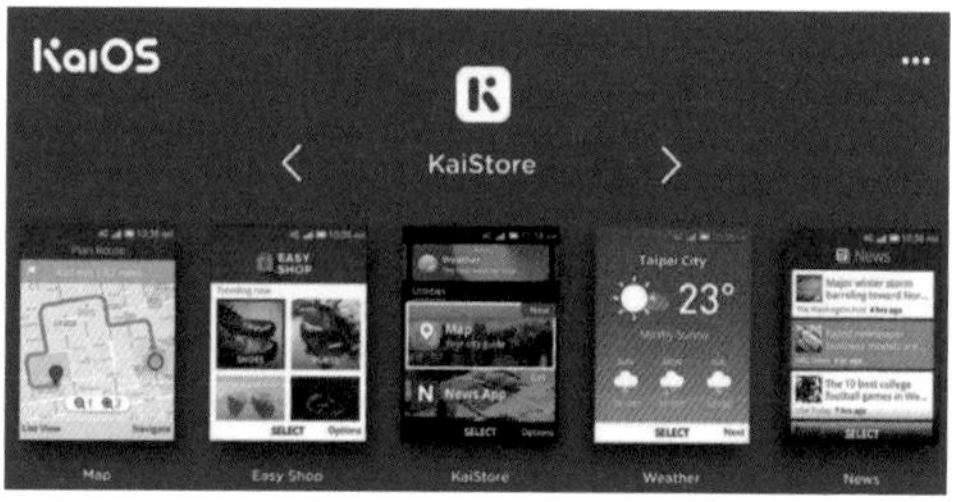

インターネット接続のフィーチャーフォンで、多くの人気アプリを実行可能にするKaiOS。
出典: DeCode[93]

ジオフォン

KaiOSの物語は、16年に通信大手リライアンスの子会社としてスタートしたインドの通信キャリア「ジオ」から始まります。ジオは、永久に無料の音声通話と1GBのモバイルデータ通信をわずか50ルピー(当時のレートで約0・75ドル)で提供するという画期的なサービスでした。既存のインドの通信キャリアと比べて圧倒的な割引です(実際、当時、ジオは米国の平均的な通信事業者の10分の1の価格でデータを提供していました)[94]。ジオはまたたく間にヒットし、半年で1億人の加入者を獲得したのです[95]。

一方でジオは、5億人のインド人がスマートフォンを持っていないこと、スマートフォンがしばしば彼らの購入価格帯から外れていること、そしてそれが自社の成長を制限していることに気づいていました。そこで17年に、「ジオフォン」を発表したのです。これは事実上、無料の軽量フィーチャーフォンです。1千5百ルピー(当時のレートで20ドル)の保証金を支払うものの、3年後に返金されます[96]。

ジオフォンは、タッチスクリーンを廃止し、画面の解像度を下げ、必要最低限のカメラを

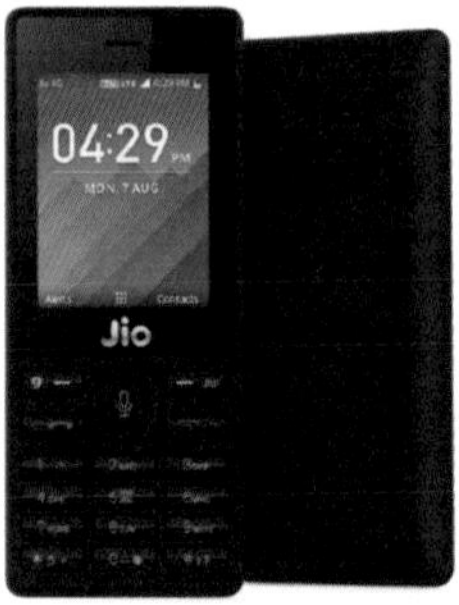

KaiOSを搭載した20ドルのモバイルフォンである「ジオフォン」。安いデータ通信と無料通話がパックになっている。[99]
出典：GadgetsNow

搭載することで、信頼性の高い４Ｇを安価に提供することに成功しました。また、25の言語にも対応しています。これまで電話というものをほとんど知らなかったインド農村部に住む農民が突然、アプリを使ったりビデオを観たりできるようになったのです。[97] インドではデスクトップ時代を飛び越えてモバイル時代に突入し、[98] 多くのインド人はジオフォンにより初めて最新技術を体験しました。

ジオフォンにはＯＳが必要でしたが、Ａｎｄｒｏｉｄ ＯＳは軽量なＧｏバージョンでも、タッチスクリーンのようなスマートフォンのスペックや機能が要求されます。[100] そこでジオは、ＫａｉＯＳと呼ばれる新興のＯＳを採用したのです。フィーチャーフォン向けにアプリベースのインターネット体験を提供するために設計されたＫａｉＯＳは、[101] すべてのジオフォンにプリインストールされています。[102]

灰からの復活

ＫａｉＯＳは、発展途上国向けのモバイルＯＳとして開発されたＦｉｒｅｆｏｘ ＯＳ上に構築されました。ブラウザのＦｉｒｅｆｏｘ、そしてＦｉｒｅｆｏｘ ＯＳを開発したモジラ財団（ネットスケープの資産を受け継ぐ米国の非営利団体）は、Android OSやiOSは軽量なモバイルフォンにはかさばり、ダウンロードしなければならないのに対し、ウェブサイトは軽量で瞬時に読み込まれることに気づきました。そこでモジラは、Firefox OSをウェブベースのOSにしたのです。このOSには、ユーチューブやGメール、電卓向けの「アプリ」がありますが、それらは、HTML5アプリとも呼ばれるカスタムメイドのウェブサイトなのです。[103]

　しかし、Firefox OSの問題点は、タッチスクリーンを搭載したスマートフォン向けに設計されていることです。これでは、Android OSとの真っ向勝負になってしまいます。アンドロイドが発展途上国向けに安価なスマートフォンを提供するようになると、Firefox OSはそのニッチな分野から追い出されてしまいました。[104] Firefox OSは普及することなく、16年に終了した[105]のです。

　KaiOSは、Firefox OSのビジネス戦略には欠陥があるものの、その技術基盤はしっかりしていることを理解していました。Firefox OSがオープンソースだったので、KaiOSは古いコードを拾い上げて、ウェブベースでありながらタッチスクリーンのないフィーチャーフォンにも対応する新しいOSを作りました。KaiOSは、アンドロイドと市場を奪い合うのではなく、市場を拡大して、アンドロイドが決して参入できないフィーチャーフォンの市場を狙っていたのです[106]（アンドロイドフォンのローエンド版は安いかもしれませんが、それでもジオフォンにはかないません)。

ＫａｉＯＳの２つ目の賢い動きは、人々がワッツアップやユーチューブのようなアプリを求めていることに気づいたことです。そこでグーグルと提携し、グーグル検索、Ｇｏｏｇｌｅマップ、ユーチューブ、ＧｏｏｇｌｅアシスタントなどのアプリをＫａｉＯＳ用にカスタマイズして作成しました。これらのアプリは、単にモバイルサイトを読み込むよりも優れたユーザー体験を提供すると思われます。[107]

ジオフォンは、発売後1年半で4千万台を販売するなど、驚異的な成長を遂げました。[108] また、ＫａｉＯＳも好調で、百カ国以上で8千5百万台以上の端末が販売されています。[109]

Macはウイルスに感染するか

長い間、Macの最大のセールスポイントの1つは、「ウイルスに感染しない」ことでした[110]。06年には、アップルの有名な広告キャンペーン「Macを手に入れよう」の一環として、健康な「Mac」のキャラクターが、病気の「PC」のキャラクターにティッシュを渡すという広告も作られました[111]。

しかし本当に、Macには免疫があるのでしょうか。

第1に、MacはWindowsのウイルスに感染しません[112]。なぜなら、Windows用に作られたアプリケーションは、Google Chromeのインストーラーであれ、最悪のウイルスであれ、Macでは動作しないからです。この2つのプラットフォームには互換性はありません。

Windows用のウイルスがMacに感染することはありませんが、Mac専用に作られたウイルスは確実にMacに感染します[113]。しかし、多くの人が「Macにはウイルスに感染しない」と断言しています。[114] どうしてでしょうか。

Ｍａｃの強み

Ｍａｃが無敵だという人たちの主張は、大きく分けて２つあります。１つは「Ｍａｃは一般的ではないので、ハッカーはわざわざ狙わない」というもので、もう１つは「Ｍａｃは安全性が高いので、ウイルスにはとりあえず感染しないだろう」というものです。[115]

１つ目の議論を見てみましょう。Ｍａｃが一般的でないのは真実です。17年、世界中のコンピュータの25台に１台がＭａｃで、残りのほとんどはＷｉｎｄｏｗｓ ＰＣです。[116] そして、ハッカーは通常、金儲けをしたいだけなので、ターゲットが増えるＷｉｎｄｏｗｓに集中するだろうという理論です。[117]

これは悪くない論点ですが、少し問題もあります。Ｍａｃをハッキングするのは、ＰＣをハッキングするよりもお金になるかもしれないのです。Ｍａｃは裕福な国に多く普及しており、欧米諸国のコンピュータ市場の20〜30％のシェアを占めています。また、Ｍａｃのオーナーは、Ｗｉｎｄｏｗｓを使っている友人よりもはるかに裕福な傾向があります。[118] このことは、ハッカーがＭａｃオーナーを狙う理由になるかもしれません。Ｍａｃを所有する被害者は、より多くのお金を支払う可能性が高いからです。つまり、「Ｍａｃは一般的ではない」

という議論は正しいものの、欠陥もあるのです。

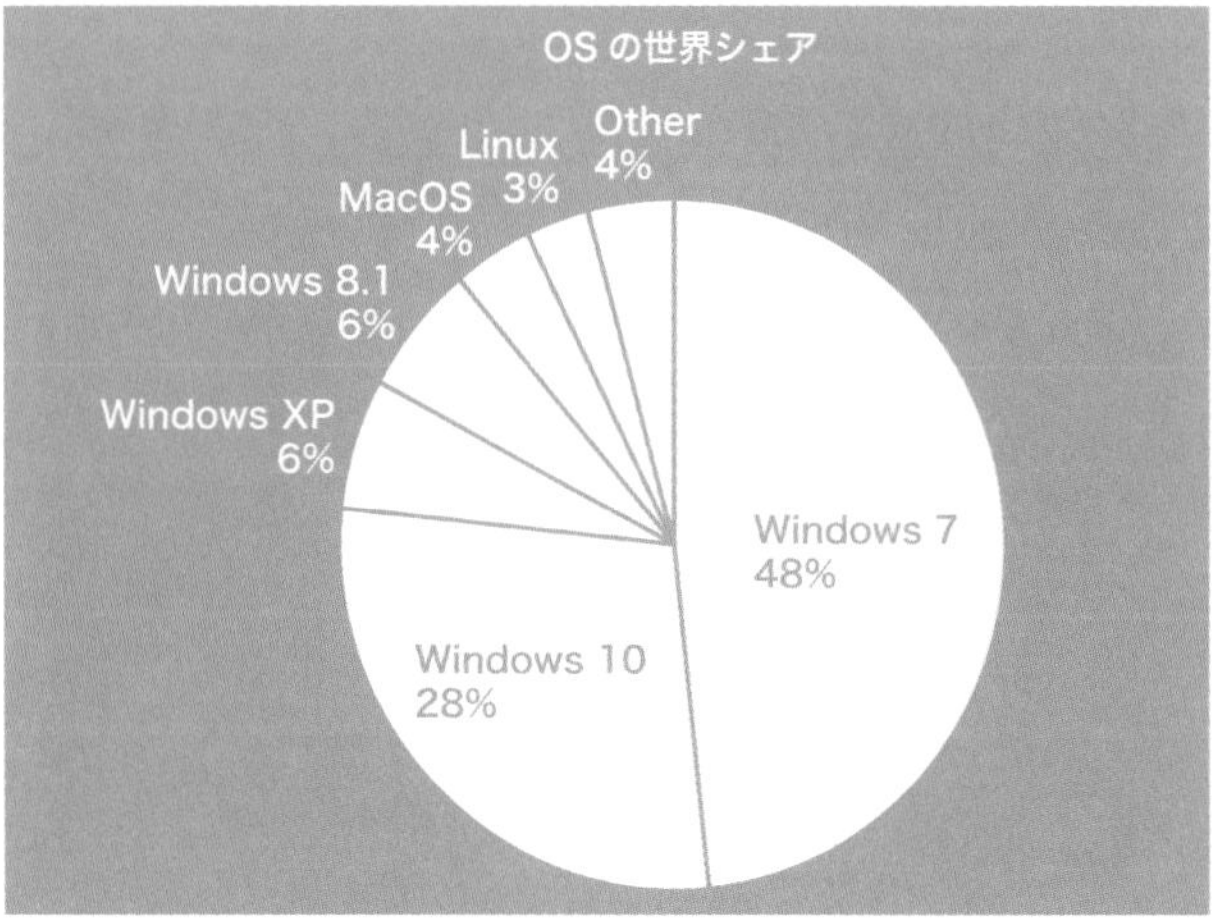

デスクトップOSの世界市場シェア。Windows PCが88%以上であるのに対し、Macはわずか4%であることに注目してほしい。
出典：NetMarketShare[119]

MacはPCよりも安全だという主張はどうでしょうか。Macには、ハッキングされにくくするためのセキュリティ機能が組み込まれています。デフォルトでは、Macユーザーはパスワードを入力しない限り、危険性のあるソフトウェアを実行したり、特定の設定を変更したりはできませんが、Windowsの場合はそれほど厳密ではありません。[120] つまりMacでは、ユーザーが気づかないうちに不正なソフトウェアが多くの損害を与えることはできないのです。また、Macには「サンドボックス」と呼ばれる機能があり、コンピュータのある部分で発生したウイルスが他の部分に簡単に広がらないようになっています。[121] これは、家の各部屋のドアに個別に鍵をかけているようなものでしょう。泥棒がある部屋に侵入しても、余計な手間をかけなければ他の部屋にたどりつけません。さらに、macOSにはマルウェアスキャナが内蔵されており、アップルが承認していない作者のアプリケーションはブロックされます。[122] これらを総合すると、Ｍａｃをハッキングすることは、ＰＣをハッキングするよりも難しいと言えます。

Ｍａｃの脆弱性

しかし、Ｍａｃにはセキュリティ機能が備わっているにもかかわらず、ウイルスに感染する可能性があり、また実際に感染しています。たとえば12年には、60万台以上のＭａｃがＦｌａｓｈｂａｃｋと呼ばれるウイルスに感染し、これまでで最大のＭａｃでの流行となりました。[123] その後、ＲｏｏｔｐｉｐｅやＫｉｔＭ．Ａと呼ばれるウイルスなど、いくつかのＭａｃ用ウイルスが登場しています。[124]

明らかに、Ｍａｃはウイルスと無縁ではありません。実際、17年のある分析では、ｍａｃＯＳにはＷｉｎｄｏｗｓ 10よりも多くのセキュリティ上の欠陥があることが判明しています。[125]

また、どんなに安全なＯＳを使っていても、フィッシングのような「ソーシャルエンジニアリング」攻撃のリスクはつねに存在します。これは、人々を騙して個人情報を提供させ、ハッカーがそれを利用して詐欺を行うものです。[126]

3章

アプリの経済学

10年、アップルは「そのためのアプリがあります（There's an app for that.[1]）」というキャッチフレーズを商標登録しました。そして実際、アプリは世界を席巻しているようです。ウーバー（08年設立[2]）、エアビーアンドビー（08年設立[3]）、スナップチャット（11年設立[4]）など、数十億ドル規模の企業が、アプリだけで成立しています。この「アプリ経済」全体で1千億ドルの価値があると推定されているのです[5]。

では、スマートフォンの画面に表示される小さなアイコンが、どのようにして何十億ドルもの経済活動につながるのでしょう。この「アプリの経済」のルールは、店に入って棚から商品を購入する「伝統的」な経済のルールとはまったく異なります。この不思議な新しい世界を探ってみましょう。

ほとんどのアプリはなぜ、無料でダウンロードできるのか

Mサイズのピザは9・99ドル。洗車には15ドルかかります。データプランには毎月約45ドルが必要です。

しかし、あなたのスマートフォンに入っているアプリはほとんどすべて無料です。インスタグラム、スナップチャット、ドロップボックス、ベンモ、Googleマップなど、すべて無料です。実際、AndroidOSとiOSで最も売上の高いアプリのうち、トップ100に入っている有料アプリは1つだけで、それは「マインクラフト」です[6]（一方、モバイルゲーム「フォートナイト」は、無料でプレイできるにもかかわらず、18年に10億ドル以上を稼ぎ出しました[7]）。

しかし、これらの無料ダウンロードアプリを制作している企業の多くは、数百万ドルを稼いでいます。たとえば、スナップチャットのアプリは完全に無料ですが、スナップチャットの親会社（Snap, Inc.）は17年の上場時に330億ドルの評価を受けていました[8]。これは、ア

プリ経済が「通常の」経済といかに異なるかを示しています。もしピザハットが、ピザを無料で配りながらお金を稼ぐと言ったら、頭がおかしいと思うでしょう。

では、アプリメーカーはソフトウェアを販売せずにどのように収益を上げているのでしょうか。彼らは、「マネタイズ」戦略として知られる、非常に巧妙なビジネスモデルを考え出しました。ここでは、最も人気のある「フリーミアム」と呼ばれるビジネスモデルを見てみましょう。

フリーミアム：より多くの機能には対価が必要

「キャンディークラッシュ」をプレイしたことがある人は、アプリは無料ですが、プレイを開始すると、お金を使って追加のライフを購入したり、新しいレベルをアンロックしたりする提案が殺到することに気づくでしょう[9]。同様に、ティンダーではロマンチックなパートナー候補を「スワイプ」して探せますが、1日に数十人しか探せません。より多くの「スワイプ」が欲しければ、月額制の「ティンダープラス」を購入する必要があります[10]。

この「フリーミアム」と呼ばれるビジネスモデル[11]は、とてもシンプルです。アプリを無料で提供して多くの人にダウンロードしてもらい、追加の「プレミアム」機能にお金を払ってもらうのです（だから「フリーミアム」という名前が付いています[12]）。フリーミアムは非常によく採用されています。キャンディークラッシュやポケモンＧｏのような多くのモバイルゲームはフリーミアムで収益を上げていますし、[13]ティンダー[14]やスポティファイ、[15]ドロップボックス[16]といった一般的なアプリでも非常に人気です。

　フリーミアムアプリは通常、アプリ内課金と有料のサブスクリプションという2つの戦略のいずれかを用いて収益を上げているのです。ここでは、その両方について説明しましょう。

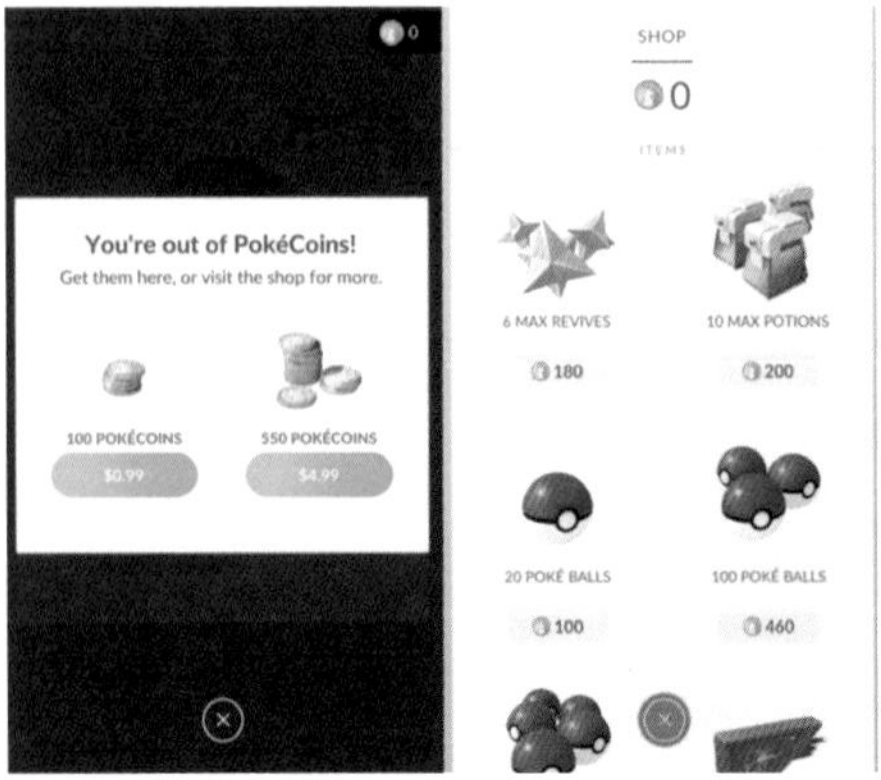

「ポケモンGo」は無料でプレイできるが、お金を使ってコインを購入し、ゲーム内のグッズと交換することも可能。
出典：アンドロイド版「ポケモンGO」

アプリ内課金

　アプリ内課金とは、通常、現実のお金を払って購入できる、アプリ内の追加機能やバーチャルアイテムのことを指します。[17]アプリ内課金は、モバイルゲームの醍醐味です。「キャンディークラッシュ」では、追加のライフを販売しています。「ポケモンＧｏ」では、コインを購入して、追加のポケボールや、ペットのモンスターを強化するポーションと交換できます。[18]アプリ内課金の中には、単に着飾ることを目的とした購入もあります。「フォートナイト」のプレイヤーは、シャツやダンスの動きなどでアバターをカスタマイズするために数百ドルを支払っています。[19]

しかし、有料のアップグレードは、ゲームにとって新しいものではありません。「ワールド・オブ・ウォークラフト[20]」や「シムシティ[21]」のような数十年前のＰＣゲームでも、有料の「拡張パック」が提供されてきました。家庭用ゲームでも、新しいアイテムやダンジョン、チャレンジにアクセスするためのダウンロードコンテンツ（ＤＬＣ）を通じたアプリ内課金が提供されています。[22]

アプリ内課金は主にゲームで利用されていますが、一般的なアプリでもいくつか提供されています。たとえば、「スナップチャット」では、特別なイベントのために自らカスタマイズしたジオフィルターを購入できます。[23]また、通常は広告が表示されているアンドロイドアプリやｉＯＳアプリの多くは、アップグレード版を購入すると広告が表示されなくなります。[24]

ゲームやアプリの制作者がアプリ内課金を好む、１つの大きな理由は、純粋な利益が得られることです。ユーザーに衣装やジオフィルターなどのバーチャルなアイテムを提供しても、基本的にコストはかかりません（つまり、限界費用はゼロなのです[25]）。しかし、アプリ内課金の設計が不適切であったり、不正であったりした場合には、ユーザーの反発を招くこともあります。たとえば、無料で遊べるフェイスブックのゲームが、子どもたちを騙してゲーム内のアイテムに何百ドルも払わせたことで、ユーザーの怒りを買ったように[26]……。

有料のサブスクリプション

アプリ内課金のほか、「フリーミアム」の主要なビジネスモデルには、毎月の電話料金のような有料のサブスクリプションがあります。通常、サブスクリプションでは、毎月の支払いと引き換えに、便利な新機能をアンロックできます。「プラス」「プレミアム」「ゴールド」などのプラン表示を見れば、有料のサブスクリプションであることはすぐにわかります。

サブスクリプションは、ゲーム以外のアプリ領域、すなわちどこにでもあります。ティンダープラスでは、わずかな月額料金を支払うことで、無制限のスワイプや追加機能を利用できることは紹介しました[27]。リンクトインでは、接続していない人にメッセージを送れる「リンクトインプレミアム」に月額料金が必要となります[28]。「スポティファイ」では、無料で音楽をストリーミングでき

スポティファイプレミアムは、有料会員の典型的な例。少額の月額料金を支払うことで、追加機能を利用できる。
出典：スポティファイ[31]

ますが、広告を削除したり、音楽をオフラインで保存したりするには、「プレミアム」を購入する必要があります。[29] 長年にわたってオフィスを販売して収益を上げてきたマイクロソフトでさえ、現在は一部のオフィスアプリケーションを無料で提供しています。しかし、ユーザーにはＯｆｆｉｃｅ３６５の年間サブスクリプション購入を勧めています。[30]

たとえば、「ニューヨーク・タイムズ」では、月に数本の記事を無料で読めますが、無制限で読むには月額料金を支払う必要があります。[32]

アプリメーカーが定額制を導入する理由は２つあります。１つは、単発購入に頼っていると、新しいアップデートをリリースしたときに収益が大きく上がり、それ以外のときには大きく落ち込むのに対し、定額制は安定した確実な収入源となることです。もう１つは、購読してくれる顧客は、アプリをより長く利用してくれる傾向があることです（おそらく、１回限りのやりとりではなく、アプリとの長期的な関係性を感じるからでしょう）。ビジネス用語で言えば、顧客はより高い「ライフタイムバリュー」（ＬＴＶ）を持つことになります。ＬＴＶの最大化は、デジタルビジネスの聖杯と広く見なされているのです。[33]

クジラ狩り

皆さんも経験したことがあると思いますが、ほとんどの人はソフトウェアが無料であることを望んでいます。ある調査によれば、ダウンロードされたｉＯＳアプリのうち、有料アプリはわずかに６％でした。[34] そう、１ドルでもほとんどの人にとっては高すぎるのです。しかし、ほとんどの人がお金を払わない一方で、あるアプリを最もよく使う、ごく一部の人はしばしば、多額のお金を払うことを厭いません。経済学者はこれを「80対20の法則」または「パレートの法則」と呼んでいます。つまり、20％の顧客が80％の収益を生み出し、80％の顧客が残りの20％を生み出すのです。[35]

　アプリ開発者にとって重要なのは、お金を払いたいと思っている20％の人たち（彼らは、レアで巨大であるゆえに、業界では「クジラ」と呼ばれています）を見つけ出し、できるだけ多くの現金を搾り取ることです。[36] モバイルゲームの平均的な課金ユーザーは、毎年86・50ドルをアプリ内課金に費やしています。[37] なかには、白鯨規模のクジラもいます。15年、モバイルゲーム「ゲーム・オブ・ウォー：ファイヤー・エイジ」は、課金ユーザー１人あたり５５０ドル近くを稼ぎ出しました。[38]

　ヘビーユーザーがしばしば最もお金を払うため、アプリ内課金やサブスクリプションの多くは、最も熱心なユーザーを対象とします。たとえば、「ティンダー」が無制限のスワイプを有料で提供していることを思い出してください。ほとんどのユーザーは、１日数十回の無料スワイプを使い切るほどスワイプすることはありません。しかし、最も熱心なティンダーユーザーはすぐに使い切ってしまいます。このようなユーザーは、ティンダーに深く傾倒しているため、より多くの機能を利用するために数ドルを支払うのを厭いません。一方、多くのカジュアルユーザーは、わずかな料金でも躊躇するのです。[39]

要するに、フリーミアム戦略とは、アプリを無料で提供して多くのユーザーを集め、[40]そのアプリを愛する「パワーユーザー」を見つけ出し、彼らに追加機能を提供して、単発の課金や定期購読につなげるのです。

しかし、どのようにすればユーザーに課金せずに収益を上げられるのでしょうか。答えは、続きをお読みください。

フェイスブックはユーザーに請求せず、どのように10億ドルを稼いでいるのか

フリーミアムは高い収益性が期待できます。しかし、グーグルやフェイスブックを考えてみましょう。グーグルの「マップ」や「ドキュメント」、「インスタグラム」や「フェイスブックアプリ」といった彼らのアプリを何年も使っているはずですが、1セントも支払ったことはないでしょう[41]。では、フリーミアムを利用しない場合、どのようにしてお金を稼いでいるのでしょうか。

答えは簡単です。ターゲティング広告です。ターゲット、広告という2つの言葉の意味をそれぞれ見ていきましょう。

広告オークション

ご存知のように、アプリやウェブサイトは、昔から広告を使ってお金を稼いできました。

アプリやウェブサイトは、広告主に少額の料金を請求して、広告を表示します。では、アプリやウェブサイトは、どのように広告料金を決めているのでしょう。主なアプローチは２つです。

まず、アプリやウェブサイトは、誰かが広告を見るたびに、広告主に少額の料金を請求できます。これは、ペイ・パー・インプレッション（ＰＰＩ）と呼ばれる戦略です[42]。多くの人が広告を見るので、アプリやウェブサイトは通常、１千ビュー単位で課金します。つまり、広告キャンペーンの価格は、１千「インプレッション」で５ドルとなります。広告主は１千ビューごとに支払うことが多いため、ＰＰＩはしばしばコスト・パー・ミル（ＣＰＭ）と呼ばれます[43]（ミルは、ミリメートルの接頭辞milliに由来します）。

一方、アプリやウェブサイトでは、誰かが広告をクリックするたびに広告主に課金することもできます。これは、ＣＰＣ（コスト・パー・クリック）と呼ばれ、ＰＰＣ（ペイ・パー・クリック）と呼ばれることもあります[44]。

グーグル[45]とフェイスブック[46]は、広告収入を得るためにコスト・パー・ミル（ＣＰＭ）とコスト・パー・クリック（ＣＰＣ）広告の両方を提供しています。グーグル検索やフェイスブックのニュースフィードといった製品に広告を出したい広告主は、「入札額」、つまり１クリックまたは１ビューあたりに支払う金額を指定します。訪問者がページを読み込むたびに、すべての広告主が即座に「オークション」に参加し、勝者の広告が表示されるのです[47]。

入札額が高ければ広告が表示される可能性は高くなりますが、必ずしも最高額の入札者が勝つわけではありません。グーグルとフェイスブックは、広告の関連性など、他のいくつかの基準を考慮して、表示するアプリを決定します。なぜでしょう。関連性の高い広告は、おそらくより多くクリックされるので、関連性の低い広告をより高い入札額で表示するよりも、より多くの利益を得られる可能性があるからです。考えてみてください。あなたがグーグルなら、10回クリックされる5ドルの広告と、１００回クリックされる2ドルの広告のどちらを表示しますか[48]。

広告はグーグルやフェイスブックの収益源ですが、彼らがこれほどまでに収益を上げている理由は、ターゲティングと呼ばれる技術にあります[49]。

ターゲティング広告

積極的に家具を買いたいと思っている人でなければ、ソファの広告をクリックするでしょうか。おそらくしないでしょう。これは、テレビや雑誌で目にする広告の落とし穴の１つです。誰にでもメッセージを送り、一部の人しか興味を持たないような広告は、無駄が多いのです[50]。しかし、もしあなたが寮や新居に移って新しい家具が必要になったときにだけ、広告主が戦略的にソファの広告を見せてくれたらどうでしょう。おそらく、その方が効果的な筈です。

この「広告のターゲティング」戦略こそが、グーグルやフェイスブックによる大きな差別化です。あなたはグーグルやフェイスブックのアプリやウェブサイトを使って多くのことをしているので、これらの企業はあなたの好みをよく知っています。そして、そのデータを利用して、あなたにターゲティング広告を出すことで、あなたに無料でサービスを提供しながら、広告費を稼いでいるのです。[51]

たとえば、あなたが「腕時計の選び方ガイド」や「安い腕時計の値段」と検索したことにグーグルが気づけば、グーグルはあなたが腕時計を購入しようとしていると推測できるでしょう。そして、その後の検索時には、腕時計の広告を表示できるかもしれません。[52]ハイパーターゲティング広告は、自分との関連性が高いため、ターゲティングされていない広告よりもクリックされる可能性が高くなります。クリック数が多ければ購入数も多くなるので、ターゲティング広告は広告主の収益向上につながるのです。

言い換えれば、ターゲティング広告は「クリック率」（ＣＴＲ）を向上させ、広告主の利益に貢献します。グーグルやフェイスブックは、他の誰よりも多くのユーザーデータを持っているため、広告のターゲットを非常に細かく設定でき、その結果、広告主に高額な料金を請求できるのです。[53]ユーザーデータに基づくターゲティング広告ビジネスは儲かります。グーグルとフェイスブックは、その収益のほとんどを広告に依存しています。[54]フェイスブックは年間３００億ドル以上を広告で稼いでおり、[55] これはフェイスブック全収益のほぼ99％にあたります。[56]

では、ターゲティング広告は善なのでしょうか、悪なのでしょうか。プライバシー擁護派は、これらの大企業がすべてのクリックを追跡し、[57] 興味、習慣、活動について膨大な情報を把握していることを懸念しています。[58] しかしこれは、ビジネス上のコストなのかもしれません。無料で食べられるランチなどありません。グーグルやフェイスブックの製品には、お金を支払う代わりに、個人データを支払うことになるのです。[59] この議論は、シリコンバレーのことわざである「製品にお金を払わなければ、あなたが製品になる」に集約されているでしょう。[60]

広告の支配

ターゲティング広告は強力であり、グーグルやフェイスブックほど上手に提供できる事業者は存在しません。この2社は、モバイル広告市場全体の約半分を占めるなど、広告の主導権を握っているといっても過言ではありません。[61] 広告主は、より多くのユーザーデータを持つグーグルやフェイスブックから購入したいと考えるため、小規模なスタートアップ企業がターゲティング広告で収益を上げるのは非常に困難です。

グーグルやフェイスブックの広告部門を脅かす存在となっているのが、米国第3位の広告プラットフォームとなったアマゾンです[62]。今では半数以上の人が、オンラインで商品を購入しようと探す際、グーグルではなくまずアマゾンで検索します[63]。このようにウェブの訪問者数のシェアが高まったことで、アマゾンは、人々がすでに高い購買意欲を持っている場所である販売商品リストに直接広告を掲載できるようになりました。そして、アマゾンはあなたが何を買ったかを正確に把握しているので、あなたが何を買いたいかを恐ろしく正確に把握するでしょう[64]。

つまり、アマゾンは、購買に直結する広告、すなわち「ダイレクトレスポンス広告」でグーグルと競合し始めたのです[65]。アマゾンはもう小さなスタートアップ企業ではありませんが、新しいプレーヤーがターゲティング広告に参入することは確かに可能なのです。

ユーザーデータを売っているのか。いや、そうでもない

最後に、次のことを指摘しておきましょう。すなわち、グーグルやフェイスブック、そして広告でビジネスをする他のほとんどのソフトウェア企業は、ユーザーデータを広告主に販売していません。広告主から広告が送られると、グーグルやフェイスブックはあなたのデータに基づいてどの広告を表示するかを決めます。ユーザーデータは、グーグルやフェイス

ブックのコンピュータにおいて縦横無尽に活用されますが、そこから持ち出されることはありません。[66] 実際のところ、グーグルやフェイスブックがユーザーデータを独り占めすることで、広告主に何度も利用してもらうように仕向けられるのです。[67]

ただし、フェイスブックは近年、ユーザーに黙ってユーザーデータを提供したとして非難を浴びました。フェイスブックは、アップルやサムスンなどの端末メーカーと提携し、端末上で特別に配置してもらうことと引き換えにユーザーデータを渡していました。[68] フェイスブックはまた、アマゾンとユーザーデータを共有することで、自社の友達提案機能を推進するために役立てていました。[69]

要するに、広告を提供する企業は、ほとんどの場合、ユーザーのデータを売っていません。ＰＣワールド（かつて存在した、米国のコンピュータ雑誌）が言うように、「あなたを売っている」と言った方が正しいでしょう。[70] そして、この戦略が成功しているからこそ、ユーザーに何の請求もしないのに10億ドル規模の企業を生み出せるのです。これがアプリ経済の注目すべき点です。

ニュースサイトにはなぜ、「スポンサードコンテンツ」が多いのか

広告といえば、バナー広告を思い浮かべる人も多いでしょう。ウェブページやアプリの下部に表示される派手なアニメーション付きの四角形の奴です。ウェブサイトでは今でも人気がありますが、最近、主要なアプリではバナー広告の表示が非常に少なくなっています。これは、広告が煩わしく、貴重なスペースを占有するからでしょう[71]。また、バナー広告をクリックする人はほとんどいないため、収益性も高くありません。実際、人々が意図的にバナー広告をクリックする割合は０・17％で[72]、これは、あなたが目にする６００個の広告のうち、およそ1個に相当します。

しかし現在、押しつけがましくなく、無視しにくい新しい種類の広告が売りに出ています[73]。インスタグラムのフィードをスクロールしていると、友人の投稿ではなく、企業が何かを売ろうとしている投稿があることに気づくかもしれません[74]。スナップチャットでは、広告主がフィルターを作成して数百万人のユーザーに見せることができますし[75]、ツイッターで

は、「トレンド」になったハッシュタグを広告主が購入できます。[76]

これらすべてに付随する言葉は何でしょう。答えは、「スポンサード」です。[77] スポンサードコンテンツは「ネイティブ広告」とも呼ばれ、通常のコンテンツに溶け込んだ広告を意味します。スポンサードコンテンツでは、視聴者は広告を無視するのではなく、真剣に受け止める可能性が高くなります。[78]

スポンサードコンテンツは、特にジャーナリズムの世界で急速に成長しています。[79] 広告主は、ニューヨーク・タイムズ、CNN、NBC、ウォール・ストリート・ジャーナルなどのウェブサイトで、通常の記事内に、お金を払って正当な外観の記事（実際にはただの広告）を入れられます。[80] バズフィードのような新興メディア企業も、ネイティブ広告が大好きです。[81] ますます多くの「ジャーナリズム」が、広告で着飾るようになっています。たとえば、「ニューヨーク・タイムズ」紙がかつて、従来型の刑務所システムは女性受刑者に機能しない理由に関する記事を掲載しまし

SECTIONS
The New York Times
LOG IN
PAID POST
T BrandStudio
NETFLIX

Women Inmates: Why the Male Model Doesn't Work

As the number of women inmates soars, so does the need for policies and programs that meet their needs

By Melanie Deziel

Over the past three decades, the number of women serving time in American prisons has increased more than eightfold.

Today, some 15,000 are held in federal custody and an additional 100,000 are behind bars in local jails. That sustained growth has researchers, former inmates and prison reform advocates calling for women's facilities that do more than replicate a system designed for men.

ニューヨーク・タイムズ紙に掲載された、刑務所にいる女性についての記事。よく書けた記事だが、ネットフリックスの番組「オレンジ・イズ・ニュー・ブラック」のネイティブ広告にもなっている。[83]
出典：ニューヨーク・タイムズ

た。よく調査された魅力的な記事でしたが、すべてはネットフリックス「オレンジ・イズ・ニュー・ブラック」シリーズの広告だったのです[82]。

スポンサードコンテンツは、広告主にとって非常に効果的であり、バナー広告と比較して2倍以上クリックされます[84]。そのため、ニュースメディアにとって強力な収益源となっています。たとえば、ザ・アトランティックは16年、デジタル広告収入の4分の3がネイティブ広告から得られると予想していました[85]。そして、インターネットがジャーナリズムの伝統的なビジネスモデルを消滅させてしまった今、ネイティブ広告は新聞社を存続させるための数少ない手段の1つとなるかもしれません。

ネイティブ広告は強力ですが、人々が事実とマーケティングを区別することが難しくなるという点で、やはり危険です[86]。実際、ロイター通信の調査によると、米国の読者の43％が[87]、ネイティブ広告に「失望した、騙された」と感じているそうです[88]。またより根本的なことですが、ネイティブ広告は、新聞社が伝統的に設けていたジャーナリストとビジネスマンとの壁を壊してしまいます[89]。つまり、ニュースを伝える人が広告を書くことになれば、ジャーナリズムの品位が損なわれる可能性があるのです[90]。

では、ネイティブ広告に明るい兆しはあるのでしょうか。そうかもしれません。ある調査によれば、消費者の22％がネイティブ広告を教育的であると考えているのに対し、バナー広告については4％しか、そう考えていませんでした[91]。

エアビーアンドビーはどのように、儲けているのか

アマゾン、ウーバー、エアビーアンドビーのアプリはいずれも無料でダウンロードでき、アプリの使用料は請求されず、広告もほとんど表示されません。では、どのように収益を上げているのでしょうか。

買い手と売り手（あるいは乗客とドライバーなど）を仲介する、こうした「マーケットプレイス」アプリや「プラットフォーム」アプリは、ユーザーが購入する際に何らかの料金を忍ばせることで手数料を稼ぎます[92]。これは、政府が消費税を使ってお金を稼ぐ方法、不動産業者が家の売買を手伝うたびに手数料を取る方法に似ています。

たとえば、エアビーアンドビーでは、予約をするたびに「サービス料」がかかります。ホストは3％、ゲストは6～12％の手数料を支払うのです[93]。この手数料がエアビーアンドビーの収益のほとんどを占めています[94]。

他のマーケットプレイスアプリもコミッションを取ります。ウーバーの場合、ドライバー

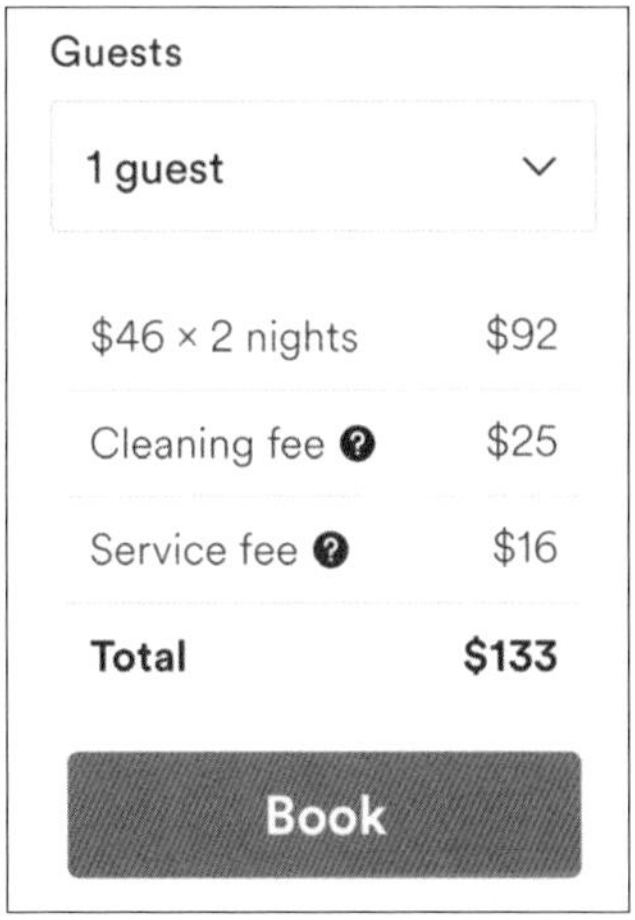

エアビーアンドビーは、予約した際に少額の「サービス料」を上乗せして請求することで収益を上げている。
出典：エアビーアンドビー[95]

が稼いだお金の20〜25%です[96]。アマゾンは、サードパーティの販売者がプラットフォームに商品を掲載して販売する際、手数料を取ります[97]。正確な金額は商品によって異なりますが、経験から言えるのはアマゾンは本の収益の30%から65%を取ります[98]。

　これが、ほとんどのマーケットプレイスアプリの収益方法です。では、手数料を取らずに収益を上げられるマーケットプレイスアプリはあるのでしょうか。答えは、続きをお読みください。

「ロビンフッド」アプリではどうして、手数料ゼロで株取引ができるのか

株の売買は、自分の稼ぎを投資して余分なお金を稼ぐための素晴らしい方法ですが、取引のたびにブローカーに手数料を払わなければなりません。どうしましょう。株取引アプリ「ロビンフッド」を使えば、無料で取引できます。[99] 文字通り、手数料ゼロです。

では、彼らはどのようにビジネスを維持しているのでしょう。ロビンフッドがお金を稼ぐ方法は主に２つあります。[100]

第１に、彼らは「パワー」ユーザーがより多くの機能を使えるように古典的なフリーミアムモデルを採用しています。ロビンフッドゴールドに入れれば、時間外（すなわち、通常の取引時間である午前9時半から午後4時（東部標準時間）の前後数時間）に取引でき、購入可能額を超えて追加購入するためのお金をロビンフッドから借りられます。[101]

２つ目の方法はかなり賢いものです。使わないお金を銀行に預けて利息を得るのと同様に、ロビンフッドはユーザーの口座にある未使用のお金から利息を得ています。[102]

このように、アプリはビジネスモデルを巧みに変化させているのです。本章の最後に、さらに独創的なアプローチを見てみましょう。

広告を表示したり、ユーザーに課金したりせずに、収益を上げるには

　これまでに紹介したすべてのアプリは、広告を表示したり、ユーザーに課金したりして収益を上げています（前払いでない場合は、購読料、アプリ内課金、コミッションなど）。アプリのビジネスを維持するのに他の方法はあるでしょうか。アプリは、ユーザーや広告主以外からお金を得られるのでしょうか。

　結論から言えば、答えは「イエス」です。この章の最後に、これらの巧妙なビジネスモデルをいくつか見てみましょう。

　まず、ユーザーや広告主以外に課金できます。たとえば、旅行予約サービス「ワンデル」は、最適なバスチケットを見つけ、ユーザーにグレイハウンド（米国最大のバス会社）やメガバス（米国の長距離格安バス会社）といったバス会社のウェブサイトを紹介して、チケット購入を促します。ワンデルはチケット購入者には料金を請求しませんが、バス会社からは顧客を送り込んだ特典としてわずかな手数料を受け取っています。[103]

あるいは、まったく収益を上げずにアプリを存続させる方法もあります。あり得ないことのように聞こえますが、テクノロジーの世界では、少なくとも一時的には、それが起こり得るのです。

あるアプリは、借り物の時間（とベンチャーキャピタルの資金）で生き伸びていて、収益を上げられるだけの規模になるまでは無料でサービスを提供しています。言い換えれば、「まずは成長し、後に収益化を図る」ということになるでしょう。[104] たとえば、ベンモは、あなたが友人にお金を支払ってもお金にはなりません。銀行口座間で送金しても料金はかからず、クレジットカードから送金する場合は、決済処理会社に支払う必要があるのと同じ手数料（3％）しかかかりません。[105]

そして18年、ベンモは収益化を開始するのに十分な規模のユーザー層を得たと判断しました。ベンモは、ウーバーの支払いが可能になったと発表し、ベンモベースのデビットカードを展開したのです。いずれの場合も、ベンモは加盟店に対して少額の手数料を課します。またベンモは、ユーザーが何にお金を使っているかを正確に把握しているため、ユーザーを対象とした広告を開始できると推測する人もいます。[106]

他のアプリは、お金がなくなる前に買われることを願っています。たとえば、「メールボックス」という無料の電子メールアプリは、13年に市場に登場し、すぐに1日6千万通のメッセージを配信するようになりました。[107] そして、発売から1カ月も経たないうちに、ドロップボックスがこのアプリとその開発チームを、[108] 1億ドルで買収したのです。[109] しかしながら、これには少し悲劇的な結末が待っていました。ドロップボックスは15年にアプリを終了させ、従業員を別のチームに振り分けたのです。[110] ひねくれ者と言われるかもしれませんが、メールボックスが爆発的に成長し、魅力的な「出口」にたどり着くことができたのは、サービスを無料で提供していたからなのです。[111]

つまり、ユーザーが無料でダウンロードできるアプリを求めるようになったことで、アプリメーカーはこれまで以上に巧妙にならざるを得なくなったのです。驚くべきことに、アプリメーカーにマネタイズの方法が尽きることはありません。次の大きな収益化戦略は何でしょう。この章を読んだあなたには、それを探し出せるかもしれません。

4章

インターネット

06年、新たなインターネット規制の策定を任されたアラスカ州選出のテッド・スティーブンス上院議員は、インターネットの仕組みを説明するために、以下のような悪名高いスピーチを行いました。

> 10本の映画が、その、あのインターネット上でストリーミングされていると、あなたの個人的なインターネットはどうなるのでしょう。つい先日、私に……金曜日の朝10時にスタッフからインターネットが送られてきました。しかし、それが届いたのは昨日でした。なぜでしょう。それは、インターネット上で行われている様々な商業的なことに巻き込まれたからです……。彼らは膨大な量の情報をインターネットで配信しようとしています。繰り返しになりますが、インターネットは単に何かを投棄するものではありません。大きなトラックではありません。ひと続きの管なのです[1]。

スティーブンス上院議員がインターネットを理解していなかったのは明らかでしょう。しかし、私たちはどうでしょうか。

「google.com」と入力してエンターキーを押すと、どうなるか

皆さんは毎日のようにブラウザを立ち上げ、アドレスバーに「google.com」と入力していることでしょう。しかし、エンターキーを押してから、見慣れたホームページが画面に表示されるまでの間、実際には何が起こっているのでしょう。

ウェブサイトのアドレス

ホームページの話をする前に、建物の住所の話をしましょう。すべての建物には住所があり、人々は簡単かつ一貫して、その建物を見つけられます。たとえば、50人に「１６００、ペンシルベニア・アベニュー、ノースウェスト、ワシントン、ＤＣ２０５００」と言えば、全員がまったく同じ場所にたどり着くのです。米国を訪れたことがない人でも、「コロンビア特別区に行って、ペンシルバニア・アベニュー・ノースウェストに入り、１６００ブロッ

クまで歩く」という行き方を理解できるはずです。

すべてのウェブページには、建物と同じように、それぞれのアドレスがあります。この場合は https://www.nytimes.com/section/sports となります。

建物と同じように、ウェブページのアドレスは、異なる人が容易に同じページにアクセスできるようにします。たとえば、50人の友人に https://www.nytimes.com/section/sports を送ると、全員がまったく同じウェブページにたどりつけるわけです。このウェブページのアドレスは、ＵＲＬ（Uniform Resource Locator）と呼ばれています。

この例では、「google.com」と入力しました。しかし、アドレスバーにはＵＲＬは「https://www.google.com」であることが示されています。この余計なものは何でしょう。

google.com と入力すると、アドレスバーに https://www.google.com と表示される。
出典：アンドロイド版のGoogle Chrome

建物の例え話に戻りますが、住所は短くしても意味が通じることに気がつきます。たとえば、「１６００、ペンシルベニア・アベニュー、ノースウェスト、ワシントン、ＤＣ２０５００」ではなく、「１６００、ペンシルベニア・アベニュー、ＮＷ、ワシントン、ＤＣ」と、郵便番号を省き、「ノースウェスト」を「ＮＷ」と略すことができます。あるいは「１６００、ペン・アベニュー、ＮＷ、ＤＣ」でも、意味を理解してくれるでしょう（これらの住所をすべて、グーグルマップに入力してみましょう。ホワイトハウスに導かれるはずです）。

同様に、google.com は本当のURL（https://www.google.com）を省略しただけですが、ブラウザは意味を理解して残りのURLを埋めてくれます。[2] ところで、URLの残りの部分は何を意味しているのでしょうか。

アドレスの解読

ブラウザはフルURLを見ると、URLをパーツに分けてどこに行けばいいかを考えます。これは、建物の住所を、番号、通り、都市、州、郵便番号に分けるのと同じです。では、ブラウザのようにURLを分解してみましょう。

まず、https://。これは「プロトコル」と呼ばれ、ブラウザがウェブサイトにどのように接続するかを定義しています。たとえば、ホワイトハウスへウーバーで行こうとしたとき、行き方にはいくつかの選択肢があります。すなわち、「ウーバープール」「ウーバーX」「ウーバーブラック（高級車に乗る方法）」です。[3]

同様に、インターネットを利用するとき、2つの主要な移動手段、つまり「プロトコル」を選択できます。デフォルトのプロトコルはHTTP（HyperText Transfer Protocol）で、U

ＲＬ内に「http://」と表示されます。[4] ＨＴＴＰのより安全で暗号化されたバージョンがＨＴＴＰＳ（HyperText Transfer Protocol Secure）で、ＵＲＬ内にhttps://と表示されます。両者はほとんど同じですが、ＨＴＴＰＳはブラウザによって情報が暗号化されていることを示しており、ハッカーから情報を守れるのです。パスワードやクレジットカード番号を入力するとき、そのウェブサイトはＨＴＴＰＳを使用しているはずです。[5] このとき、ブラウザはＨＴＴＰではなくＨＴＴＰＳを使用していることを認識しています。これは、友人にウーバーＸではなくウーバーブラックに電話するよう指示するようなものでしょう。

ＵＲＬの２番目のパーツはｗｗｗです。ほとんどのウェブサイトでは省略可能ですが、ブラウザは完全を期すためにｗｗｗを表示します。[6] 米国の電話番号を他の米国人に伝えるとき、＋１の国コード（+1-617-555-1234のように）を伝える必要はないものの、伝えたければ伝えるのと同じです。

その後、ブラウザはgoogle.comを見ます。これは「ドメイン名」と呼ばれています。各ウェブサイトには独自のドメイン名があります。google.com、wikipedia.org、whitehouse.govなどは、おなじみでしょう。

ＩＰアドレス

コンピュータは、残念なことにドメイン名を理解できませんが、幸いなことにＩＰアドレスと呼ばれる数値コードで考えます。[7] 多くの人が携帯電話の番号を持っているように、すべてのウェブサイトには少なくとも１つのＩＰアドレスがあります。コンピュータは、ＩＰアドレスを知っているからこそ、ウェブサイトにアクセスできるのです。これは、携帯電話に「ビル・ゲイツ」と入力しても彼に電話がつながらないのと似ています。電話番号を調べなくてはなりません。

ドメイン名をＩＰアドレスに変換するため、ブラウザは、巨大な住所録のようなドメインネームサービス（ＤＮＳ）を使用します。[8] コンピュータは、最近アクセスしたドメイン名とＩＰアドレスのペアをリストとしてハードディスクドライブに保存しています。ドメイン名がどのＩＰアドレスに対応しているかがわからなければ、コンピュータは通常、コムキャストやベライゾンなどのインターネットサービスプロバイダ（ＩＳＰ）に問い合わせます。[9] これは、３番目のいとこの電話番号を知らなくても、知っている家族に聞けばいいのと同じです。

先ほどの例に戻ると、あなたのコンピュータはＤＮＳを使ってgoogle.comを検索します。グーグルには多くのＩＰアドレスがあり、[10] そのうち１つが216.58.219.206です。[11]

これであなたのブラウザは、google.com のＩＰアドレス（216.58.219.206）に、安全なＨＴＴＰまたはＨＴＴＰＳでアクセスできます。ドメイン名以降のＵＲＬの残り部分、すなわち「パス」は同じなので、google.com/maps は 216.58.219.206/maps となります[12]（友人を感心させるため、アドレスバーに216.58.219.206/mapsと入力してみましょう。グーグルマップが魔法のように現れる様子を見せるのです）。

ちょっと待ってください、と思うかもしれません。私たちはパスを指定していませんでしたね。パスを指定していない場合、ブラウザはプレースホルダー（入力に関するヒントを示したテキスト）のパス値「/」を使用します。https://www.google.com とhttps://www.google.com/（2番目にはスラッシュが追加されていることにご注意ください）はまったく同じなのです。どちらもグーグルの有名なホームページを指しています。

グーグルに問い合わせる

要するに、ブラウザはＨＴＴＰＳを使用して216.58.219.206（人が好んでgoogle.comと呼ぶＩＰアドレス）のホームページを取得することを知っています。ブラウザはこの「リクエスト」をパッケージ化して、グーグルのウェブサイトを動かしている巨大なコンピュータ、つまり「サーバ」に送ります[13]。この情報がどのようにしてグーグルのサーバに送られるかは、後の章で説明します。

最終的に、google.comを運営するサーバは、リクエストを受け取り、あなたがホームページを見たいと思っていることに気付きます。[14] サーバは、あなたが望むウェブページを準備するための計算をいくつか行います。たとえば今日、グーグル ドゥードゥル（グーグルホームページのロゴが、特定の日に特殊なデザインに変更される「ホリデーロゴ」のこと）があるかを確認し、あれば標準のグーグルロゴをドゥードゥルに置き換えます。そして、サーバはホームページを描くためのコードを集めます。これは、HTML、CSS、JavaScriptと呼ばれる言語で書かれています。[15]

ブラウザへの返信

グーグルのサーバは、これらのコードをすべて「レスポンス」としてユーザーのブラウザに送り返します。ブラウザはこのコードを使って、画面上に適切な要素を描画し、見栄えを良くしたり、インタラクティブにしたりするのです。[16]
リンクをクリックしたり、何かを検索したりすると、https://www.google.com/search?q=llamaのような新しいURLにアクセスします。このようにして、すべてのサイクルが繰り返されるのです。

インターネットで情報を送るのは、ホットソースの出荷に似ているのか

ここまでで、あなたのコンピュータがインターネットを使ってウェブサイトに接続する仕組みはわかりました。しかし、ウェブページやユーチューブの動画、フェイスブックのメッセージは、魔法のようにウェブサイトのコンピュータからあなたのコンピュータに転送されるわけではありません。

そうではなく、段階的なプロセスに沿って転送されます。ここでは、ホットソース（唐辛子を原料としたソース、調味料の総称）があなたの家に届くまでのプロセスに例えて説明しましょう。

ホットソースの出荷

あなたはロサンゼルスに住んでいて、ホットソースがとても好きだとします。そのため、

ニューヨーク郊外にあるチョルーラ（チョルーラ・ホットソースは、唐辛子をベースとしたホットソースのブランド）の米国支社から巨大なホットソースを50本購入しました。[17]

ニューヨークのチョルーラの従業員は、あなたの注文に気づきます。彼女は50本のボトルを1つの箱に収められないため、5本ずつ10箱に分けます。10箱全部が届いたかがわかるように、彼女は箱に「10箱中1箱目」「10箱中2箱目」などと書いておくのです。また彼女はあなたの住所を知らないので、箱にはあなたの名前を書きます。

2人目の社員が彼女からあなたの箱を受け取ります。彼は、あなたがチョルーラのウェブサイトにアカウントを持っていることに気づき、データベースであなたの住所を調べます。そして、あなたの住所を箱に書いて、郵便局に渡すのです。

郵便局員は、あまりに遠すぎるため、ニューヨークからロサンゼルスへホットソースを直送できません。代わりに、郵便局員は荷捌き場にフィラデルフィア行きとシカゴ行きのトラックがあることに気付きます。これらの都市はＮＹＣよりもＬＡに近いため、そこに箱を送るのは正しい方向への一歩となるでしょう。フィラデルフィア行きのトラックには6個の箱しか積めないので、残りの4個をシカゴ行きのトラックに積むことにしました。

それぞれの箱が次の都市に到着すると、その都市の郵便局員が、ロサンゼルスに少しでも近い都市に箱を転送します。たとえば、シカゴから西に向かって、デンバーやフェニックスへと送れられるでしょう。このようにして、ロサンゼルス近郊の郵便局に到着した箱は、そのままロサンゼルスに送られ、最終的にあなたの家に届くのです。届くまでのルートが違うので、届く順番はランダムです。箱にはラベルが貼られているため、全部届いたかは確認できます。箱3が届き、次に箱5、さらに箱1、10、8、4、7、6、2の順で届きます。でも、ちょっと待ってください。9番の箱はどこにあるのでしょう。郵便物の中に紛れてしまったのかもしれません。チョルーラに頼んでもう1箱送ってもらえば、すぐに望んでいたすべてのホットソースが揃うのです。

ＴＣＰとＩＰ

ホットソースとインターネットにはどのような関係があるのでしょう。実は、先ほどのホットソースの出荷プロセスは、インターネットにおける情報伝達の仕組みとよく似ています。ＴＣＰ（Transmission Control Protocol）とＩＰ（Internet Protocol）と呼ばれる2つのプロトコルが連携して、コンピュータ間で情報をやり取りしているのです[18]。これは、先ほどのチョルーラの社員と同じような働きをしています。

ウェブページの情報は1度に送信するには多すぎるので、ＴＣＰはウェブページをいくつもの小さな「パケット」に分割し、それぞれにラベルを付けます（「10個のうちの1個」のように[19]）。これは、チョルーラの最初の従業員が、ホットソースのボトルをいくつかの小さな箱にまとめたのと同じです。

そして、インターネットで情報を送り返すとき、サーバはＤＮＳ（Domain Name Service）を使ってあなたのＩＰアドレスを調べます。[20] これは、チョルーラの2人目の従業員が、顧客データベースから顧客の配送先住所を調べたのに似ているでしょう。

次に、その情報はインターネット・プロトコル（ＩＰ）を介してあなたに送信されます。ＩＰは各パケットを、小旅行を繰り返したり、「あちこち飛び回ったり」しながら世界中に送り届けます。ただし、たとえどのような経路をたどっても、最終的にパケットは目的地に到達するのです。[21] それはちょうど、郵便局がフィラデルフィアやシカゴなど、異なる中間地点に異なる箱を送っても、最終的にはあなたに届くのと同じです。

パケットがあなたに届くと、ＴＣＰはパケットを適切な順序に組み立て直し、パケットが紛失していないかを確認し、紛失したパケットを再送信するようウェブサイトに依頼します。[22] ホットソースの箱が無くなっているのを箱のラベルで確認するようなものです。

つまり、インターネット上では、情報がどのように伝達されているのかがわかるのです。ホットソースを買うにせよ、ユーチューブを見るにせよ、情報は小さな塊に分割され（ＴＣＰ経由）、いくつかの中間出荷（ＩＰ経由）を経て、元のコンテンツに再構築されます（再びＴＣＰ経由）。

このプロセスは、インターネットでどのように情報を取得しようとも変わりません。ノートパソコンのウェブブラウザを使ってフェイスブックを閲覧していても、スマートフォンのフェイスブックアプリを使っていても、情報はフェイスブックのコンピュータからあなたのコンピュータへとまったく同じように流れていきます（このプロセスは、アマゾンエコーのスピーカーに話しかけたり、アップルウォッチをタップしたりしているときにも起こります。インターネットを利用するものはすべて、このプロセスを利用しているのです）。

ＨＴＴＰとＨＴＴＰＳ

ウェブページを取得するためのプロトコルであるＨＴＴＰとＨＴＴＰＳが、これにどのように関わるかが気になるかもしれません。ＨＴＴＰとＨＴＴＰＳは実際には、ＴＣＰとＩＰの上に構築されています[23]。ＨＴＴＰとＨＴＴＰＳが「このウェブページを取得してください」と言うと、ＴＣＰとＩＰが連携して実際にそれを送ります。ホットソースの例で言えば、ＨＴＴＰとＨＴＴＰＳは、あなたがチョルーラのホットソースを注文するのに似ています。そして、ＴＣＰは従業員が商品を分割して梱包するのに、ＩＰは郵便局に似ているのです。

これらのプロトコルは一見わかりにくいかもしれませんが、このようにオンラインでの活動には欠かせないものなのです。

あるコンピュータから別のコンピュータへ、情報はどのように伝わるのか

ＴＣＰやＩＰでは、情報は小さなパケットに分割され、様々な中間コンピュータを経由して目的地に到達します。ウェブサイトのサーバからあなたのパソコンや電話まで、それぞれのパケットが独自の経路を辿ります。では、その経路はどのようになっているのでしょうか。経路をテストするため、私たちは「トレースルート（traceroute）」と呼ばれるＭａｃとＬｉｎｕｘのツールを使いました。このツールは、情報の「パケット」サンプルがあなたのコンピュータから指定したウェブサイトに到達するまでの経路を表示します。[24]私たちはワシントンＤＣにおいて、カリフォルニア大学ロサンゼルス校のウェブサイトであるucla.eduに至る経路を調べてみました。ＵＣＬＡのサーバはロサンゼルスにあるので、このテストでは「ＤＣからＬＡまで、インターネット上で情報がどのような経路をたどるのか」を問うことができます。

左の画像にその経路を示しています。中間点は情報の「パケット」を次のコンピュータに

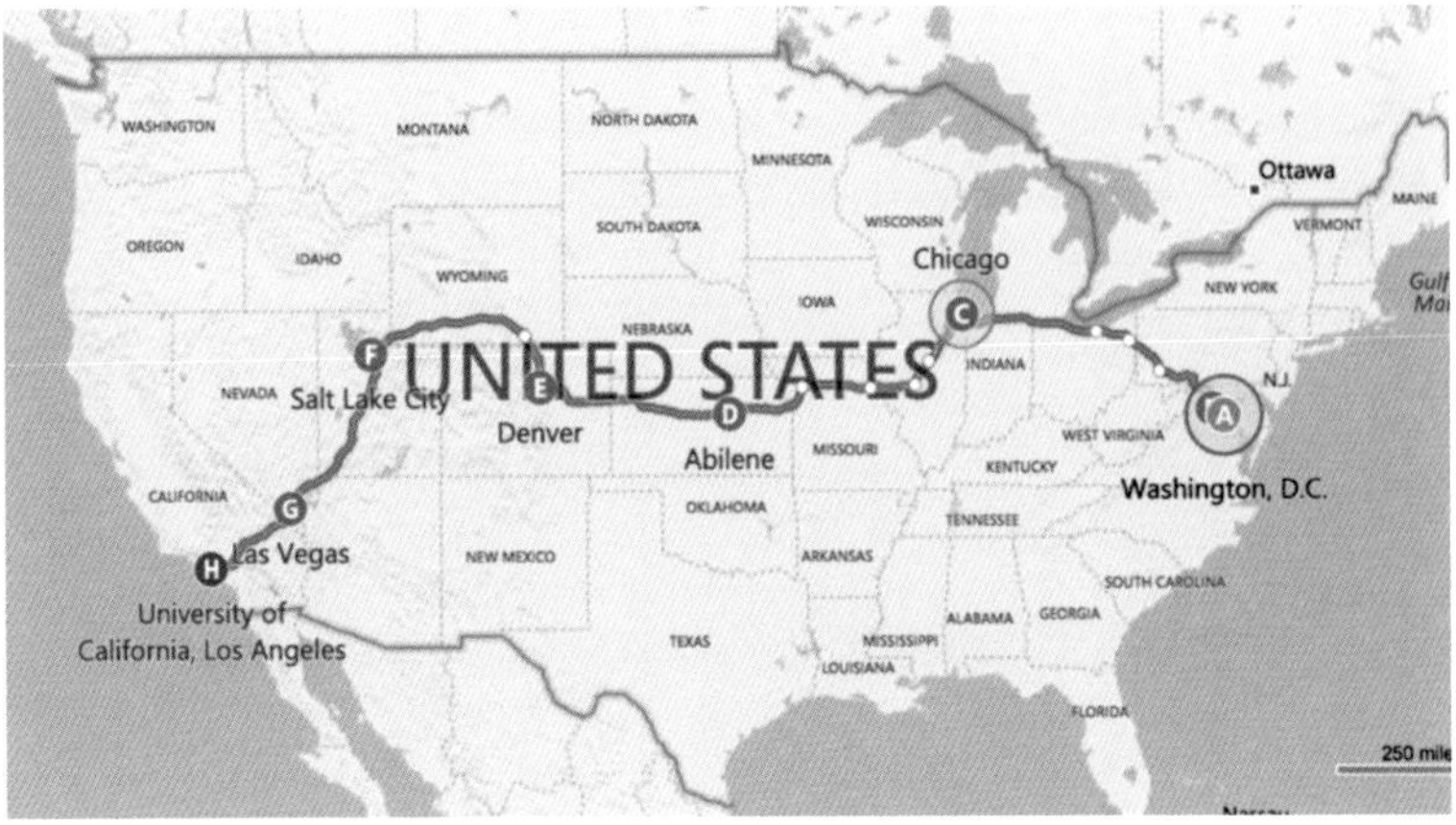

ワシントンDCからロサンゼルスのUCLAまでの情報パケットの移動経路。ワシントンDCからUCLAに向かう前に、バージニア州アッシュバーン(B)、シカゴ(C)、コネチカット州アビリーン(D)、デンバー(E)、ソルトレイクシティ(F)、ラスベガス(G)に立ち寄っている。
出典:トレースルートとビーイングマップ[25]

中継するコンピュータであり、コンピュータ間の各移動は「ホップ」と呼ばれます。これは、郵便で送られてきた荷物が途中の郵便局に立ち寄ったり、飛行機の乗り継ぎがあったりするのとよく似ています。

パケットは魔法のように国中に飛んでいったわけではないことに注目してください。物理的なケーブル（これについては本章の最後に説明します）を通って移動しなければならないので、地理的な制約に従わなければならないのです。興味深いのは、DCからUCLAに荷物を郵送した場合、このパケットと似たようなルートを通る可能性があるということです。

すべてのパケットが異なるルートを通る可能性があるということは注目に値します。ときには世界を飛び回ったり、逆戻りしたり、別の国に行ったり、目的地に着くまでに様々な回り道をすることもあるのです。[26]

これを自分でも試してみたいと思いませんか。オンラインのトレースルートツール[27]を使って、ツールのサーバから任意のウェブサイトにパケットがどのように移動するかを調べてみましょう。必要なのはＩＰアドレスの入力だけです。自分のＩＰアドレスを調べたり、[28]23.4.112.131(mit.edu、本拠地はマサチューセッツ州）や216.58.219.206(google.com、本拠地は北カリフォルニア）などのサンプルサイトを試したりできます。

ここまでは、インターネット上で情報がコンピュータからコンピュータへと伝わる仕組みについて説明してきました。では、情報は物理的にどのようにしてコンピュータ間を移動するのでしょうか。答えは、続きをお読みください。

トレーダーがなぜ、山脈を掘削して真っ直ぐなケーブルを引いたのか

08年、ウォール街のトレーダーであるダニエル・スパイビーは、シカゴの金融取引所があるシカゴのサウスループと、ナスダックのサーバがあるニューヨーク郊外のニュージャージー州北部の間に、ほぼ直線に近い８２５マイル（約1千328キロ）の光ファイバーケーブルを敷設しました。より簡単で遠回りになるルートを避け、ペンシルバニア州の巨大なアレゲニー山脈をまっすぐに掘削したのです。その費用は、なんと3億ドル[29]。

なぜ、まっすぐなケーブルを作ることにこだわったのでしょう。

インターネットケーブル

まず、なぜケーブルが重要なのかを説明しましょう。インターネット上でＩＰを使って情報を送るとき、情報は必ず長い地下ケーブルを通ります[30]（インターネットは、スティーブンス上

院議員が言うようなひとつづきの管ではありませんが、ひとつづきのケーブルであるのは間違いありません)。

人気のタイプのケーブルは、ベライゾンの人気サービス「FiOS」でおなじみの光ファイバーケーブルです[31]。光ファイバーケーブルは、髪の毛ほどの太さの純ガラスでできています[32]。光ファイバーケーブルは非常に透明度が高く、何マイルもの固体光ファイバーガラスでできた海の上に立っても、底がはっきり見えるほどです[33]。

私たちが26文字のアルファベットを使ってテキストを保存するように、コンピュータはすべての情報を1と0で保存することを思い出してください。コンピュータが他のコンピュータに情報を送信する場合（TCP、IP、HTTP/HTTPSを使用）、コンピュータは1と0をケーブル上で移動させる必要があります。コンピュータは、1と0を小さな光に変換します。「1」は数分の1秒だけ点灯することを意味し、「0」は同じ時間だけ消灯することを意味します。この閃光が光ファイバーケーブルの中を伝わっていくのです。光ファイバーは透明なガラスでできているので[34]、情報は光速の約3分の2という驚異的な速さで伝わります[35]。

インターネットでは情報が魔法のように飛び交っているように見えますが、実はこのように長い地下ケーブルを通っているのです。2点間の距離が最も短いのは直線なので、ケーブルが真っ直ぐなほど、最も速くインターネットにアクセスできます。インターネットが速いのは良いことですが、どのような人がアレゲニー山脈を駆け抜けるほどのこだわりを持つのでしょう。彼らはどのような人なのでしょうか。

高頻度取引

高頻度取引業者（ＨＦＴ、取引手順などを組み込んだプログラムに従って高速、高頻度で自動売買を繰り返す取引）の多くは、ソフトウェアを使って米国の２大金融センターであるニューヨークとシカゴの間で迅速な取引を行っています[36]。ＨＦＴは、ニューヨークにおいて１ドルで買った株を、シカゴにおいて１ドル01セントで売るというように、２都市の取引所間における金融資産（株や先物など）のわずかな価格差を利用して、１日に何千、何百万回もわずかな利益を取得します[37]。これは、アービトラージ（裁定取引）と呼ばれます。アービトラージは自由貨幣（時間経過とともに価値が減る貨幣）であるため、その機会はすぐに消失します。そのため、光速のインターネット回線が必要なのです。回線を他に負けないようにして、トレーダーたちは数マイクロ秒、あるいは１００万分の１秒の際で戦うのです[38]。

高頻度取引を行うトレーダーたちは、競合他社に先んじて有利な取引を行うため、可能な限り高速のインターネット接続を必要としています。情報は巨大ケーブルでインターネット上を移動するため、トレーダーは可能な限り真っ直ぐなケーブルが必要なのです[39]。

ここで、「なぜトレーダーのダニエル・スパイビーは、莫大な費用をかけて真っ直ぐなケーブルを作ったのか」という問いに戻りましょう。それは、２つの金融都市を結ぶインターネットの速度を最大限高めて、ＨＦＴで優位に立てるようにするためです。スパイビーのケーブルは、これまでの記録保持者よりもはるかに真っ直ぐでした。このケーブルは、ニューヨーク－シカゴ間をわずか13ミリ秒で情報を送信しており、これは従来の記録より３ミリ秒も速くなりました。[40] このわずかな速さのために、ＨＦＴ業者は大金を投じたのです。このケーブルの使用契約を結んだ、最初の２００のＨＦＴ業者は、合計28億ドルを支払っています。[41]

光ファイバーは光の３分の２の速さで情報を伝達できることを覚えていますか。それでも、一部のトレーダーにとっては遅すぎるのです。14年、ある企業がニューヨーク－シカゴ間で、巨大なレーザーガンを使って大気中で情報を発信する実験を始めました。光はガラス内よりも空気中の方が速いため、情報がはるかに速く伝わるのです。とは言え、ケーブルに勝つのはおそらく不可能に近いでしょう。[42]

少なくとも今のところは、ケーブルが主流です。そして、ケーブルがある限り、ダニエル・スパイビーのような軽度の強迫観念を持ったウォールストリートのトレーダーが現れることになるのです。

5章

クラウドコンピューティング

00年代初頭には、ブロックバスターで映画をレンタルし、ベストバイでPhotoshopやMicrosoft Officeを箱で購入し、本社の巨大なコンピュータルームに会社のファイルを保管していたでしょう。今では、ネットフリックスで映画を見て、Photoshopやその他のアプリの利用に月額料金を支払い、ドロップボックスやアマゾンウェブサービスなどのサービスを利用して、遠く離れた巨大コンピュータに会社のファイルを保存しています。

この3つの変化には、共通点があることがわかります。それは「クラウド」と呼ばれるものです。とは言っても、天気とはまったく関係ありません。では、何なのでしょう。見ていきましょう。

Googleドライブとウーバーは、何が似ているのか

車を所有するのにはお金がかかります。燃料費、保険料、修理費、税金、その他の費用などで、年間8千ドル以上ものお金が必要になるでしょう。[1] しかし、自由に移動したいのであれば、車を所有する以外に方法はありません。

さもなければ、あなたはどうするでしょう。

ウーバー、リフト、ジップカーなどのライドシェアアプリは、必要に応じて車をレンタルすることでこの問題を解決します。ウーバーは1回の乗車ごとに料金を支払うため、あまり車を運転しない人にはお得なサービスです。年間の走行距離が9千5百マイル（約1万5千3百キロ）以下なら、ウーバーは車を所有するよりも安く上がるでしょう。[2] また、ウーバーはいつでもどこでも呼び出せますが、所有している車は車持参でないと使えません。また、ウーバーでは車を所有していないので、修理やガソリン、車の盗難などを心配する必要もありません。[3]

では、これとテクノロジーとの間にはどのような関係があるのでしょうか。実はテクノロジーも、車の所有からウーバーへの移行と同様の変化を遂げているのです。[4]

従来型コンピューティングとクラウドコンピューティング

従来、ワードなどのアプリケーションは、購入して、自分のノートパソコンにファイルを保存していました。これは、自動車の所有と同様に、完全にコントロールできますが、同時に全責任を負うことになります。ハードドライブが壊れたり、ノートパソコンを紛失したりしたら、運が悪かったとしか言いようがありません。車が故障したり、盗まれたりしたら大変です。また、どれだけ使っても料金は一律です。筋金入りのライターでも、ただのメモ書きでも、ワードに支払う金額は同じなのです。

一方、00年代半ばからは、ウェブブラウザで「Ｇｏｏｇｌｅドキュメント」などのアプリケーションを実行したり、「Ｇｏｏｇｌｅドライブ」でファイルをオンライン上に保存したりできるようになりました。Ｇｏｏｇｌｅドライブに保存したファイルは、インターネットに接続された端末であれば、どこでも実行できます。また、Ｇｏｏｇｌｅドキュメントは、自分のアカウントにログインしていれば、どのブラウザやスマートフォンでも実行できます。あなたのノートパソコンがトラックに轢かれても、誰かのパソコンを借りてログインすれば、何事もなかったかのようにファイルにアクセスできるのです。しかも、必要な分だけ支払うことができます。Ｇｏｏｇｌｅドライブは、15ＧＢのストレージを無料で提供しており、数ドルを追加で支払えば、さらに容量を増やせます。[5] 要するに、ウーバーのように、どこからでもアクセスでき、何も所有せず、必要な分だけ支払えるのです。

自分のノートパソコンではなく、オンライン上にアプリケーションやファイルを保存する、この新しいコンピューティングモデルは、「クラウドコンピューティング」または「クラウド」と呼ばれます。[6] ワードやハードディスクが従来型コンピューティングであるのに対し、ＧｏｏｇｌｅドキュメントやＧｏｏｇｌｅドライブはクラウドコンピューティングなのです。

たとえて言うなら、クラウドコンピューティングはコンピュータのウーバーのようなものです。[7] 自分の車やコンピュータを所有する代わりに、インターネットに接続できる場所であればどこからでもオンデマンドでファイルや交通手段を入手できるのです。

クラウドコンピューティングはどこにでもあります。Ｇメールはその典型例でしょう。Ｏｕｔｌｏｏｋのアプリケーションの代わりにウェブ画面からメールにアクセスできます。[8] スポティファイでは、音楽をダウンロードして所有するのではなく、インターネット上で音楽を聴くことができます。ｉＰｈｏｎｅでは、テキストやその他のファイルをアップルのｉＣｌｏｕｄに保存し、新しい携帯電話に乗り換えても、すべてのファイルを取り戻せるようになっています、などなど。

「クラウド」の中のものは、どこにあるのか

ブラウザでＧｏｏｇｌｅドライブにアクセスすると、まるで魔法のようにファイルが表示されます。スポティファイでボタンをタップすれば、音楽が流れ始めます。しかし、表計算ソフトから楽曲まで、コンピュータのファイルはすべて、どこかのコンピュータ上に0と1で存在しているはずです。しかし、これらのファイルがコンピュータ上にないとしたら、どこにあるのでしょうか。

エンジニアたちは、これらの情報は「クラウド」にあると言うのでしょうが、それだとあまり役に立ちません[9]。当たり前ですが、空に浮かぶ巨大なコンピュータがあなたのデータを保存しているわけではないのです。この奇妙な言葉は、何を意味しているのでしょうか。

データセンター

簡単に言えば、「クラウド」とは、誰か他人のコンピュータに過ぎません。ＧｏｏｇｌｅドライブＵ上でＧｏｏｇｌｅドキュメントを作成すると、テキストや写真はすべて自分のコンピュータではなく、グーグルのコンピュータに保存されます。Ｇメールを起動すると、メールの処理も自分のコンピュータではなく、グーグルのコンピュータで行われます。

ここで言う「グーグルのコンピュータ」とは、グーグル社員のノートパソコンではありません。Ｇｏｏｇｌｅドキュメントは、グーグルの「サーバ」上に置かれています。サーバは、データの保存やアプリケーションやウェブサイトの運営に特化した強力なコンピュータです。その計算能力のみが使用されるため、サーバには通常、キーボード、マウス、ディスプレイ、ｉＴｕｎｅｓやＣｈｒｏｍｅなどのアプリケーションはありません。また、Ｇｏｏｇｌｅドライブや Ｇメールなどのサービスは24時間３６５日稼働する必要があるため、サーバは（少なくとも意図的には）停止しません。[10]

サーバは多くの場合、「データセンター」と呼ばれる巨大な建物に保管されており、そこには何台ものサーバが積み重ねられています（こうしたサーバの集合体は、華やかに「サーバーファーム」と呼ばれます）。しかし、データセンターはただの建物ではありません。サーバは非

データセンター内の様子。手前にはウェブサイトやアプリを実行するコンピュータであるサーバが多数並んでいる。
出典：トルキルド・レトヴェット[12]

常に高温になるため、強力な冷却システムが必要なのです。また、データセンターには、停電に備えてバックアップ用の発電機が必要になります。[11]

フロントエンドとバックエンド

これらのサーバは、アプリやウェブサイトが必要とする計算の多くを担っています。Ｇｏｏｇｌｅドキュメントにログインして文書を表示するとき、グーグルはサーバからデータを取得して表示します。同様に、スポティファイの音楽ファイルは、スポティファイが借りているサーバ上に置かれています。[13] スポティファイ上で曲を再生するときはいつも、ウェブブラウザはスポティファイのサーバに曲を要求するメッセージを送ります。すると、スポティファイのサーバから曲のファイルが送られ、ウェブブラウザがそれを再生するのです。[14] スポティファイのアプリやブラウザタブは「フロントエンド」と呼ばれ、スポティファイのサーバは「バックエンド」と呼ばれます。[15]

バックエンドは一般に、フロントエンドよりも安全性が高いと言われています。なぜなら、アプリメーカーはバックエンドで起こることをより厳密にコントロールできるのに対し、フロントエンドはユーザーがより自由にコントロールできるからです。そのため、パスワードやデータベースを扱う処理はサーバ上で行われ[16]、インタラクティブなユーザーインターフェイスは通常、フロントエンドで描画されます[17]。たとえば、メールの送受信や検索を行うＧメールのコードはすべてグーグルのサーバ上で実行されており、ウェブブラウザでクリックするボタンはサーバに何をすべきかを伝えるだけです[18]。

クラウドの長所と短所

つまり、クラウドコンピューティングとは、遠く離れた企業のサーバにファイルを保存し、アプリケーションを実行することです。たとえば、ドロップボックスを使えば、ファイルをメールで送る必要はありませんし、ノートパソコンがゴリラに傷つけられても、ファイルは安全です[19]。しかし、その反面、リスクもあります。

１つ目の問題はセキュリティです。自分のファイルを他人のコンピュータ上に置くのは、その人が自分のものを安全に保管してくれると信頼することです。14年には、アップルのオンラインバックアップサービス（ドロップボックスに似たサービス）であるｉＣｌｏｕｄのユーザーアカウントにハッカーが侵入し、複数のハリウッド俳優のヌード写真が流出しました[20]。

しかし、アップルは懸命にセキュリティを改善し[21]、現在、ほとんどのクラウド事業者は信じられないほど厳しいセキュリティを備えています。たとえば、グーグルのデータセンターでは、ハードディスクを廃棄する際に、従業員が徹底的に破砕し、シュレッダーにかけることで、誰も保存されている情報を入手できないようにしています。また、グーグルのデータセンターには、「カスタム設計された電子アクセスカード、アラーム、車両アクセスバリア、境界フェンス、金属探知機、バイオメトリクス」が設置されており、侵入者の侵入を防いでいます。さらにデータセンターの床には、ジェームズ・ボンドの映画に出てくるような「レーザービーム侵入検知」も設置されています[22]。簡単に言えば、クラウド事業者はユーザーの情報を安全に保つために多くの努力を払っており、情報はパソコンの中よりもクラウドの中の方が安全なのです[23]。

２つ目の問題は、プライバシーに関する懸念です。自分のコンテンツを他人のコンピュータに保存する場合、誰にも読まれないように祈るほかありません[24]。このような懸念は当然のことです。米国の裁判所は、グーグルやマイクロソフトに対して、彼らのサーバに保存されている電子メールを引き渡すように何度も要求しています[25]。しかし、マイクロソフト[26]とグーグル[27]は、こうした要求に何度も跳ね返してきました。

そして３つ目の問題は、インターネットへのアクセスです。「ツイッター」や「Ｇｏｏｇｌｅマップ」など、お気に入りのアプリがすべてウェブアプリの場合、インターネットに接続されていないと（たとえば、法外に高いＷｉ-Ｆｉを備えた飛行機に乗っているときなど[28]）、あまり生産性を上げられません。しかし、多くのアプリケーションでは、オフラインで作業できるように進化しています。「Ｇｏｏｇｌｅドキュメント」や「Ｇメール」は、オフラインでも限られた機能を利用できるようになっていますし[29]、いくつかのゲームや生産性向上アプリは、「Ｃｈｒｏｍｅ」を通じてオフライン対応版を提供しています[30]。

　このように、いくつかのリスクはあるものの、クラウドストレージの利便性と安全性は、総合的に見て有力な選択肢であると言えるでしょう。

Photoshopはなぜ、もう所有できないのか

90年に発売された「Adobe Photoshop」の初代バージョンが入っていた箱と、そのソフトウェアが入っていたフロッピーディスク。
出典：コンピュータヒストリー[35]

90年、アドビは、有名な画像編集ツール「Photoshop」の最初のバージョンを発売しました。当時、ユーザーはフロッピーディスクに入ったソフトをパソコンショップやホビーショップで購入していました。[31] その後、アドビは媒体をCDにアップグレードし、後に、ソフトウェアを直接ダウンロードできるようにしました。[32] しかし、どのようにインストールしても、ソフトウェアを使用するための「永久ライセンス」を購入する必要があったのです。[33] 12年に発売された「Photoshop CS6」の価格は7百ドルでした。[34]

しかし13年、アドビは大規模な変更を発表しました。その結果、Photoshopを含む「Creative Suite」のアプリケーションは

所有できなくなりました。Ｐｈｏｔｏｓｈｏｐは無料でダウンロードできるものの、使い続けるには月額約20ドルの新サービス「Creative Cloud」に加入しなければならなくなったのです。[36] Ｐｈｏｔｏｓｈｏｐを「レンタル」するこの新しいモデルは、ＳａａＳ（Software-as-a-Service）と呼ばれます。[37] 車を買うのではなく、リースするようなものです。

その仕組みは以下の通りです。あなたはＰｈｏｔｏｓｈｏｐをダウンロードしたら、ライセンス・キーを入力しなくてはなりません。その後、アプリケーションはアドビのサーバに接続してライセンスキーが有効かをチェックし、毎月支払いが行われているかを確認します。[38] なお、Ｐｈｏｔｏｓｈｏｐはこれまで通りユーザーのコンピュータ上で動作しますが、サブスクリプションの確認にのみクラウドを利用します。[39] サブスクリプションの有効期限が切れると、残念ながらＰｈｏｔｏｓｈｏｐは動作しなくなります。

アドビにとってのメリット

Ｐｈｏｔｏｓｈｏｐのサブスクリプションモデル（ＳａａＳモデル）への移行は、アドビにとって賢明なビジネス戦略でした。第1に、数年に1度しかない大規模な新製品のリリースを待たずに、毎月サブスクリプション料金を受け取れるため、より安定した収益が得られるようになりました。[40] 第2に、毎月ライセンス料をチェックすることで、誰がソフトウェアを使用し、誰が使用できないかを決められるため、海賊版対策にもなりました。[41] 第3に、ＰｈｏｔｏｓｈｏｐがN定期的にインターネットに接続されるようになったことで、次の大きなバージョンを待つ必要がなくなり、つねにアップデートでき、バグを修正できるようになったのです。これにより、ユーザーを満足させ、セキュリティの問題をより早く解決できます[42]（この開発モデルは「アジャイル開発」と呼ばれています）。

しかし、この動きには議論がなかったわけではありません。

ユーザーの不満

当時、ユーザーは満足していませんでした。多くは、アドビがユーザーにアップグレードを強制していると怒りました。アドビがＰｈｏｔｏｓｈｏｐに永遠に支払い続けさせることで、お金を搾り取ろうとしていると感じたのです。[43] 著名なブロガーはこの動きを「ソフトウェア史上最大の金儲け」と呼び、[44] 消費者保護団体は「略奪的」と指摘しました。[45]

しかし、消費者の怒りはすぐに収まり、クラウド版のＰｈｏｔｏｓｈｏｐを大挙して導入したことで、[46] アドビの収益は1年で70%も急増しました。[47] なぜでしょう。その理由は、サブスクリプションを利用すれば、追加料金なしで継続的にソフトウェアをアップデートできるからです。[48] また、初めてＰｈｏｔｏｓｈｏｐを使う人にとっても、より使いやすくなっています。１カ月間、無料体験できるようになり、初年度の価格は２４０ドル（従来のパッケージ版では７００ドル）[49]です。さらに、Creative Cloudにより、Ｐｈｏｔｏｓｈｏｐのファイルを追加料金なしでクラウドに保存でき、どの端末でも簡単に編集できるようになったのです。[50]

当初は賛否両論あったものの、サブスクリプションサービスへの移行はアドビにとって非常に大きな意味を持ちました。アドビの株価はわずか１年で２倍になり、売上も70％増加したのです。[51]

普及の遅れ

Ｐｈｏｔｏｓｈｏｐのサブスクリプションサービス（ＳａａＳ）が素晴らしいものであるなら、なぜアドビはそれを発見するのに22年（90年から12年まで）もかかったのか、と思われるかもしれません。

まず注意しておきたいのは、ＳａａＳモデルはインターネットに依存しているため、インターネットにアクセスできる環境でなければサブスクリプションを購入してもらえません。最近では、誰もがインターネットにアクセスできるのが当たり前になっていますが、昔からそうだったわけではありません。97年、自宅でインターネット接続している米国人はわずか18％でした。しかし、11年には４倍の72％に増えたのです。[52]

2つ目の理由は、アドビのクラウドプラットフォームであるクリエイティブクラウドの構築に、エンジニアが数年を費やしたことです。Creative Cloudが発表されたのは11年で[53]、Photoshopがサブスクリプションモデルに移行できたのはそれからです。

その他のSaaSの例

ここまでPhotoshopの例を説明してきましたが、このビジネスモデルが広く普及していることも知っておく必要があるでしょう。SaaSとはSoftware-as-a-Serviceの略で、インターネット上で提供されるソフトウェアのサブスクリプションを購入するビジネスモデルです[54]。多くの場合、SaaSアプリケーションはオンラインで動作しますが、必ずしもそうとは限りません。サブスクリプションモデルであっても、Photoshopは自分のマシン上で動作します[55]。

他にも、SaaSの例はたくさんあります。ドロップボックスは月々数ドルで自社サーバのストレージを1テラバイト貸しています[56]。スポティファイは、月額料金を払えば、無制限に音楽を楽しめます[57]。Gメールは個人の場合は無料ですが、企業の場合は有料でGスイートを利用してウェブベースのメールを無制限に利用できます[58]。ExcelのSaaS版であるGoogleシートも無料ですが、月額数ドルを支払うことにより、Googleドライブで追加のファイルストレージを利用できます[59]。

これらＳａａＳアプリケーションに共通していることは何でしょう。これらのアプリケーションはすべてウェブブラウザでアクセスでき、データはすべて他社のサーバに保存されていることです。言い換えれば、ＳａａＳはクラウド上で動作するアプリケーションの別称に過ぎないのです[60]。

ここで、冒頭の質問に戻りますが、なぜＰｈｏｔｏｓｈｏｐはもう所有できないのでしょう。ＰｈｏｔｏｓｈｏｐはＳａａＳアプリケーションに進化したため、レンタルしかできないのです。日常的に使っているアプリを思い浮かべると、ＳａａＳの例がどんどん出てくるはずです。

マイクロソフトはなぜ、Ｏｆｆｉｃｅをバカにする広告を出したのか

19年、マイクロソフトは、１度買えば将来のアップデートなしでずっと使える、発売されたばかりの「Ｏｆｆｉｃｅ２０１９」と、サブスクすることで定期的なアップデートやボーナス機能を安定して利用する「Ｏｆｆｉｃｅ３６５」とを比較する、一連の奇妙な広告を出稿しました。[61]

この広告には双子が登場し、片方にはＯｆｆｉｃｅ２０１９のアプリケーション（Ｅｘｃｅｌなど）が、もう片方にはＯｆｆｉｃｅ３６５が与えられます。双子は同じタスクをこなさなければなりませんが、いずれの場合も、Ｏｆｆｉｃｅ３６５を与えられた双子のほうが、３６５の特別機能のおかげで早く終わり、縄跳びやピーマンのサイコロ切り、スムージーのブレンドなどをする時間があったのです。[62]

ではなぜ、マイクロソフトは自社製品をこのように揶揄するのでしょうか。

「時間凍結（時が止まった）」版

Ｏｆｆｉｃｅ２０１９では、ワードやパワーポイントなど、マイクロソフトの古典的な業務アプリケーションの「時間凍結」版を提供しています。これは、「一度買えば自分のものになる代わりに、アップデートは受けられない」という、従来のコンピューティングモデルに従っています。[63]Ｏｆｆｉｃｅ２０１９は当時、通常3年ごとにリリースされていた伝統的なライセンスのＯｆｆｉｃｅの最新バージョンでした（10年以前は、これらの「時間凍結」版がＯｆｆｉｃｅを入手する唯一の方法だったのです[64]）。

一方、Ｏｆｆｉｃｅ３６５はＳａａＳ（サービスとしてのソフトウェア）です。1年ごとに料金を支払えば、つねにアップグレードされ、人工知能（ＡＩ）によるサポート、モバイルアプリの特別機能、マイクロソフトのクラウドストレージ「ＯｎｅＤｒｉｖｅ」の無料ストレージなどが利用できます。[65]

想像するに、マイクロソフトはユーザーに「Ｏｆｆｉｃｅ３６５はＯｆｆｉｃｅ２０１９よりも優れている」と伝えようとしていたのではないでしょうか。たしかに、ボーナス機能や絶え間ないアップグレードは、消費者にとって素晴らしいものでしょう。しかし、マイクロソフトがＯｆｆｉｃｅ３６５を推していた最大の理由は、マイクフロソフトが３６５から多くのお金を稼いでいること、[66] つまり「時間凍結」版よりも多くのお金を稼いでいることでした。[67] おそらく、３６５では、顧客がデフォルトで支払いを続け、解約するには積極的に選択しなければならないのに対し、「時間凍結」版では、顧客がデフォルトでは旧バージョンのままで、アップグレード（と支払い）するには積極的な選択をしなければならないからです。言い換えれば、３６５ユーザーにとって最も抵抗の少ない道は支払いを続けることであり、当然ながらほとんどのユーザーは支払いを続けています（「時間凍結」版のユーザーはそうではありません）。

Ｏｆｆｉｃｅ３６５のメリットはこれだけではありません。企業に３６５のサブスクリプションサービスを契約してもらえば、マイクロソフトはＡｚｕｒｅ（マイクロソフト版のＡＷＳ）といった他のサブスクリプションサービスを簡単に売り込むことができます。[68] またマイクロソフトは、企業向けメッセージングアプリであるＴｅａｍｓなど、他のクラウドベースの業務ツールをＯｆｆｉｃｅ３６５加入者にプッシュでき、顧客をマイクロソフトのエコシステムに囲い込むことができるのです。[69]

なぜ両方なのか

ここで、「なぜマイクロソフトはＯｆｆｉｃｅ３６５を好んでいるのに、時間凍結版の

Ｏｆｆｉｃｅを維持するのか」という疑問を持つはずです。それは、マイクロソフトがサブスクリプション型のソフトウェアに抵抗感を持つユーザーがいることに気づいており[70]、切り替えを迫ることによる離脱を避けようとしているからだと考えられます。「時代遅れの」時間凍結版のＯｆｆｉｃｅを徐々に廃止することで、マイクロソフトは短期的には顧客を満足させつつ、より収益性の高いＯｆｆｉｃｅ３６５に徐々に移行させていくことができるのです。

ＡＷＳは、どのように機能するのか

ここまで私たちは、Ｇｏｏｇｌｅドキュメントやスポティファイのような消費者向けソフトウェアのモデルとして人気が高まっているＳａａＳについて話をしてきました。しかし、それはＳａａＳの一部に過ぎません。大量のデータとユーザーを抱える大企業やテック企業もまた、クラウドに切り替え始めているのです。

大規模なウェブサイトやアプリを運営する場合、すべてのデータや計算を処理するために巨大なサーバが必要になります。しかし、消費者向けのノートパソコンやスマートフォンとは異なり、サーバは必ずしも安価で簡単に設置・維持できるものではありません。自分でサーバを立ち上げるには、マシンの購入、ＩＰアドレスの変更、Ａｐａｃｈｅなどの複雑なサーバソフトウェアのインストール、コンピュータの冷却（これは思ったよりも難しい問題です）[71]、ソフトウェアの更新や稼働の維持などが必要になります[72]。場合によっては、サーバを稼働させるために専門のスペシャリストを雇う必要もあるでしょう[73]。簡単に言えば、面倒くさいということです。

しかし、もしサーバをレンタルすれば、そんな面倒なことはしなくて済むとしたらどうでしょう。クラウドコンピューティングサービスと呼ばれるツールを使えば、それが可能なのです。

最も有名なクラウドコンピューティングサービスはＡＷＳ（Amazon Web Services）です。ＡＷＳでは、自分でサーバを購入する代わりにアマゾンのサーバを借りられます[74]。ＡＷＳは実際にはアプリケーション群であり、最大のアプリケーションはＥＣ２（Elastic Compute Cloud）とＳ３（Simple Storage Service）です[75]。簡単に言えば、ＥＣ２はアプリケーションのコードをアマゾンのサーバ上で実行し[76]、Ｓ３はアプリケーションのデータをすべてサーバ上に保存します[77]。

アマゾン・コムで商品を購入するときは、Ｓ３とＥＣ２で構築されたウェブサイトを利用していることになります。そもそもＡＷＳは、00年に社内のソフトウェア開発チーム共通で使えるツールが必要になったときに構築されました。アマゾンは後に、他の企業もこのツールを使いたいと思うだろうと考えるようになり、06年にＡＷＳとして独立させました[78]。要するに、ＡＷＳを利用してアプリケーションを構築すれば、アマゾンが自社の巨大事業を構築するために利用してきたのと同じツールを利用していることになるのです。

クラウドのメリット

先に述べたように、ＡＷＳでサーバをレンタルすると、アップグレードやセキュリティなどのメンテナンスをアマゾンが行ってくれるため、自社でサーバを運用するよりもはるかに簡単です。アマゾンは何百万台ものサーバを所有しており、それを顧客が共有しているので、各顧客は必要な分だけのサーバを手に入れて支払います。加えて、アマゾンは非常に多くのサーバを所有しているため、規模の経済を働かせて、サーバのコストを下げられます[79]。コスト削減効果は極めて大きく、あるヘルスリサーチ系のスタートアップ企業は、自社でサーバを購入して１００万ドルを支払う代わりに、ＡＷＳを選択することで月々２万５千ドルの支払いで済むようになりました[80]。

２つ目の大きな理由はセキュリティです。ソニー、ターゲット、ホームデポの３社は、ＡＷＳのセキュリティ機能を避け、自社によるサーバ運用を選択しましたが、３社ともハッカーがサーバに侵入し、顧客データが盗まれるデータ漏洩の被害に遭いました[81]（アマゾンとホームデポのどちらに、より多くのオンライン・セキュリティの専門家がいたのかを考えてみてください）。

３つ目の理由は信頼性です。ウェブサイトやアプリケーションがダウンしていては、企業は収益を上げられません。幸いなことに、ＡＷＳのようなクラウドコンピューティング事業者は、サーバの稼働維持に優れています。ＡＷＳは、世界中の複数の独立したデータセンターにアプリケーションやデータを複数コピーして保管しているため、１つのデータセンターが自然災害に見舞われたり、数台のサーバが故障したりしても、アプリケーションは問題なく動作します。[82]一方、自社でサーバを運用している場合、１つのデータセンターが無事であることを祈るほかありません。インベストペディア（ニューヨーク市に本社を置く金融情報サイト）が「ネットフリックスがハリケーンの前夜に、すべての人事ファイル、コンテンツ、バックアップデータをオンサイトで集中管理していたとしたらどうでしょう。それは狂気の沙汰です」と指摘しています。[83]ネットフリックスは、ＡＷＳのようなクラウドプラットフォームを利用することで冷静でいられるのです。

SaaS、IaaS、PaaS

ＡＷＳは、クラウドコンピューティングサービスの分野で34％の市場シェアを誇りますが、この市場のプレイヤーはＡＷＳだけではありません。[84]ＡＷＳの３分の１の市場シェアで２番手の競合が、マイクロソフトのＡｚｕｒｅと呼ばれるサービスです。また、グーグルもＧＣＰ（Google Cloud Platform）でこの分野に参入しています。[85]これらのプラットフォームにおいて、アプリケーションの開発者はクラウドコンピューティング事業者と同じ技術を利用できます。たとえば、ユーチューブはＧＣＰ上で動作しており、他社のアプリケーションも同様です。[86]

　ＳａａＳがレンタル可能なウェブアプリケーションを指すことを覚えていますか。エンジニアたちは、これらのクラウドコンピューティング事業者にも略語を使っています。ＡＷＳ、Ａｚｕｒｅ、ＧＣＰはいずれもＩａａＳ（Infrastructure-as-a-Service）です。ＩａａＳは、アプリケーションメーカーが自分のアプリケーションを実行するためのサーバを借りられるようにします。[87]

　クラウドサービスには、ＩａａＳとＳａａＳの中間に位置する第3のサービスとして、ＰａａＳ（Platform-as-a-Service）もあります。[88] これらのプラットフォームには、データベースや高度な分析機能、オペレーティングシステムなどの便利な機能が含まれます。[89] 基本的にＰａａＳは、開発者によるクラウド上でのウェブサイト構築を容易にします。ＰａａＳの例に、あまり有名ではありませんが、Ｈｅｒｏｋｕがあります。Ｈｅｒｏｋｕは、アプリケーションのコードを送るだけで自動的にウェブサイトを立ち上げてくれるサービスで、必要な設定は最小限で済みます[90]（ＩａａＳであるＡＷＳでもウェブサイトの構築は簡単ですが、ＰａａＳではさらに簡単になります）。

　さて、ＳａａＳ、ＩａａＳ、ＰａａＳの違いは何でしょうか。料理に例えてみましょう。ＳａａＳはレストランのようなもので、ウェイターに食べたいものを伝えれば、運んできてくれます。ＩａａＳはキッチンを借りるようなものです。スペースはありますが、自分で食材や調理器具を持ち込んで料理をしなければなりません。ＰａａＳは、ＳａａＳとＩａａＳの中間に位置し、食材とレシピを渡せば、誰かが料理を作ってくれるのです。

要約すると、ＡＷＳとは何でしょう。一言で言えば、ＩａａＳです。わかりやすく言えば、アマゾンのサーバ上のスペースを借りられるツールであり、自分でサーバを用意するよりもはるかに早く、安く、簡単にアプリケーションを立ち上げられるのです。

ネットフリックスは番組スタート時、視聴率急上昇にどう対処しているのか

15年3月のある日曜日、ネットフリックスは大人気番組「ハウス・オブ・カード」第3シーズンの初放送を放映し、人々はそれを見るために群がってきました。その日、ネットフリックスのトラフィックは、通常の日曜日に比べて30％も増加したのです[91]。この30％という数字は、15年にネットフリックスがインターネット全体のトラフィックの37％を占めていたことを考えると、非常に大きなものです[92]（これは一過性のものではありません。ＨＢＯ（米国の衛星およびケーブルテレビ局）によれば、15年4月に「ゲーム・オブ・スローンズ」の第5シーズンが放送された際、トラフィックが３００％も急増しました[93]）。ネットフリックスのウェブサイトは、このような大量の訪問者にどのように対応したのでしょう。

まず、ネットフリックスのウェブサイトの運営方法を見てみましょう。08年当時、ネットフリックスは自社でサーバを所有していましたが、その後数年をかけて、ウェブサイトの多くをＡＷＳに移行し、16年にその作業を終えました[94]。自社でのサーバ所有と比べて、クラウ

ドはネットフリックスに主に３つのメリットをもたらします。まずは、「弾力性（elasticity）」と呼ばれる機能について説明しましょう。

弾力性

ネットフリックスが自社でサーバを所有していたときは、ピーク時の使用量に対応できるだけのサーバを用意しなければなりませんでした。しかし問題は、ほとんどの場合、サーバ使用量はピーク時ほどではないため、ほとんどのサーバが使用されずに放置され、コストが無駄になってしまうことでした。[95] しかし、ＡＷＳのようなクラウドホスティングサービスでは、使用量の増減に応じて、アプリケーションに与えるコンピューティング・パワーが瞬時に増減するので、必要な分だけ使用料を支払えます。[96] これが弾力性です。

ランチタイムには多くの客が押し寄せるものの、それ以外の時間帯にはわずかな客しか来ないレストランを経営しているとします。全従業員が同じ時間帯に働かなければならないとしたら、混み合うランチ時に対応できるだけの人数を雇う必要がありますが、そうすると、それ以外の時間帯は、何もせずに給料を食いつぶすだけの人が多すぎることになります。しかし、従業員のシフトを柔軟に調整できれば、忙しい時間帯には多くの従業員を投入し、静かな時間帯には余った従業員を帰宅させることができます。そうすれば、必要なときに必要なだけの費用を支払えるのです。

弾力性を利用すれば、すべてのアプリケーションはコストを削減できますが、特にネットフリックスは1日の中でサーバ使用量が大きく変動するため、メリットが大きくなります。9時から5時までの間、ネットフリックスを見ている人はあまりいない一方で、毎晩22時頃には視聴者数がピークを迎えます[97]。弾力性によって、AWSは、ネットフリックスが1日中同じ量を利用するのではなく、コンピューティングパワーを増減させながら利用することを可能にしているのです[98]。

スケーラビリティ

弾力性の他にも、ネットフリックスがクラウドに移行する理由はあるのでしょうか。大きな理由の1つは「スケーラビリティ」です。AWSは、ユーザー数の増加に伴い、アプリケーションを迅速に成長させる、つまりスケールアップさせることができます（これは数ヶ月、数年単位での成長であり、突然の急上昇ではありません）[99]。ネットフリックスでは、07年から15年にかけて、動画視聴量が1千倍以上増加しているため、この点は非常に重要です[100]。クラウドがなければ、ネットフリックスは物理的につねに新しいサーバを設置しなければなりませんでした。しかし、AWSのおかげで、ネットフリックス側が作業することなく、成長に応じて自動的により多くのコンピューティングパワーを利用できたのです。[101]

冗長性

ネットフリックスがクラウドを選択した最後の大きな理由は、自社によるデータセンター所有やサーバ構築よりもＡＷＳの方が、信頼性が高いことでした。[102] これは主に、クラウドには多くの「冗長性＝同一の情報やコードを複数回コピーすること」が組み込まれているからです。何台かのコンピュータが故障しても、他の多くのコンピュータが補います[103]（人が、１つしか必要ないのに腎臓を２つ持っていて、１つが故障しても、あるいは臓器提供しても大丈夫なのと同じです[104]）。

クラウドはネットフリックスに大きなメリットをもたらしましたが、その変更は容易ではありませんでした。ネットフリックスは、自社サーバからＡＷＳに完全に移行するのに７年を要し、その間、基本的にすべてのインフラとデータベースを一から作り直さなければなりませんでした。[105] 大変な作業でしたが、最終的にはそれだけの価値があったのでしょう。

次回、ネットフリックスを見るときには、クラウド化を決断したエンジニアに感謝してください（この本を読んでいない友人は、あなたが突然クラウドに魅了されたことに戸惑うかもしれませんが、心配せずに番組を楽しむように言ってあげてください）。

たった1つのタイプミスが、いかにしてネットの20%をダウンさせたのか

17年2月28日のこと、[106] アマゾンのあるエンジニアが、請求システムの問題を修復するため、ＡＷＳのサーバのいくつかを無効にする標準コマンドを入力しました。しかし、そのエンジニアはタイプミスをしたため、誤って大量のサーバを停止させてしまい、ＡＷＳはＳ３の再起動を余儀なくされたのです。[107] Ｓ３とは、開発者が写真、映像、その他のファイルのクラウド上での保存を可能にする、アプリケーション向けの巨大なドロップボックスのようなものです。[108] その後4時間にわたり、[109] ミディアム（ブログサービス）、クオーラ（Q&Aサイト）[110]、ネットフリックス、スポティファイ、ピンタレスト（画像共有サービス）[111] などの人気サイトを含む、インターネットの約20%がダウンしました。その被害は甚大で、Ｓ＆Ｐ５００企業は1億5千万ドル以上の損害を被ったのです。[112]

なぜこのような事態になったのでしょう。

答えは、被害を受けたサイトがすべてＡＷＳに依存していたからです。[113] サイトのコードは

アマゾンのサーバで実行され、ファイルはアマゾンのサーバ（特にＳ３）に置かれていました。つまり、ＡＷＳのサーバがダウンすると、すべてのサイトがダウンしてしまうのです。

これは、クラウドコンピューティングにおける最大の落とし穴の1つです。アプリケーションをクラウドで実行すると、プロバイダーが「停電」したときに問題が発生します。[114]どんなに優れたクラウド事業者も、「稼働率」は１００％ではありません。[115]たとえば、15年にＡＷＳが停止した時間は計2時間半で、約99・97％の確率で稼働していたことになります[116]（世の中は予測不可能なので、全サーバの障害可能性を予測するのは不可能ですし、仮に予測したとしてもコストがかかり過ぎます。[117]これは、フロリダのディズニーランドが、以前に雪が降ったから[118]、吹雪に備えることができても、その可能性があまりにも低いため、費用に見合わないのと同じです）。

では、クラウド事業者の不可避なダウンタイムに対して、アプリケーション企業はどうすればいいのでしょうか。そうですね、自社でサーバを購入し、その上でアプリケーションを実行することはできるでしょう。これは、「オンプレミス」または「オンプレ」と呼ばれるモデルです。[119]このモデルでは、企業が自ら問題を解決できますが、数字の上では裏目に出る可能性もあります。たとえば、マイクロソフトでは、企業向け電子メールサービスをクラウドのＯｆｆｉｃｅ３６５とオンプレミスのＥｘｃｈａｎｇｅサーバという2つの方法で提供しています。ある調査によれば、ＥｘｃｈａｎｇｅサーバはＯｆｆｉｃｅ３６５の約３・５倍もダウンしています。これは、年9時間のダウンタイムに相当します。[120]

オンプレミスのコンピューティングがクラウドよりも劣るのであれば、アプリケーション企業にとっての最良の選択は、クラウドを利用し、時折発生する障害は避けられないと受け入れることなのかもしれません。ＡＷＳやマイクロソフトＡｚｕｒｅのようなクラウド事業者は、サーバがダウンしたときにはすぐに顧客に伝え、迅速に問題を解決し、２度と同じことが起こらないように最善を尽くすべきなのです[121]。

障害にどのように対処すべきか、またどのように対処すべきでないかを示す例として、ＡＷＳのタイプミスの話に少し戻りましょう。ＡＷＳが批判されたのは、障害が発生している間、何も問題がないようにダッシュボードに表示されていたからです。皮肉なことに、このダッシュボードはＡＷＳ上で動作しており、同様にダウンしていました[122]。ただし、アマゾンが称賛に値するのは、この種のタイプミスがもたらす被害を抑えるために、システム全体で広範な安全性チェックを行ったことです[123]。

ここで、最初の疑問に戻りましょう。たった１つのタイプミスで、なぜインターネットの20%がダウンしたのでしょうか。それは、その20%のインターネットがＡＷＳ上で運営されており、致命的なタイプミスのためにＡＷＳを再起動しなければならなかったとき、ＡＷＳ上で運営されているウェブサイトもダウンしてしまったからです。

ただし、クラウドには欠点もあるものの、コスト削減やウェブサイトの信頼性向上、サイトの迅速な拡張などには最適なツールです。そして、消費者の生活をより一層便利にしてくれます。だから、今回はクラウドに入れ込んでも大丈夫でしょう。

6章

ビッグデータ

私たち人間は、気が遠くなるような量のデータを生み出しています。10年、グーグルの共同創業者であるエリック・シュミットが言ったように、「現在、私たちは２日に１回、文明の黎明期から03年までの間に作られたのと同じ量の情報を作り出しています[1]」。つまり、私たちは２日で５エクサバイト（５兆ＧＢ）ものデータを作成しているのです[2]。これは、地球上の全人類が１日に512GBのiPhoneの容量を一杯にするようなものです[3]（この引用は、2010年にされたことにご注意ください）。

これは膨大な量のデータです。巨大な、巨大な、巨人のようなものです。エンジニアたちはこれを「ビッグ」と呼んでいます。あるアナリストが「情報は21世紀の石油だ」と言ったように、企業はビッグデータを使って技術や自社を改革しています[4]。でも、どのようにしてでしょう。

ターゲットはどのように、父親より先に10代の娘が妊娠したことを知ったのか

12年、ミネソタ州のある父親は、ターゲットからマタニティグッズのクーポンが郵送されてきたのを見つけて驚きました。彼は近くのターゲットへ押しかけ、混乱しているターゲットのマネージャーと対峙し、マネージャーが多感な幼い娘に妊娠を勧めようとしているのかと問いただしました。当然、店長は謝罪します。数日後、彼はさらに、電話で再度謝罪してフォローしたのです[5]。

にもかかわらず、電話口で父親は困惑していました。「娘と話をしたのです」と彼は言います。「家の中で私の知らないことが起きているとわかりました。娘は8月に出産予定です。あなたに謝らなければなりません[6]」

ターゲットは、父親よりも先に、この10代の女性が妊娠していることを知っていたのです[7]。でも、どのようにしてでしょう。その答えがビッグデータでした。

小売事業者は、大学進学や就職といった人生の大きなイベントが新しい購買習慣につなり

がちであることを知っていて、それを利用しようとしています。[8] たとえばジレットは、18歳の誕生日、ティーンエージャーに無料でカミソリを送っています。[9] 同様に、妊娠中は小売事業者にとって重要な時期です。なぜなら、新しい母親はベビー服や粉ミルクなどを必要とし、そのために数百ドルを費やすからです。[10] しかし、出生記録は通常公開されているため、新米の両親は、売上を獲得しようとする小売業者からのオファーに圧倒されます。ターゲットのような小売事業者が他社と差を付けるには、出産を先取りし、妊婦がマタニティウェアや妊婦用ビタミンなどを必要とし始める妊娠2期目（英国圏では、妊娠期間である40週を9ヶ月と捉え、1期（1-12週）、2期（13-27週）、3期（28-40週）に3分割しています）の早い段階から、妊婦にアプローチする必要があります。[11]

そのため、小売事業者は、妊娠やその他の新しい購買習慣を引き起こす状況を予測し、先取りしなくてはなりません。それには、収集した顧客データからパターンを見つけ出す必要があるのです。[12] たとえば、18歳の子供を持つ顧客が、秋になると寮用の家具を大量に購入する傾向があることに気づいたとします。すると、毎年夏に18歳の子供を持つ人たちに家具や学用品のクーポンを送り、秋の引っ越しを先取りします。ランダムにクーポンを送りつけるよりも、販売につながる可能性は高いからです。

顧客を知る

では、店舗はどのようにしてこれらのデータを集めるのでしょう。多くの店舗では支払い時に、無料の「ポイントカード」や「セービングカード（該当期間中に割引が受けられるカード）」をレジでスキャンします。このように顧客の購買習慣を追跡することで、ターゲットを絞ったサービスが提供できるのです[13]。しかし、2大小売事業者であるウォルマートとターゲットには、そうしたカードはありません。その代わりに、ターゲット[14]とウォルマート[15]は各クレジットカードに固有コードを割り当てて、それを追跡することで顧客の購買履歴を把握し、クーポンのターゲットを決めています。ターゲットでは、このコードを「ゲストIDナンバー」と呼んでいます[16]。

購買履歴だけではありません。ターゲットは、顧客のゲストIDにさらに多くの情報をリンクさせられます。

「お客様がクレジットカードやクーポンを使用したり、アンケートに答えたり、返金を郵送したり、カスタマーセンターに電話したり、当社がお送りした電子メールを開いたり、当社のウェブサイトをご覧になったりすると、当社はそれを記録し、お客様のゲストＩＤとリンクさせます」とターゲットの顧客データ担当ディレクターのアンドリュー・ポールは述べています。[17]

年齢、民族、住所などの人口統計情報もゲストＩＤに関連付けられます。ターゲットは、あなたの給料を推測したり、自宅の推定価格を調べたりすることもできます。また、公的な記録を利用して、あなたの子供がいつ生まれたのか、いつ結婚したのか、さらには離婚したのかを知ることもできます。[18]

妊娠の予測

ご想像の通り、ターゲットは各ゲストＩＤについて膨大な情報を収集しています。このデータを使って、顧客の行動についてパターンを見つけ、予測できるのです。たとえば、無香料のローションを突然大量に購入した女性は、妊娠第2期の初め頃である可能性が高いことを発見しました。また、妊娠中の女性は、亜鉛、カルシウム、マグネシウムなどのサプリメントを購入する傾向がありました。[19]

最終的にターゲットは、約25の購買習慣を特定し、それらを分析することで、各消費者に「妊娠予測」のスコアを付与しました。この「予測分析」ソリューションにより、ターゲットは87%の確率で妊娠を予測でき、ときには出産のおおよその日にちまで予測できるのです。[20] ミネソタ州の例が示すように、ターゲットは親よりも、もうすぐ出産する母親のことをよく知っているのかもしれません。

　このような技術により、ターゲットの「ママ＆ベビー」コーナーは急速に成長し、ターゲット全体の収益を押し上げました。[21] しかし、ターゲットのような小売事業者にとっての課題は、「不気味さ」を感じさせることなく、こうした顧客インサイトを活用することです。ご想像の通り、多くのカップルは、妊娠がわかった直後にターゲットから狙い澄ましたように妊娠クーポンが送られてくると、びっくりします。実際、驚きのあまり、ターゲットへの訪問をやめてしまったカップルもいたのです。そこでターゲットはより慎重に、プロモーションするようになりました。妊婦用ビタミン剤のクーポンを送ることに変わりはありませんが、たとえば木炭のクーポンと芝刈り機の広告の間に挟むことで、ターゲティング広告が「ランダム」に見えるようにしたのです。[22]

　小売事業者は、顧客が何を求めているかを直感で推測するだけではありません。ビッグデータの時代には、冷徹な数字を使ってそれを把握しているのです。

グーグルをはじめとする大企業は、ビッグデータをどのように分析するのか

先に述べたように、ターゲットは何億人もの顧客のデータを持っています。[23] しかし、このデータをどのように分析して、妊娠予測スコアのような指標を作っているのでしょう。アナリストがノートパソコンでＥｘｃｅｌファイルを開いて分析できるわけではありません。どんなに高性能なコンピュータでも、１台のコンピュータに保存したり分析したりするにはデータが膨大過ぎるからです。[24] ４つの機能を持つポケット電卓で、５００桁の数字を２つ掛け合わせることを想像してみてください。どんなに優れた電卓でも、１つの電卓ではできません。

また、これらのデータを処理できるだけの性能や規模のスーパーコンピュータを作るには、莫大な費用がかかります。そこで重要になるのは、データや計算を扱いやすい大きさに分割し、それを安価で通常サイズのコンピュータに割り当てることです。これらのコンピュータはすべて同時に動作し、最後のコンピュータが計算を終了すると、結果を組み合わ

せて最終的な答えを出すのです。[25]

たとえて言えば、街の全住民を数えたいとします。自分で全員を数えて回ることもできますが、それではあまりにも時間がかかり過ぎるでしょう。その代わりに、友人を1人ずつ各地域に送り、その地域で見かけたすべての人を数えるように指示します。各友人が数をあなたに報告し、最後の友人が報告したら、あなたはその数を足し合わせるだけで答えが得られます。[26]友人たちがより小さく、より短いタスクを「並行して」作業するため、1人で数えるよりもはるかに速くなるのです（面白いことに、実際、ローマ帝国ではこの方法で国勢調査を行っていました）。[27]

MapReduce

グーグルは、有名な「MapReduce」アルゴリズムにこの戦略を採用しています。[28]「Map」ステップでは友人がそれぞれの近所を数え、「Reduce」ステップでは友人の結果を加算します。

人気のビッグデータツール「Hadoop」は、「MapReduce」を採用しています。[29]スーパーコンピュータを使わずに、通常サイズのサーバに全データを保存して、Hadoopソフトウェアを実行し、数値を計算します。このアプローチの優れた点は、コンピュータを物理的に接続する必要がなく、さらなるデータを扱いたければコンピュータを増やせば良いことです[30]。Ｈａｄｏｏｐは急速に業界標準となりつつあります。ターゲット以外にも[31]、ネットフリックス[32]、イーベイ[33]、フェイスブック[34]など、多くの企業がＨａｄｏｏｐを利用しています。実際、ある分析では、20年までにフォーチュン５００社の80％がＨａｄｏｏｐを使用していると予測されています[35]。

　要するに、ビッグデータの分析は、単にＥｘｃｅｌを使うよりもはるかに複雑で、専用のツールやテクニックが必要なのです。そして、ビッグデータの分析は非常に厳密で重要なため、データサイエンスというまったく新しい研究分野が生まれたのです[36]。

アマゾンの価格はなぜ、10分ごとに変わるのか

アマゾン上の商品価格が気に入りませんか。10分待ってください。変わるかもしれませんよ。

アマゾンは1日に２５０万回、商品の価格を変更しています。[37]つまり、アマゾンに掲載されている平均的な商品は10分ごとに価格が変わるということです。[38]これは、ウォルマートやベストバイの50倍の頻度です。[39]この絶え間ない価格変動は、買った直後に価格が下がるのを見たとき、しばしば消費者を悩ましします。[40]一方で、この施策はアマゾンの利益を25%も押し上げているのです。[41]

その理由は何でしょう。アマゾンには、簡単に言えば、大量のデータがあります。15億点の商品が販売されており、2億人のユーザーがいるからです。アマゾンには、商品とユーザーについて10億ＧＢものデータがあるのです。[42]これらのデータを５００ＧＢのハードディスクに入れて積み上げると、エベレスト8倍以上の高さになるそうです。[43]まさに、ビッグ

データです。

これらのデータに基づいて、アマゾンは10分ごとに、顧客の買い物パターン、競合他社の価格、利益率、在庫など、様々な要素を分析し、商品の新たな価格を決めています[44]。そうすることで、つねに競争力のある価格を実現し、より多くの利益を引き出せるのです[45]。

この過程で、アマゾンが見つけた有効な戦略の1つは、人気のある商品の価格は競合他社を下回るものの、一般的でない商品では価格を上げることです。たとえば、ベストセラー書籍は値下げし、無名の書籍は値上げするのです。ほとんどの人は最も一般的な商品（結局はアマゾンの方が安い）を検索するので、アマゾンがすべてベストプライスであると思い込むようになります。結果、顧客はアマゾンに惹きつけられ、将来購入するであろう、あまり一般的でない商品にもお金を払ってくれるようになるのです[46]。

データに基づく提案

アマゾンがあなたのデータを利用して利益を上げる方法は他にもたくさんあります。顧客や他の顧客の購買履歴に基づいて、アマゾンはお勧め商品を提示します。アマゾンでは、「お客様の閲覧履歴に基づくお勧め商品」や「この商品を購入したお客様はこんな商品も購入しています」といったコーナーがあります[47]。アマゾンは、あなたがキンドルでハイライト

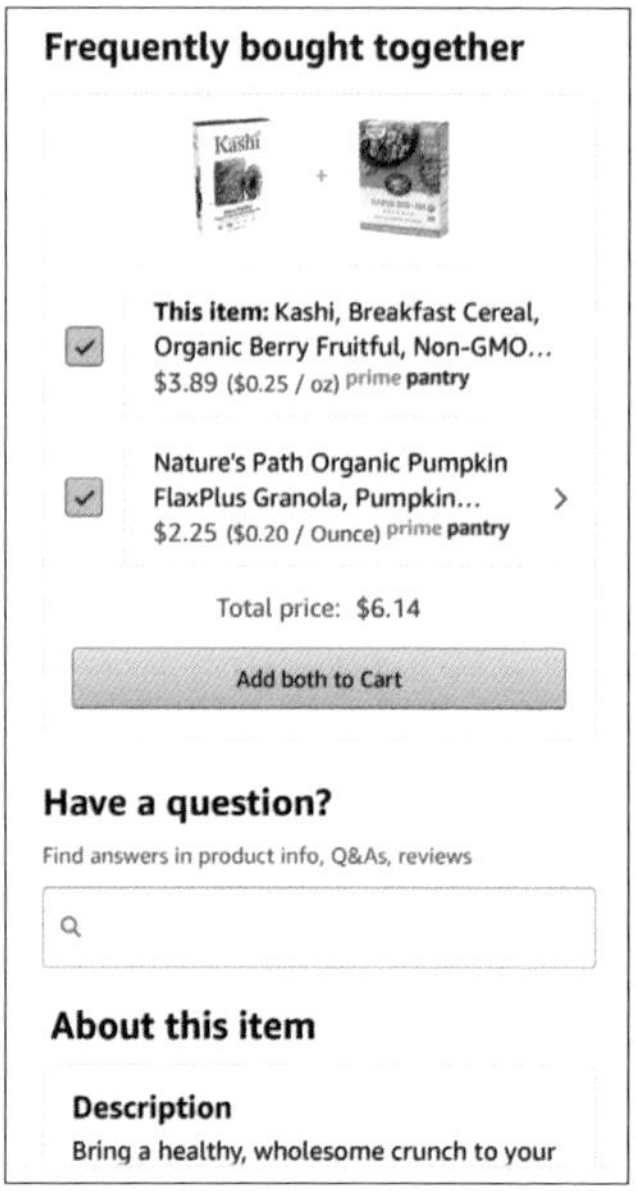

アマゾンの「よく一緒に買われている商品」コーナーでは、過去の買い物客の購買履歴を利用して、おすすめの商品を紹介している。
出典：アマゾン

した単語を使って、あなたが何を買おうとしているかを予測することもできるのです。[48]

アマゾンは、過去の購買履歴からパターンを見つけて、このようなレコメンドを行います。たとえば、何百万人もの顧客がピーナッツバターとゼリーとパンを一緒に買っていることに気づき（米国では、子どものおやつとしてピーナッツバターとジェリーのサンドイッチが食べられています）、あなたがアマゾンでピーナッツバターとパンを買ったとします。すると、この購買パターンを利用して、アマゾンはあなたにゼリーを買うように勧めるでしょう。[49]

購入予測は、単なるおすすめ商品の紹介だけに留まりません。アマゾンが特許を取得している「予測的シッピングモデル（Anticipatory Shipping Model）」という技術について考えてみましょう。[50] アマゾンは、あなたが何かを買おうとしていると予測すると（ターゲットが女性の出産時期を予測するように）、その商品をあなたの近くの倉庫に発送し、最終的にあなたが購入するときには、早く安く届けられるようにします。[51]

このように、ビッグデータには非常に大きな経済的価値があるのです。実際、かつてニューヨーク・タイムズ紙は、ビッグデータを金に例えていたように[52]……。

企業が多くのデータを持つことは、良いことなのか、悪いことなのか

通常、企業がビッグデータを利用して効率化を図る場合、誰も文句を言いません。たとえば、UPSがトラックのセンサーから収集したデータを使って配送ルートを最適化し、5千万ドルを節約しても誰も気にしないでしょう（実際、ガソリンを節約できたと賞賛する人もいました）[53]。

しかし、ターゲットのような小売事業者が膨大な量の顧客データを収集し始めたときのように、企業が個人データを収集するときには論争が起こります[54]。ビッグデータを活用することで、企業はターゲティング広告やレコメンドが可能になり、非常に多くの利益が得られます。グーグルやフェイスブックは収益のほとんどをターゲティング広告に依存しており[55]、ネットフリックスはレコメンデーションシステムでユーザーをプラットフォームに留めることで、年間10億ドルを節約していると言っています（新規ユーザーの獲得には非常にコストがかかります）[56]。しかし、これは消費者のためになるのでしょうか。

一方で、ターゲティング広告やレコメンドは、消費者にとって有益かもしれません。ターゲットはターゲティングクーポンを送ることで利益が得られるかもしれませんが、そのクーポンはあなたの時間とお金を節約してくれるかもしれないからです。ネットフリックスは、あなたが見たことのあるすべてについて、衝撃的な量の情報を持っているにもかかわらず、ネットフリックスの映画やテレビ番組のお勧めはとても人気があります[57]。

その一方で、プライバシー擁護派は、大企業が非常に多くの個人情報を収集していることに憤慨しています[58]。ターゲットがあなたの婚姻状況、住所、推定給与などを把握していることを思い出してください（このような情報を、街中で見知らぬ人には言えないでしょう[59]）。多くの個人情報を持っている企業がハッキングされると、その結果は危険なものになる可能性があります。13年には、ターゲットの顧客4千万人分のクレジットカード番号と、7千万人分の顧客の氏名、電子メール、住所などの個人情報が盗まれました。これら7千万人の顧客は、なりすまし犯罪のリスクが高いとされています[60]。また、ターゲットだけではありません。13年にはヤフーの30億件のアカウントがハッキングされて生年月日や電話番号を盗まれ[61]、17年には消費者信用情報会社のエキファックスをハッキングしたハッカーが1億4千3百万人の米国人の社会保障番号にアクセスしました[62]。

多くの企業は、データを匿名化することで個人情報を保護していると主張しています。しかし、匿名データであっても、あなたの個人情報をリバースエンジニアリング（分解、動作観察・解析などにより、構造を分析し、原理や仕様、オリジナルの情報などをつきとめること）するために使用されたり、あなたが「再特定」されたりするかもしれません。[63] たとえば、マサチューセッツ工科大学（ＭＩＴ）の研究によると、４枚のクレジットカードで購入した日付と場所を把握するだけで、テスト対象者の90％の身元が特定できました。[64] また別の研究では、ネットフリックスとインターネットムービーデータベース（映像コンテンツなどに関する情報を集めたオンラインデータベース）の匿名ユーザーデータをマッシュアップすることで、個人を再識別できることがわかっています。[65]

　では、ビッグデータは社会にとって良いものなのでしょうか、それとも悪いものなのでしょうか。テクノロジーに関する多くの事柄と同様に、黒か白かの答えはありません。ビッグデータは、企業や製品をより効率的にする一方で、プライバシーに関する問題を引き起こすこともあります。しかし、好むと好まざるとにかかわらず、ビッグデータはますます大きくなっていくでしょう。

7章

ハッキングとセキュリティ

ナイジェリアの王子様と称する人たちが、「巨額のお金」の送金を手伝ってほしいとメールしてくる時代は終わりました[1]。ハッカーたちは、はるかに有能で巧妙になっています。

では、ネット犯罪者の新たな手口には、どのようなものがあるのでしょう。そして、私たちはそれらに対して何ができるのでしょう。

犯罪者はどのように「身代金」としてコンピュータを拘束するのか

17年5月、「WannaCry」と名付けられた危険な新種のマルウェアが150カ国のコンピュータに感染し、数千台のコンピュータが使用不能になり、推定40億ドルの被害をもたらしました[2]。英国の国民健康保険サービスは機能不全に陥り、多くの重要な手術が停止したのです[3]。コンピュータに感染して人々に危害を加える危険なソフトウェア、すなわち新種の「マルウェア」であるランサムウェアの登場です。

ランサムウェア

WannaCryのようなランサムウェアは、コンピュータに侵入してファイルをロックし、背後にいる犯罪者にお金を払わないと鍵を捨てると脅すソフトウェアです[4]。

まず、悪意のあるソフトウェアが電子メールの添付ファイル[5]や危険なダウンロード[6]を介してコンピュータに侵入します。このマルウェアは、多くの場合、OSの欠陥を利用して、攻撃者がコンピュータ上で好きなコードを実行できるようにします。[7] たとえば、WannaCryはWindowsのバグを悪用していました（興味深いことに、このバグを最初に発見したのは国家安全保障局です[8]）。これはあたかも、あなたの家を建てた人が鍵の1つでミスをして、それを利用して鍵開けセットを持った泥棒が侵入してしまうようなものかもしれません。

マルウェアがユーザーのコンピュータに侵入すると、すべての個人ファイルを暗号化するプログラムが実行されます。暗号化とは、ファイルの中身をゴチャゴチャにして、人やアプリケーションが理解できないようにすることです。しかし、すべての暗号化には、暗号化を解除するための特別なパスコードが付いています。そのため、この「鍵」[9]を持っていれば、ファイルのゴチャゴチャを解除できます。たとえば、「Meet me on the lawn（芝生の上で会いましょう）」というメッセージは"Zrrg zr ba gur ynja"と暗号化できます。復号化するには、すべての文字を13個前に移動させる必要がある（aがnに、bがoに、cがpに、というように）と言われない限り、これではもちろん意味がわかりません。暗号化されたテキストを復号化してはじめて、「Meet me on the lawn」が得られるのです。

ランサムウェアは、すべてのファイルを暗号化しますが、その鍵は教えてくれません。ハッカーたちは、お金を払えば鍵を渡し、すべてのファイルを解読するプログラムを提供すると言います。お金を払わなければ、鍵を永遠に捨てると脅すのです。そうすれば、ファイ

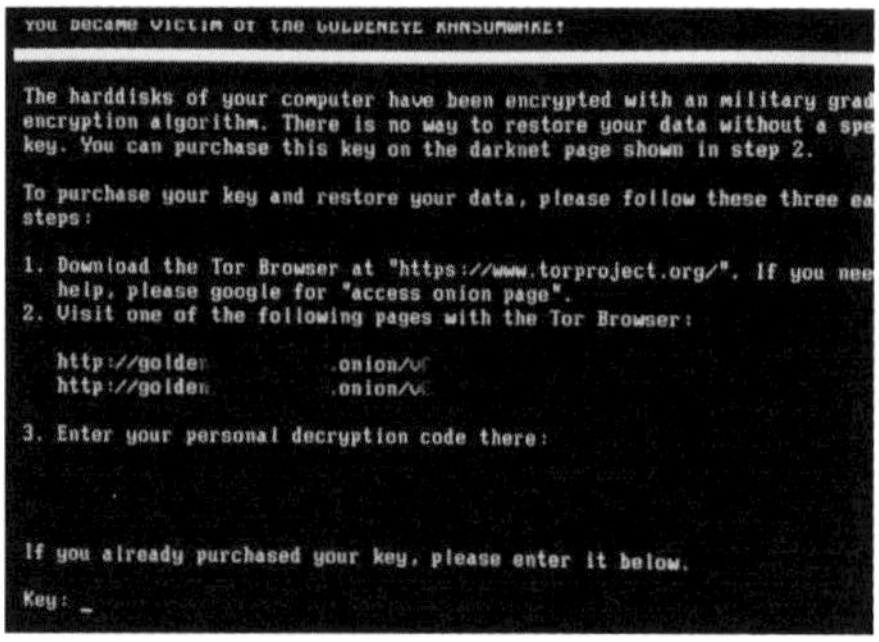

GoldenEyeと呼ばれるランサムウェアの被害者に表示される画面。
出典：ウィキペディア[11]

ルはすべて失われてしまうでしょう。[10]

身代金要求者は、どのようにお金を送ってほしいと思っているのでしょう。小切手やベンモで送金することはできません。身元を知られて政府に取り締まられてしまうからです。そのため、身代金要求者はビットコインと呼ばれる匿名のオンライン通貨での支払いを要求します。[12]ビットコインは、送金アプリであるベンモの匿名版のようなもので、誰もが誰かにお金を送れます。ただし、人々はユーザー名ではなく「ビットコインアドレス」という匿名のコードで識別されます。[13]

コンピュータのロックを解除するには、ビットコイン交換サイトにアクセスする必要があります。このサイトでは、銀行でドルをペソに交換するのと同じように、ドル（または「通常の」通貨）をビットコインに交換できます。[14]ビットコインと通常通貨の間には、ドルとペソとの間と同じように「交換レート」が存在しますが、この交換レートは非常に変動しやすくなっています。[15]ＷａｎｎａＣｒｙの身代金は、ビットコインで３００ドルでした。[16]

そして詐欺師には、「ウォレット」と呼ばれる専用アプリ（ベンモに似ています）を使ってコインを送ります。すると、犯人はファイルのロックを解除するための鍵を渡し、あなたは元の生活に戻れる、と約束してくれるのです。[17]

不幸にもランサムウェアの被害に遭った場合、身代金を支払わないことをお勧めします。身代金を支払ってしまうと、巨大なオンライン犯罪組織[18]や敵対する政府の資金源になってしまう可能性があります。たとえば、米国国家安全保障局（ＮＳＡ）はＷａｎｎａＣｒｙの攻撃を北朝鮮政府と結び付けています。[19]

犯罪者はプロになる

ランサムウェアの経済性は、非常に奇妙な現象を引き起こします。詐欺師は匿名で、ファイルを復号化する前にお金を受け取るため、理論的には復号化キーを渡さずにお金を受け取って逃げられます。

しかし、主要なランサムウェアの攻撃者は、多くの場合、実際に鍵を渡します。なぜでしょう。ハッカーたちは、人々が身代金を支払い続けることが唯一の利益になると考えているからです。そして人々は、詐欺師が自分のファイルを復号化すると信頼できる場合にのみ、身代金を支払うでしょう。[20]

そのため、奇妙なことに、詐欺師はカスタマーサポートを充実させており、ときにはコールセンターや営業担当者とのオンラインチャットを設けていることさえあります。[21] また、ウェブサイトを魅力的に見せるためにデザイナーを雇っているところさえあります。[22] 詐欺師たちは、被害者からの「信頼」という評判を築く必要があると知っているのです。[23] あなたの生活を破壊すると脅迫し、恐喝している人と信頼という言葉を結びつけるのは奇妙なことですが……。

どこにリスクがあるのか

企業、病院、政府といった大規模組織は、ランサムウェアの格好の標的となります。[24] その理由は主に、彼らのＩＴ部門が古いソフトウェアやＯＳを更新するのが遅いためです。古いＯＳは、アップデートの頻度が低いため、一般にリスクが高いと言われています。[25]

こうした問題に対処するため、マイクロソフトは通常、マルウェアを阻止するためのセキュリティアップデートを迅速にリリースしています。ＷａｎｎａＣｒｙの場合、マイクロソフトはマルウェアを有効にするＷｉｎｄｏｗｓのバグを発見し、ユーザーに無料でセキュリティアップデートを提供しました。[26] このパッチは任意のものでしたが、マイクロソフトは、ＩＴ管理者が望むと望まないとにかかわらず、重要なセキュリティアップデートをＷｉｎｄｏｗｓユーザーに強制しています。[27]

大企業がマルウェアに対抗する上で利用可能なその他のツールとしては、定期的にファイルをクラウドにバックアップすること[28]（ハッカーがファイルを暗号化しても無力化されないように[29]）、ダウンロードしたファイルを定期的にスキャンしてマルウェアを検出するウイルス対策ソフトウェアなどがあります[30]。しかし、最善の防御策は、積極的に行動することです。

一部の企業では、巨大な「攻撃面」を持つ従来のＯＳを完全に廃棄し始めています。従来のＯＳは、ダウンロードしたファイルやインストールしたアプリケーションなどを介して、マルウェアの侵入できる場所が非常に多いからです[31]。グーグルのクロームブックに搭載されているＣｈｒｏｍｅ　ＯＳは、文字通り単なるウェブブラウザであり、マルウェアの主要な侵入口となる従来のインストール可能なアプリケーションが存在しないため、セキュリティ意識の高い人たちに特に人気があります。さらに、Ｃｈｒｏｍｅの各タブは「サンドボックス」内で動作します。つまり、ウェブページのコンテンツがコンピュータの他の部分に触れることはありません[32]。ただしクロームブックには、マルウェアがインストールされたアドオンプログラムのように、セキュリティホールもあります。また、フィッシングのような詐欺行為も決してなくならないでしょう[33]。

ドラッグや盗難カードの番号はネットでどのように、販売されるのか

13年、米国政府は「シルクロード」というサイトを閉鎖しました[34]。シルクロードは、ドラッグ、偽造パスポート、銃、殺し屋などを販売する、いわば違法行為のためのアマゾンのようなサイトでした[35]。このサイトでは、2年間で10億ドル以上の密輸品が販売されましたが、摘発されたのはわずか数人の買い手と売り手だけです[36]。そして残念なことに、これで終わりではありません。それ以来、違法なオンラインマーケットは山火事のように広がっているのです[37]。

違法な市場はどのように機能するのでしょう。人々はどのようにして売買するのでしょう。そして、なぜ当局はこれを止められないのでしょうか。見てみましょう。

ディープウェブとダークウェブ

ご想像の通り、シルクロードやその後継サイトはアマゾンと同じのようには機能しません。誰かが違法な取引をするたびに自分の名前を明かしていたら、警察が彼らを見つけるのはあまりにも簡単です。これらのサイトにおいて、すべての買い手と売り手は匿名です[38]。しかし、それだけでは十分ではありません。コンピュータの固有ＩＰアドレスがあれば、それだけで人物の特定は可能です。そこでシルクロードは、完全な匿名性を確保するため、ユーザー‐サイト間の全通信をスクランブルする必要があったのです[39]。

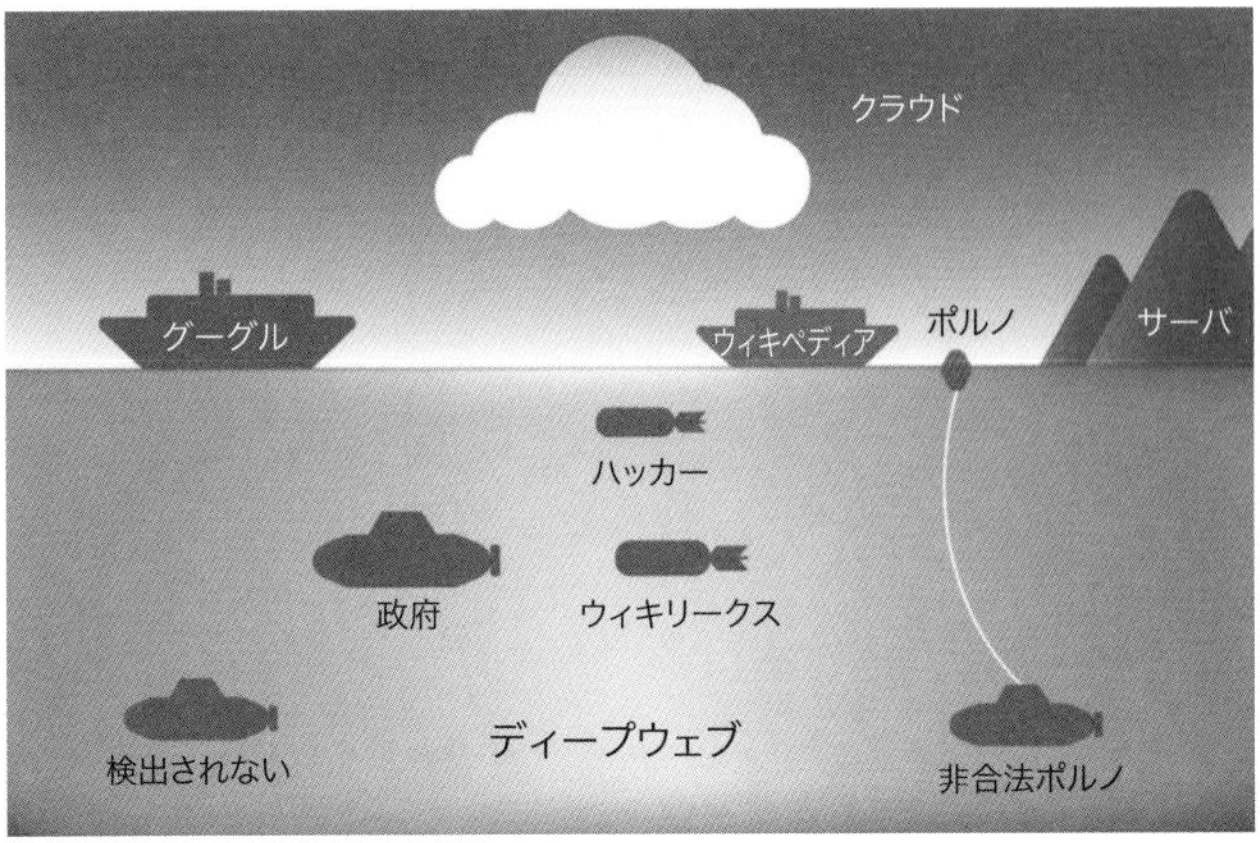

ディープウェブの模式図。
出典：ApploidWiz[41]

私たちが毎日閲覧している「普通の」インターネットは、そうした仕組みになっていません。代わりに、シルクロードをはじめとする違法マーケットは、「ディープウェブ」と「ダークウェブ」という2つの関連概念を利用する必要がありました[40]。

まずは、ディープウェブから始めましょう。ディープウェブとは、インターネット上の情報のうち、グーグル検索では見つからないものを指します。別のページから送られてくれば、これらのページにアクセスできることもあります。たとえば、友人のフェイスブックの投稿を見ることはできますが、それらは検索結果として表示されません。[42]また、Ｇｏｏｇｌｅドライブのファイル、医療記録、法的文書なども表示されません。[43]ディープウェブは、私たちがグーグルで検索できる「明確な」ウェブの５００倍の規模があるという人もいます。[44]

シルクロードのイノベーションの鍵は、ディープウェブだけではありません。ダークウェブにも注目しましょう。ダークウェブとは、すべての通信を暗号化し、ＩＰアドレスを匿名化する、特別なソフトウェアがなければアクセスできない、ディープウェブの一部です。[45]ダークウェブは、「.onion」で終わる長くて奇妙なＵＲＬを持ち、特別なソフトウェアを使用していない訪問者を拒否します。[46]シルクロードのような違法なマーケットでは、ダークウェブを利用することで、サイト内のすべての活動を追跡できないようにしています。[47]実際、ダークウェブのサーバがどこにあるのかもわからないため、ダウンさせるのは非常に困難です。しかし、プログラミングのミスによってサーバのＩＰアドレスが漏れることがあり、それがシルクロードの終焉につながりました。[48]

Ｔｏｒによるダークウェブへのアクセス

ダークウェブには誰でもアクセスできます（ダークウェブは違法ではありませんが、そこで起こる多くは違法です）。必要なのは、Ｔｏｒ（The Onion Router の略）と呼ばれる特殊な暗号化・匿名化ソフトウェアだけです[49]。通常、コンピュータがウェブサイトに接続すると、自分の身元とどのウェブサイトを見たいかを全員に送信するので、誰がどのウェブサイトを見ているかは簡単に追跡できます[50]。

しかし、Ｔｏｒは違います。例をあげて説明しましょう。シアトルに住んでいるあなたが、フィラデルフィアにいる友人のウィリアムにポテトチップスを郵送したいとしましょう。通常、あなたは郵便物に自分の住所とウィリアムの住所を書きます。その荷物を見れば、誰でもあなたがウィリアムと連絡を取ろうとしていることがわかるのです。しかし、ポテトチップスが非合法で（恐ろしいことです！）、彼に送っていることを誰にも知られたくなかったらどうでしょう。

いくつかの箱を入れ子にして使うかもしれません。一番外側の箱（ここでは箱1と呼びます）の宛先はシアトルからデンバーです。その内側には、デンバーからシカゴに宛てた箱2があります。そして、その内側にはシカゴからフィラデルフィアにいるウィリアムへ宛てた箱3があり、そこにポテトチップスが入っています。箱1には「この箱を開けて、箱2を郵便で送ってください」と書かれ、箱2には「この箱を開けて、箱3を郵便で送ってください」と書かれています。

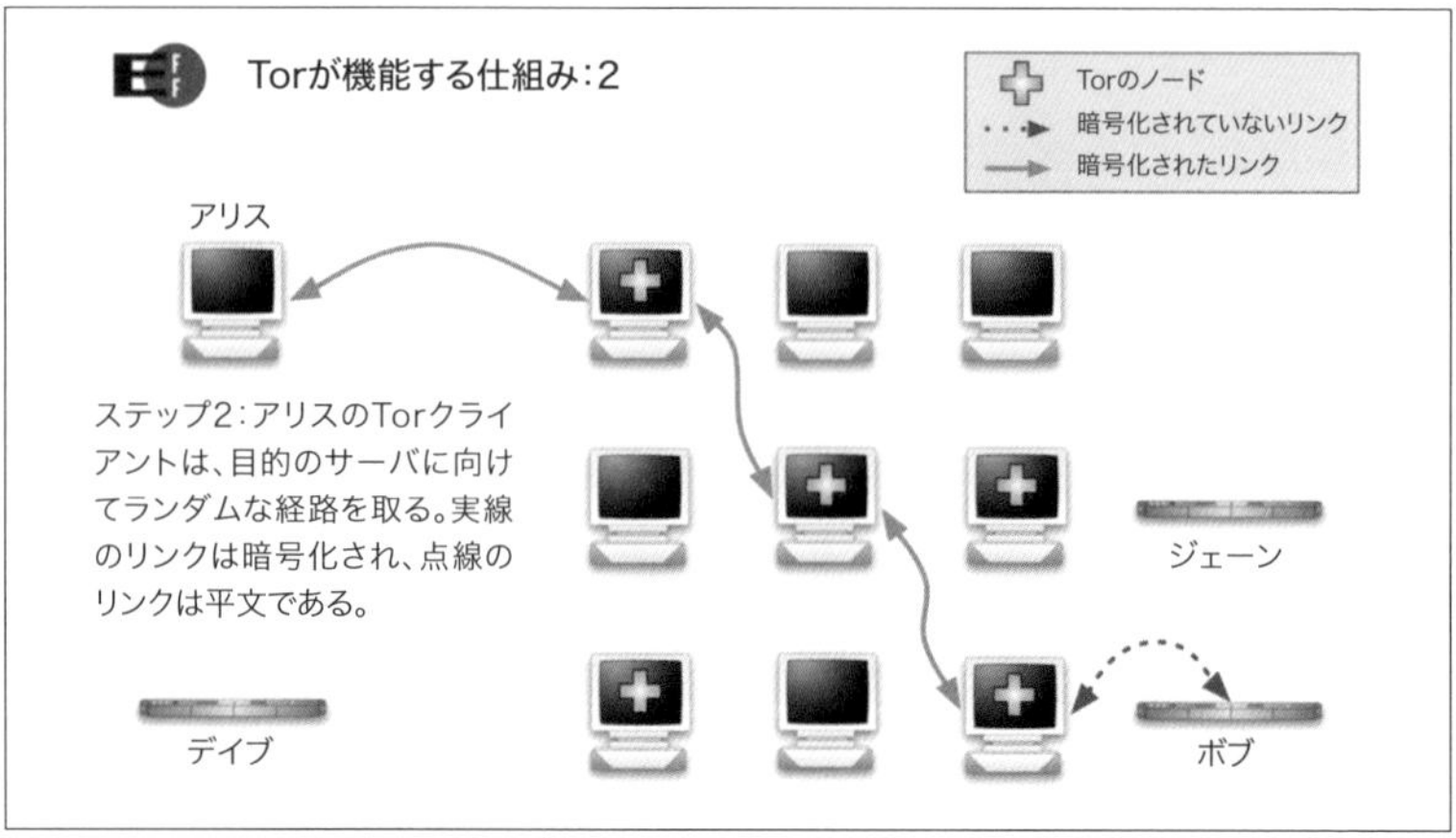

Torは、インターネット通信をランダムに選ばれた複数のリレーコンピュータを経由して送信するため、どのウェブサイトを閲覧したかを追跡するのはほぼ不可能である。
出典:電子フロンティア財団[53]

そして、シアトルの郵便局でこの非常に大きな小包を投函します。デンバーの郵便局がそれを受け取ると、箱1を取り出し、箱2を郵便で送ります。箱2はシカゴの郵便局に届き、シカゴの郵便局は包装を解いて箱3を郵便で送ります。そして、箱3がウィリアムに届くのです。

この仕組みは複雑ですが、あなたの通信は完全に匿名化されます。どの郵便局も、あなたがウィリアムに何かを送ろうとしていることを知りません。シアトルの人はあなたがデンバーに何かを送っていると思い、デンバーの人はあなたがシカゴに何かを送っていると思い、シカゴの人はデンバーの誰かがウィリアムに何かを送っていることしか知らないからです。

これがTorの仕組みです。Torは、通信を何重にも暗号化して包み込み、多くの中間「リレー」コンピュータに転送します。各リレーコンピュータが知っているのは、転送経路の前後のコンピュータだけです[51]。この方法では、誰もTorを介した通信を追跡できません。米国国家安全保障局でさえ、困難であると言われているのです[52]。

非営利団体「Torプロジェクト」は、Firefoxを改造した「Torブラウザ」というブラウザを無料で提供しています。Torブラウザには、Torの技術が利用されているのです[54]。そのため、闇サイトに飛びつきたい人は、Torをダウンロードしてブラウジングし始めればいいでしょう[55]。

ダークウェブを閲覧する（そして倒す）方法

要約すると、ダークウェブにアクセスしたい人は、まずTorのダウンロードから始める必要があります。前述のように、ほとんどのダークウェブのURLは、意図的に覚えにくいものになっています。調査報道活動を行う非営利団体プロパブリカは、propub3r6espa33w.onionをホストとするダークウェブを運営しています[56]（そう、正規のウェブサイトもダークウェブを利用しているのです！）。

ダークウェブのURLを覚えるのは非常に難しく、またダークウェブ用の検索エンジンは（定義上）存在しないため、ダークウェブを閲覧する人はThe Hidden Wikiというウェブサイトから検索を開始します（厳密には、この名前の競合サイトは多数あり、公式サイトはありません）。Ｈｉｄｄｅｎ Ｗｉｋｉには、ダークウェブのＵＲＬを集めたページがあり、必要なサイトが見つけられます。[57]

訪問者がシルクロードのようなダークマーケットにたどり着くと、そこでの体験はアマゾンとそれほど変わりません（明らかに販売されている商品以外は）。売り手にはプロフィールがあり、商品には画像があり、以前の購入者はレビューを残しています。[58]

匿名性を保つため、ダークマーケットでの販売はすべてビットコインなどの匿名通貨で行われます。ダークマーケットでの購入は、直接支払いのような単純なものではありません。代わりに、買い手は中央の「エスクロー」口座にお金を送り、エスクロー口座がお金を保管し、買い手が商品を受け取ったことを確認した時点で、売り手にお金が支払われます。[59]

取引はウェブサイト上でしかできず、つねに多額の資金がエスクローに預けられていることにご注意ください。こうした資金の集中が、シルクロードのアキレス腱となりました。[60] シルクロード創設者の犯したいくつかのプログラミングミスにより、連邦捜査官はシルクロードのサーバの場所を突き止めて、13年に押収したのです。これらのサーバには、シルクロードのウェブサイトを構成する全コードと、エスクローに保管されているビットコインのデータが含まれていたため、シルクロードは直ちに消滅し、当局の大勝利となったのです。[61]

残念なことに多くの模倣サイトが出現し、それらのサイトを停止させるのは「モグラたたき」ゲームのようになってしまいました。[62] シルクロード消滅直後には、シルクロード2というスピンオフサイトが出現し、それも14年に取り壊された後、アルファベイという別の市場が現れたのです。アルファベイは17年7月に差し押さえられましたが、[63] セキュリティ専門家は、押収されにくい、さらに危険なブラックマーケットが現れることを懸念しています。

無敵のブラックマーケットとは

17年にダークウェブに参加したオンラインマーケットプレイス「オープンバザール」を紹介しましょう。[64] 中央にサーバ（つまり、アキレス腱）を置いていたシルクロードと異なり、オープンバザールは完全に分散型です。すべての取引は買い手と売り手の間で直接行われます。これは、スーパーマーケットではなく、フリーマーケットに行くようなものでしょう。フリーマーケットは分散型で、買い物客と商人が直接お金をやりとりします。一方、スーパーは中央集権型で、商人がスーパーに商品を売り、スーパーが買い物客に商品を提供します。スーパーマーケットを壊せば、誰も何も買えなくなり、誰も何も売れなくなります。しかし、フリーマーケットを潰すには、出店者を1人残らず潰すほかありません。シルクロードがスーパーマーケットだとすれば、オープンバザールはフリーマーケットのようなものなのです。

オープンバザールのユーザーは、中央のウェブサイトに接続するのではなく、いくつかのソフトウェアをダウンロードして、それを使っている他人と会話します。買い手と売り手が互いを見つけて、価格に合意すれば、直接取引できるのです。[65] ビットコインをエスクロー（預託）する中央サーバーがある代わりに、オープンバザールでは、買い手と売り手が紛争を調停するための第3者を選べます。[66]

つまり、オープンバザールには中央機関が存在しないため、法執行機関はオープンバザールのソフトウェアを実行している全コンピュータを押収しなければ、オープンバザールを破壊できないのです。そのため、オープンバザールを破壊することはほぼ不可能です。[67] オープンバザールの創設者は、サイト上で販売されているものを取り締まらないと言っています。[68] 実際、分散型モデルであるため、取り締まることはできないでしょう。[69] 急進的なアイディアであり、危険な考え方です。

ダークウェブの合法的な利用法

ダークウェブでの犯罪を耳にすると、ダークウェブには合法的な利用法があることを忘れがちです。結局のところ、ダークウェブは匿名でインターネットを閲覧するための手段に過ぎません。[70]

いくつかの主流サイトは、ユーザーを守るため、ダークウェブの提供を始めました。たとえば、フェイスブックは14年に、自社サイトをダークウェブでアクセスできるようにしました。これは、中国などフェイスブックの利用が制限されている国において、政治的な反体制派がアクセスできるようにするためです[71]。また、内部告発を行う非営利団体「プロパブリカ」も16年にダークウェブを作り、政府の検閲や、ターゲティング広告を出稿するトラッキングソフトウェアを回避できるようにしました[72]。

ダークウェブにアクセスするためのソフトウェア「Ｔｏｒ」もまた、プライバシーを守るためのウェブブラウザに過ぎません[73]。Ｔｏｒプロジェクトは、Ｔｏｒの匿名性によって恩恵が得られる人々のリストを幅広くあげています。

> 個人は、ウェブサイトが自分や家族を追跡できないようにしたり、ニュースサイトやインスタントメッセンジャーなどが地元のインターネットプロバイダでブロックされている場合に接続したりするためにＴｏｒを使います。また、レイプや虐待を受けた人、病気の人のためのチャットルームやウェブフォーラムなど、社会的にデリケートなコミュニケーションのためにＴｏｒを使用する個人もいます[74]。

最後に、ビットコインはダークウェブでよく使われていますが、ビットコインはダークウェブの一部ではありません。ビットコインは独立したテクノロジーであり、合法的な使い方がたくさんあります。賛成派は、ビットコインは買い手と売り手のプライバシーを保護し[75]、政府所有ではないので政治的な圧力を受けにくいと主張します[76]。しかし、一般ユーザーがビットコインの使い方を習得するのが難しいままだと、犯罪者が主に利用するツールになってしまうのではないかと危惧する人もいます[77]。

　要するに、ビットコインもＴｏｒもダークウェブも、技術自体はどれも違法ではありません。多くの違法行為がこれらの技術を利用していますが、これらの技術は正しい方向にも利用できるのです。

ワッツアップはどのように、メッセージを徹底的に暗号化しているのか

ツイッターなどのウェブサイトにログインするとき、Ｇメールでメールを送信するとき、アマゾンで商品を購入するときなど、盗聴者に機密情報を知られないようにするため、通信を暗号化したいと思う場面は多々あるでしょう。[78] そのためにウェブ上ではＨＴＴＰＳと呼ばれる技術が使われていて、あなたのコンピュータとウェブサイトのサーバの間で送られる全情報が自動的に暗号化されています。[79]

しかし、ここで問題があります。あなたのコンピュータとサーバの間では情報が暗号化されていても、サーバはあなたの情報を解読して、読むことができます。[80] ときには、これが必要です。アマゾンが顧客のクレジットカード番号を解読しなければ、顧客のクレジットカードに課金できません。しかし、暗号化された個人情報を、顧客が怒るような方法で使用する企業もあります。たとえば、グーグルは、少なくとも17年に同社が撤回するまで[81]、ターゲティング広告に利用するため、顧客のＧメールを読み取っていました。もう１つの危険性

は、企業が個人情報を解読できれば、政府がその情報を渡すように強要できるかもしれないことです。[82]

そのため、メッセンジャーアプリのワッツアップは、14年に自分と相手だけがメッセージを解読できる「エンド・ツー・エンド暗号化」のサービスを開始し、広く賞賛されました。ワッツアップも、その親会社であるフェイスブックも、あなたが何を言っているかを解読できないのです。[83]プライバシー擁護団体は、この動きを歓迎しました。[84]しかし、ワッツアップはどのようにメッセージを暗号化しているのでしょうか。

（暗号化された）メールが届いています！

例え話で、エンド・ツー・エンド暗号化を説明してみましょう。ある国では、郵便局が悪者で、郵便で送られてきた荷物を開けようとしていました。市民が怒るのも無理はありませんが、長い距離を送る場合には郵便局以外の選択肢はありません。そこで市民は、荷物の受取人以外、郵便局でさえも荷物を開けられないようにする巧妙な方法を考案します。

まず、1人ひとりが鍵を作り、その鍵を使わないと開けられない錠前を何百個も作ります。鍵は家の中の安全な場所に保管しますが、錠前は全国のホームデポなどのホームセンターに配ります。

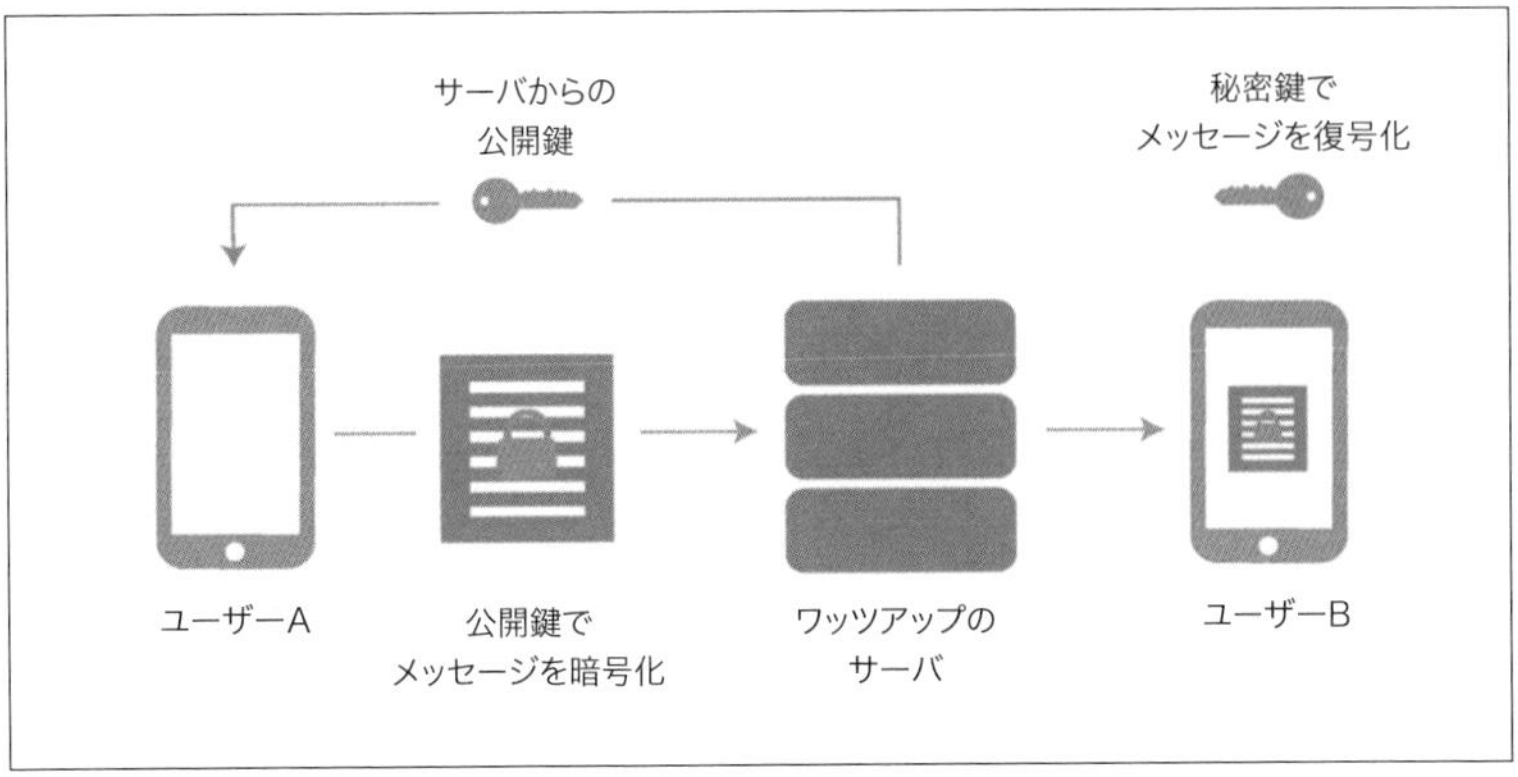

ワッツアップにおけるエンド・ツー・エンド暗号化の仕組み。
出典：ワイヤード[85]

この国に住んでいるあなたが、友人のマリアに箱を送りたいとします。あなたは近所の金物屋からマリアの錠前を1つ手に入れ、箱に取り付けます。その箱を彼女に郵送でも、郵便局がそれを横取りします。でも鍵がないので、もちろん郵便局は箱を開けられません。一方、箱を手にしたマリアは、自分の錠前を開けられる唯一の鍵を持っているので、箱を開けられるのです。

このシステムは、受取人だけが箱を開けられるので安全です。また、事前に調整しなくても、誰もが誰かに物を送れるのも気が利いています。誰かに何かを送りたいときには、お店にある誰かの鍵を取ってくればいいのですから。

これが、エンド・ツー・エンド暗号化の仕組みであり、「非対称暗号」または「公開鍵暗号」と呼ばれています。[86]この方式では、すべてのユーザーに「公開鍵」（この例では錠前）と「秘密鍵」（この例では文字通り秘密の鍵）が与えられます。すべてのメッセージは、受信者の公開鍵を使って暗号化され、受信者の秘密鍵といくつかの数学によってのみ、復号化可能です[87]。暗号化と復号化はすべてユーザーの端末上で行われるため、ワッツアップチームがメッセージを復号化することは完全に不可能なのです[88]。

諸刃の剣

エンド・ツー・エンド暗号化は、プライバシーを重視する人にとっての勝利です[89]。ジャーナリストは、政治的検閲の増加に伴って、情報源とのコミュニケーションをより安全に行う必要があります[90]。そのため、エンド・ツー・エンド暗号化に特に関心を寄せています。また、シリアのような抑圧的な政権下にある反体制派の人々も、政府の監視を逃れるためにワッツアップのようなエンド・ツー・エンド暗号化されたメッセンジャーアプリを使い始めています[91]。

残念ながら、プライバシーの確保はテロリストにとっても有効です。たとえば、15年のパリ同時多発テロを計画したテロリストは、ワッツアップのような暗号化されたメッセンジャーアプリを利用していました[92]。重要な証拠となるテキストメッセージがなければ、法執行機関はこれらの犯罪者を有罪にするのが難しくなります[93]。

さらに、18年にインドで相次いだ集団リンチ殺害事件は、ワッツアップのエンド・ツー・

エンド暗号化に責任があるとされています。この事件は、ワッツアップ上でフェイクニュースや噂が野火のように広がったことに端を発しています。エンド・ツー・エンド暗号化されたメッセージは送信者と受信者しかわからないため、ワッツアップのメッセージは追跡や停止が不可能でした。フェイスブックやインドの警察はこれらのフェイクニュースのメッセージを止めることも、誰が送信しているのかを突き止めることもできなかったのです[94]（フェイスブックはワッツアップに噂の事実確認機能[95]やメッセージの転送制限機能[96]を追加しましたが、警察はこれらのメッセージの発生源を突き止められませんでした）。

しかし、1つ確かなことがあります。良くも悪くも、エンド・ツー・エンド暗号化はこれからも続くのです。

ＦＢＩはなぜ、ｉＰｈｏｎｅをハックするためにアップルを訴えたのか

16年、ＦＢＩはアップルに、カリフォルニア州サンバーナーディーノで起きた殺人事件の犯人の1人が使っていたｉＰｈｏｎｅのロック解除に協力するよう要請しました。[97] アップルは08年から16年の間に70回以上、[98] 政府によるｉＰｈｏｎｅのロック解除に協力していましたが、このときはアップルが拒否したため、ＦＢＩがアップルを訴えました。[99] なぜ、このような法廷ドラマが起きたのでしょう。一言で言えば、暗号化です。

この事件の前に、アップルはパスワードロックを迂回して、ｉＰｈｏｎｅのファイルをＦＢＩに渡したばかりでした。[100] これら70台のｉＰｈｏｎｅはすべて古いバージョンのｉＯＳを搭載しており、バージョン7より新しいものはありませんでしたが、サンバーナーディーノのｉＰｈｏｎｅはｉＯＳ9を搭載していました。[101] 何が問題なのでしょう。ｉＯＳ8で、アップルは強制バイパス機能を削除したため、ｉＰｈｏｎｅはアップルでさえも侵入できないほど安全になっていたのです。[102]

ｉＯＳ8以降、ｉＰｈｏｎｅは入力されたパスワードが保存されているパスワードと一致するかをチェックするだけではありません。入力されたパスワードを、ｉＰｈｏｎｅ固有の２５６ビットのコード（ＵＩＤと呼ばれます）とマッシュアップして、ｉＰｈｏｎｅの安全な場所にのみ保存します。次に、入力されたマッシュアップを、ファイルに保存されているマスターマッシュアップと比較します。このマッシュアップ、つまり「ハッシュ」はリバースエンジニアリングできないので、保存されているパスワードを知らなければ侵入できません[103]。

ＦＢＩのようにスマートフォンのパスワードを知らない場合、唯一の選択肢はパスワードをランダムに推測することです[104]。これはブルートフォース（総当り）と呼ばれています。しかし、アップルはこの方法も非常に難しくしました。端末からＵＩＤを抽出できないため、パスワードを試すにはロック画面でパスワードを入力するという昔ながらの方法しかありません[105]。さらに致命的なのは、ｉＰｈｏｎｅは10回ログインに失敗するとデータが自動的に消去されてしまうのです[106]。

これにより、連邦政府は窮地に陥りました。パスワードをランダムに推測しない限り、スマートフォンに侵入する方法はなく、しかも10回しか試せません[107]。また、アップルにＵＩＤ技術を無効にしてもらうこともできませんでした。それは物理的に不可能だからです。しかし、ＦＢＩは抜け道を見つけました。ＦＢＩはアップルに、ＦＢＩがパスワードを手動で入力する代わりに、コンピュータプログラムを使ってパスワードを入力できるようにし、ブルートフォーステストを高速化するため、10回の試行回数制限を設けない不自由なバージョンのｉＯＳを作成するように求めたのです。[108]アップルは、コードを書くように強要されるのは同社の言論の自由を侵害するとして、これを拒否しました。[109]

熾烈な訴訟合戦が繰り広げられました。[110]エンジニアたちは、ＦＢＩが勝てば、暗号化されたデータを政府が好きなように押収できるという危険な前例を作ってしまうのではないかと恐れていたのです。[111]一方のＦＢＩは、当然ながら証拠が欲しいと考えていました。

しかし、ＦＢＩはアップルの協力を得ることなく、犯人のｉＰｈｏｎｅに侵入することに成功したため、この訴訟合戦は結審しませんでした。[112]今日に至るまで、ＦＢＩがどのように侵入したのかはわかっていません。説明を求める訴訟が何度も起こされたにもかかわらず、政府は「秘密だ」と言い続けています。[113]

この話の結末は、法執行機関とセキュリティの関係が年々複雑になっているということです。ｉＰｈｏｎｅＸに顔認証によるロック解除機能が搭載されたとき、多くの人が、警察が容疑者の顔にスマートフォンをかざすだけで瞬時にロック解除ができてしまうと心配しました。これにより、システム全体のセキュリティが損なわれるのです。[114]

偽のWi-Fiネットワークは、どのように個人情報を盗むのか

スターバックスでWi-Fiを利用してメールを送信しています。周囲には、「スターバックスの無料Wi-Fi」「グーグル スターバックス」「無料公衆Wi-Fi」などと呼ばれるオープンネットワークがいくつかあります。あなたはどのネットワークに接続しますか(読む前に、選んでください)。

さて、「グーグル スターバックス」だけがスターバックスが運営する正規のWi-Fiネットワークです[115]。他の2つを選択した場合、問題が発生するかもしれません。ハッカーはしばしば、正規のWi-Fiネットワークに見せかけた偽のWi-Fiネットワークを構築し、騙して接続させようとします[116]。ハッカーのネットワークに接続すると、そのハッカーの経路があなたと全接続先ウェブサイトの間に位置するようになります。そして、あなたがやり取りしたすべての情報を読めるようになるのです[117]。

より洗練されたハッカーは、あなたのコンピュータが以前接続したことのあるネットワー

ク名を一斉送信し、覚えている名前のネットワークには自動接続することに気づいています。つまり、ハッカーはあなたの端末のネットワークリストを読み取り、端末が覚えているネットワーク名をルータに偽装させるのです。すると、端末機器は自動的に偽装されたルータに接続されます。[118] このようにして、ハッカーは、あなたが何もしなくても、彼らの悪意あるＷｉ-Ｆｉネットワークに参加させるのです。

ハッカーのＷｉ-Ｆｉネットワークに入ると、ウェブサイトやアプリでやり取りするすべてのメッセージが見られ、操作されてしまいます。

ＨＴＴＰＳを迂回する

ちょっと待って、あなたはこう思うかもしれません。ＨＴＴＰＳはすべての通信を暗号化するのではないかと……。確かにその通りです。接続にＨＴＴＰＳが使われていれば、ハッカーはあなたが送信している情報を理解できず、安全です。[119] しかし、それでも問題があります。

09年、ある研究者がＳＳＬＳｔｒｉｐというツールを公開しました。[120] これは、攻撃者があなたのコンピュータを騙して、ＨＴＴＰＳではなくＨＴＴＰでサーバと通信させます。[121] アドレスバーを見て、緑色の南京錠と「ｈｔｔｐｓ」がないことに気づかない限り、その違いに気づかないでしょう。幸いなことに、ウェブブラウザはＳＳＬＳｔｒｉｐ攻撃の疑いがある場合、ユーザーに警告を出すことに長けています。アドレスバーの「https://」を真っ赤なスラッシュで消したり、「This is probably not the site you are looking for(これはあなたが探しているサイトではないでしょう)」といったエラーを表示したりします[122]。

でも、ハッカーがＳＳＬＳｔｒｉｐを使っていて、あなたが気づかなかったとしたらどうでしょう。あなたはＨＴＴＰＳではなくＨＴＴＰを使ってウェブサイトやアプリケーションに接続することになります。何が危険なのか、例をあげて説明しましょう。

中間者攻撃

サラという女性がバンク・オブ・アメリカでオンラインバンキングをしているとします。彼女がログインするたびに、彼女のブラウザはユーザ名とパスワードを https://bankofamerica.com に送信します。このメッセージは、「Hi, I'm SarahTheGreat and my password is OpenSesame.(こんにちは、私はサラ・ザ・グレイトで、パスワードはOpenSesameです)」といった内容になります。bankofamerica.com のサービスはＨＴＴＰＳ（ウェブサイトに接続するための安全で暗号化された方法）で提供されているため、このメッセージは送信前に暗号化されるか、またはゴチャゴチャにされます。バンク・オブ・アメリカだけがこのメッセージを解読でき、サラのユーザー名とパスワードを把握できるのです。もしハッカーがサラのバンク・オブ・アメリカへのメッセージを手に入れたら、それは「Uv, V'z FnenuGurTerng naq zl cnffjbeq vf BcraFrfnzr」のようなチンプンカンプンなものになるでしょう。[123]

しかし、今度はサラがスターバックスに行き、ハッカーの偽装Ｗｉ‐Ｆｉに接続し、https://bankofamerica.comを開いたとします。しかし、ハッカーのルータはＳＳＬＳｔｒｉｐを使用しており、ルータは代わりにhttp://bankofamerica.com を表示しました（違いがわかりますか。ＨＴＴＰＳの代わりにＨＴＴＰを通じて送られたのです）。１文字違いは大したことがないように思えるかもしれませんが、サラは現在 ＨＴＴＰのみを使用しているため、bankofamerica.comとの通信は暗号化されていません。[124] そのため、彼女がログインして「Hi, I'm SarahTheGreat and my password is OpenSesame」というメッセージを送信すると、ハッカーのルータはそのメッセージを暗号化されていない平文で確認できます。暗号化されていないからです！[125] ハッカーがその情報を bankofamerica.com に渡せば、bankofamerica.comはその違いに気付きません。ハッカーが正しいユーザー名とパスワードを送信したので、侵入させてしまうのです。[126]

これが「中間者攻撃」と呼ばれるものです。[127] ハッカーは、サラに暗号化されていないＨＴＴＰで通信させて、サラとバンク・オブ・アメリカの間に立ち、互いに話していることをすべて「聞く」ことができました。サラの暗号化されていないパスワードを手に入れれば、ハッカーは自分でサラの口座にログインし、たとえば自分の口座に資金を送ることができるのです！

危険なのは銀行業務だけではありません。中間者攻撃を使えば、ハッカーはあなたになりすまして、電子商取引サイトや電子メール、ソーシャルネットワークなどを利用できるでしょう。その被害は甚大なものになります。[128]

中間者攻撃を利用するハッカーは、必ずしも金儲けだけを目的としているわけではありません。13年に起きた有名な事件では、市民をスパイしていると長らく批判されてきた米国国家安全保障局（ＮＳＡ）が、中間者攻撃を利用してgoogle.comになりすまし、なりすましたページを訪れた人をスパイしたとされています。[129]

安全のために：ＶＰＮを利用する

中間者攻撃が成功するのは、公衆Ｗｉ-Ｆｉネットワークが生来、安全でないためです。[130]そのため専門家は、ＶＰＮ（Virtual Private Network）の利用を推奨しています。ＶＰＮは、あなたとあなたがアクセスしているウェブサイトとの間に一種のエンド・ツー・エンド暗号化を構築するため、ルータがあなたに危害を加えることはなくなります。[131] 技術者はよく、Ｖ

ＰＮとはユーザーとウェブサイトの間に直接、安全な「トンネル」を作るものだと言われます[132]。簡単に言えば、ＶＰＮを使うことで、公共のＷｉ‐Ｆｉネットワークを効果的にプライベートネットワークに変えられるのです[133]。

世の中には、無料または安価なＶＰＮがたくさんあります[134]。公衆Ｗｉ‐Ｆｉネットワークを利用する際には、必ずＶＰＮを利用することをお勧めします。

要約すると、偽のＷｉ‐Ｆｉネットワークが、どうしてあなたのＩＤを盗むのに役立つのでしょうか。もしハッカーがあなたをそのネットワークに接続させ、ＳＳＬＳｔｒｉｐを使用した場合、中間者攻撃を行い、あなたのパスワードやその他の識別情報を取得できます。そのようにして、あなたに気づかれることなく、あなたの個人情報を盗むことができるのです。この最後のセクションで述べたように、このような中間者攻撃に対抗するための最良の方法は、ＶＰＮを使用することです。

8章

ハードウェアとロボット

本書では、これまでソフトウェアに焦点を当ててきました。しかし、どんなに素晴らしいアプリであっても、それを動かすハードウェアがなければ意味はありません。スマートフォン、タブレット、コンピュータ、時計、メガネなど、何でもいいでしょう。スマートフォンはクレジットカード代わりになり[1]、サングラスはビデオ録画でき[2]、ロボットは人の手を借りずに戦争できるなど[3]、これらの端末自体は非常に強力になっています。

では、これらのシリコンベースの驚くべきものはどのように機能するのでしょう。さっそく見ていましょう。

バイト、KB、MB、GBとは何か

128GBのiPhoneを買うときも、50MBのアプリケーションをダウンロードするときも、15KBの文書を編集するときも、しばしばデジタル製品の大きさを測る尺度に遭遇します。しかし、KB、MB、GBとは、いったい何を意味するのでしょうか。

まず、基本的なことですが、皆さんは情報をどのように書き留めますか。私たち英語圏の人間は、26文字と10桁の数字を使い、それぞれを組み合わせて情報を書きます。一方、コンピュータには0と1の2文字しかなく、文字や画像、動画などあらゆる情報を1と0の連続で記憶しています。この1つひとつの「1」「0」は、「ビット」と呼ばれます。1ビットでは小さすぎて使いにくいため、通常は8ビットを1つにまとめた「バイト」という単位でデータを計測します。[4] たとえば、166という数字は、2進法では10100110となります（8ビット、1バイトの大きさです）。

1バイトは、サッカーのフィールドを測る単位であるヤードのように、ファイルサイズを測る単位です。たとえば、平均的な写真は300~700万バイト、[5]平均的なアンドロイドやiOSのアプリは3800万バイト、[6]ハイビジョンの映画は250億バイトになります。[7]

このようにファイルのサイズが大きいため、距離を測るセンチメートル、メートル、キロメートルと同じように、ファイルの保存量を測る単位も様々です。キロバイト（KB）は1000バイト、メガバイト（MB）は100万バイト、ギガバイト（GB）は10億バイトです。[8]例をあげると、写真は33~7MB、アプリは38MB、HDムービーは25GBにもなります。

標準的な単位であるKB、MB、GBのほかに、テラバイト（1兆バイト）、ペタバイト（1兆バイト）、さらには魅惑的なエクサバイト（1千兆バイト）があります。[9]これらの単位が役に立つこともあります。たとえば、13年のインターネットの総トラフィックは5エクサバイトで、これは50億GB、つまり5百京バイトという驚異的な数字です。[10]

ＣＰＵ、ＲＡＭ、その他端末のスペックは何を意味するのか

ＭａｃＢｏｏｋやサムスン・ギャラクシーなどの端末を購入すると、必ずと言っていいほど「スペック」と呼ばれる、その端末の性能や速度を示す数値を浴びせかけられます。[11] スペックのなかには、たとえばｉＰｈｏｎｅ７に32ＧＢのストレージが搭載されているといった[12]、とてもシンプルなものもあれば、「クアッドコア インテルＣｏｒｅ ｉ９」や「５１２ＧＢ オンボードＳＳＤ」などといった[13]、かなり謎めいたものもあります。

これは、頭を悩ませるのに十分な内容です。これらのスペックについては本が１冊書けるほどですが、ここでは最も重要なものを見ていきましょう。すべてのコンピューティング端末（ノートPC、タブレット、スマートフォン、スマートウォッチなど、インタラクティブな画面を持つもの）は、これらの同じ機能を備えています。

CPU：中央演算処理装置

まずは、「操作の頭脳」であるCPU（Central Processing Unit）から説明しましょう。[14] CPUは小さな四角いチップで、画面に何を描くかを決めたり、インターネットに接続したり、数字を計算したりするなど、端末を動かすためのすべての計算を実行します。

CPUは「コア」と呼ばれるいくつかの小さな部分で構成されており、それぞれが別々に計算可能です。[16] コアの数が多いほど高速で、一度に多くの処理を行うことができます。[17] たとえば、車道の雪かきを4人で同時に行うと、1人で行うよりも4倍の速さで作業を終えられるのと同じです。一般には、CPUのコア数が多い機器ほど、動画編集アプリケーションやグラフィックを多用するゲーム、数値計算など、計算負荷の高い作業を行うことができます。

インテルのCPUチップの内部。
出典：エリック・ガバル[15]

また、CPUにはクロックスピードというものがあり、これは1秒間に実行できる計算の数です。[18] クロックスピードの単位は通常ギガヘルツ（GHz）で、これは1秒間に10億回の計算を行うことを意味します。[19] 理論的には、クロックスピードが高ければ高いほど、より速いCPUということになります。しかし、CPU

の速度を決定する要素は他にもたくさんあり、また異なるブランドのＣＰＵ間でクロックスピードは比較できないため、ほとんどの人はクロックスピードでＣＰＵを比較することはありません。[20]

スピードやパワーに影響を与える要因があまりにも多いため、ＣＰＵを真っ向から比較するのは困難です。インテルのＣＰＵチップには、「ｉ３」「ｉ５」「ｉ７」「ｉ９」といったシリーズ番号が付いています。[21] 一般に、ｉ９のように数字の大きいチップは、ｉ３のように数字の小さいチップよりも高速でパワフルです。[22]

それでは、最適なＣＰＵとは何でしょうか。それは、あなたが何を必要としているかに依ります。ＣＰＵの性能が高ければ高いほど、コストがかかり、バッテリーの消耗も早くなります。[23] ですから、フェイスブックを閲覧したり、メールを送信したりするだけなら、強力なＣＰＵは必要ありません。スーパーまで車で往復するだけなら、フェラーリは必要ないのと同じです。

最後に、ＣＰＵチップには大きく分けて２種類あることに簡単に触れておきます。ＡＲＭとインテルです。インテルチップ（x86とも呼ばれます）は伝統的に高性能で、ＡＲＭチップは安価でバッテリー使用量が少ないのが特徴です。そのため、従来はＰＣにはインテル、スマートフォンにはＡＲＭが使われてきました。しかし、ＡＲＭの性能は着実に向上しています。[24] クロームブックにはＡＲＭが搭載されているものと、インテルが搭載されているものがあり、アップルはMacBookを20年にインテルからARMに切り替えると発表するなど、境界線が曖昧になり始めています。[25]

ストレージ：長期記憶

端末には、画像、アプリケーション、ドキュメントなど、記憶しておきたいものを保存しなくてはなりません。それには、何らかの長期記憶の手段が必要です。[26] まずは、コンピュータに搭載されているものを見ていきましょう（スマートフォンやタブレットではありません。それらについては少しずつ説明していきます）。

ハードディスクドライブ。ほとんどのHDDは直径2.5〜3.5インチ。[28]
出典：ウィキメディア[29]

デジタルデータを保存する伝統的な方法は、ハードディスクドライブ（HDD）です。これは、磁石の層をコーティングした回転する金属板で情報を保存します。HDDでは、特別なアームによってデータを読み書きします。[27]

一方、新しいSSD（ソリッドステートドライブ）には可動部がなく、「セル」と呼ばれる小さな箱の巨大な格子状の構造に情報を格納しています。[30] セルには0か1が格納されています[31]（これは、ワッフルの表面には格子状のマス目があり、そのマス目にシロップがかけられるのと同じです）。ＳＳＤはセルの集合体のようなものなので、動く部分がありません。これが重要な理由は、後ほど説明しましょう。この技術は、「フラッシュメモリ」と呼ばれ、非常に一般的になっています。ＳＳＤ、フラッシュドライブ、ＳＤカードなどは、いずれもフラッシュメモリを使って情報を保存しているのです[32]。

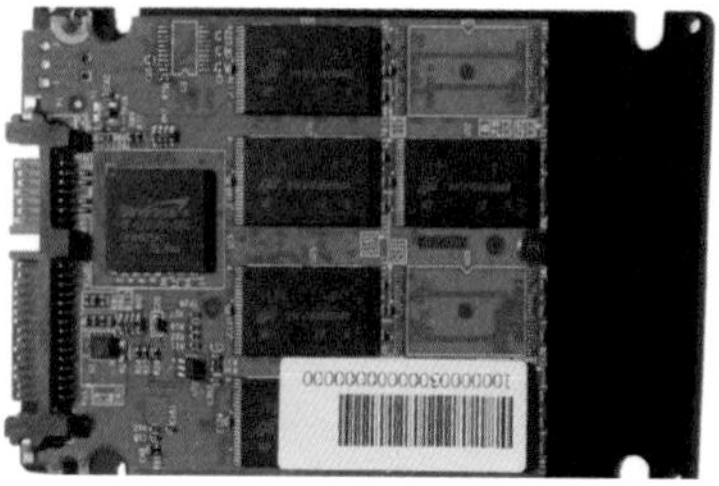
ソリッドステートドライブ。可動部がないのが特徴。
出典：ウィキメディア[33]

ハードディスクドライブとソリッドステートドライブの比較

では、どちらのストレージが優れているのでしょうか。ハードディスクドライブは、アームやディスクなどの可動部品で構成されるため[34]、通常の使用でも故障が早く、音がして、重く、多くの電力を消費します[35]。一方、ＳＳＤには可動部がないため、より頑丈で、静かで、軽く、効率的です[36]。さらに、ハードディスクでは動いているディスクの周りを回転して情報を探す必要がありますが、ＳＳＤは電気のパルスを送るだけなので、ハードディスクよりもＳＳＤの方が圧倒的に速いのです[37]。

言い換えれば、ＳＳＤはほぼすべての面でハードドライブに勝っています[38]。ＳＳＤは、より軽く、静かで、頑丈で、効率的なのです。かつてはハードドライブの方が１バイトあたりの単価が安かったのですが、ＳＳＤが年々安くなっているため、それもなくなりつつあります。[39] 12年には1TBのSSDが1千ドル以上しましたが、現在では150ドル以下です。実際、現時点ではハードディスクとSSDのバイト単価はほとんど変わりません。[40]

つまり、従来のコンピュータではハードディスクが主流でしたが、現在はSSDが勝っているのです。MacBook[41]やマイクロソフトSurface[42]でも、ハードドライブを搭載したものはなく、すべてSSDのみとなっています。

SDカードは、携帯電話やタブレットと同じフラッシュメモリーを使用している。
原文：マッシャブル[47]（デジタルメディアウェブサイト）

一方、スマホやタブレット、カメラなどには、フラッシュメモリしか使えません[43]（SSDとはノートパソコン用に開発された特殊なフラッシュメモリです[44]）。その理由の1つは、ハードディスクの回転板を小さくできないため、現在のモバイル端末に搭載できる大きさにはできないからです。[45] そのため、小型機器にはフラッシュメモリを使わざるを得ません。また、フラッシュメモリは、小型で省エネ、落下にも強いなど、モバイル端末にとって非常に便利な特性を持っています。[46]

RAM：短期記憶

RAM（ランダムアクセスメモリ）は、デバイスの短期記憶装置です（人間にも短期記憶はあります。電話番号を入力しようとして一時的に思い出すのに使用します）[48]。アプリケーションを起動したり、ブラウザのタブを開いたり、ワード文書を開いたりするたびに、コンピュータはあなたの行動をすべて記憶しようとするため、いくらかのＲＡＭを消費します[49]。ここで重要なのは、ＲＡＭがいかに束の間のものであるかです。アプリケーションを再起動するたびに、そのＲＡＭはクリアされます。ワードの文書を保存せずに閉じると、内容が消えてしまうのはそのためです。同じように、端末を再起動すると、すべてのＲＡＭがクリアされます。そのため、スマートフォンやコンピュータの電源を入れ直すと、実行中のアプリケーションがなくなってしまうのです[50]。

なぜ、ＲＡＭとストレージの両方が必要なのでしょう。たとえば、あなたが机の上で数学の宿題をしていて、たくさんのメモや本を参照する必要があるとします。もし、すべてのメモや本を本棚（ストレージ）に入れていたら、何か情報が必要になるたびに立ち上がって本棚まで歩いていかなければなりません。これでは時間がかかり、効率が悪いですよね。その代わりに、机の上にあるすべての本を開き、すべてのメモを広げておけば、必要な情報を一目で把握できます。ただし、机の上に物を置けば置くほど、ゴチャゴチャとした状態になり、最終的にはスペースが足りなくなってしまいます。これはＲＡＭと同じで、コンピュータが一度に多くの計算をするのに役立ちますが、その量には限りがあるのです[51]。

ＲＡＭが足りなくなったらどうなるのでしょう（2千個のタブを開いていると、このようなことが起こるかもしれません）。コンピュータは、ＨＤＤやＳＳＤからスペース（「スワップ領域」と呼ばれます）[52]を借りて、追加のＲＡＭのように扱います。ただし、この借りたストレージはＲＡＭよりも低速であるため、アクセスに時間がかかります。その結果、コンピュータの動作が非常に遅くなるのです。[53]大量のアプリケーションやゲーム、タブを開いているとコンピュータが重くなるのはこのためです。このようなことが起こったら、メモリを消費するアプリケーションを閉じてＲＡＭを節約しましょう。また、デバイスを再起動することで、ＲＡＭが消去され、最初からやり直せます。[54]

　結局のところ、ＲＡＭは多い方が良いのですが、もちろんコストもかかります。[55]ＲＡＭが多いほど、重いゲームやビデオ編集、大量のデータを分析するアプリケーション処理に役立ちます。しかし、電子メールのチェックやインターネットの閲覧だけであれば、ＲＡＭは少なくても問題ありません。[56]

　ＲＡＭを増設すると、多くの場合、コンピュータは高速になりますが、ＣＰＵなど他の要因で速度が低下している可能性もあるため、「銀の弾丸（問題をきれいに解決できる方法）」ではありません。[57]

トレードオフ

このセクションから得られる大きな教訓は、ハードウェア・メーカーが端末を設計する際には、つねにトレードオフを考慮する必要があるということです。たとえば、ゲーミングノートＰＣはＲＡＭを最大限に活用しようとしますが、コストを抑えるにはバッテリーの寿命を犠牲にしなければなりません[58]。また、画像を保存するために特別に設計されたサーバ（ウェブサイトを運営する大型コンピュータ）は、ストレージ容量こそ大きいものの、アプリケーションを多数実行しないため[59]、ＲＡＭが犠牲になっています。すべては手に入れられないので、どの機能が最も重要かを見極める必要があるのです。

アップルはなぜ、古いiPhoneの動作を遅くするのか

17年、多くの人が長年疑っていたことは正しかったことが、アップルによって立証されました。同社は古いiPhoneの速度を落としていたのです。[60]

多くの人は、これがアップルによる金儲けの策略だと思っていました。つまり、意図的にすぐに壊れるようにスマートフォンを設計し、結果、顧客に新しいものを買わせる「計画的陳腐化」と呼ばれる戦略です。[61] しかし、実際はもう少し平凡なものでした。

スマートフォンが古くなると、リチウムイオン電池の劣化が進みます。充電するたびに「充電サイクル」がカウントされ、500回の充電サイクルを経て、iPhoneは元の容量の約20%を失います[62]（ですから、もし古くなるにつれてバッテリーの持ちが悪くなることに気づいたとしても、それはおかしくありません）。一方で、ハードウェアはつねに改良されているため、アプリやiOSは次第に、より多くのエネルギーや電力を必要とするようになります。[63]

このバッテリー容量の減少と電力需要の増加は、古いスマートフォンにとっては危険な組

み合わせです。バッテリーの持ちが悪くなるのは、そのためだからです。アプリがバッテリー容量を超える電力を要求した場合、クラッシュする可能性さえあるのです。[64]

そこでアップルは、古いｉＰｈｏｎｅの速度を落とし、電力使用量のピークを抑えることで、クラッシュの可能性を減らし、バッテリー駆動時間を向上させることにしたのです。[65]

バッテリーへの反発

消費者は当然のことながら、アップルが何も言わずに意図的に速度を遅くすることに怒りを感じていました。イタリアの独占禁止法規制当局であるＡＧＣＭは、アップルがユーザーに「端末の機能を完全に回復させる」方法を提供せずに、古いｉＰｈｏｎｅへの要求を着実に高めていることに憤慨しました（たとえば、電力消費の多い新しいｉＯＳを押し付けるなど）。ＡＧＣＭは、この違反行為に対し、アップルに５００万ユーロの罰金を科したのです。[66]

反発を受けて、アップルは、18年の全期間、消費者は通常価格79ドルの代わりに29ドルでｉＰｈｏｎｅのバッテリーを交換できると発表しました。[67]

これはアップルのＰＲに役立ちましたが、このプログラムが少し良すぎたのでしょう。１００～２００万個の予想をはるかに上回る１千１００万個のバッテリーを交換し、消費者は交換後のスマートフォンがどれだけ良くなったかに気付いたのです。実際、スマートフォンがあまりにも良くなったことで、多くのユーザーは、18年末に登場したiPhone XRとXSにアップグレードしませんでした。[68] これは、アップルCEOのティム・クックが、19年度の収益が従来予想よりも70億ドル少なくなると発表した大きな理由となっています。[69]

要するに、バッテリー交換プログラムは、バッテリーを交換するだけでスマホが若返ることをiPhoneユーザーに示し、スマートフォンのアップグレード減少につながり、アップルの収益にも打撃を与えたのです。この物語の教訓は、「スマートフォンは年齢とともに衰えていくものの、あなたが思っているほどではない」ということです。そして、スマートフォンメーカーは、あなたにそれを知ってもらいたくないのかもしれません。

スマートフォンのロックを、指紋認証で解除するには

スマートフォンの「スワイプでロック解除」画面が大好きなのと同じように、私たちは、新しいロック解除の方法、つまり指紋認証に期待しています。14年以降、サムスンのギャラクシーSフォンでは、指紋スキャナを使ってディスプレイのロックを解除できるようになりました。[70] この技術は、他の多くのアンドロイドフォンにも普及しています。[71] しかし、その仕組みはどうなっているのでしょうか。

光学式スキャン

指紋認証の最も古い方法は「光学式スキャン」と呼ばれるもので、小型のカメラで指紋を撮影します。その写真を編集して、指紋の「隆起」部分を黒く、「谷」部分を白くし、コントラストの高い指紋画像を作成します。そして、その写真を内部の指紋データベースと比較

し、一致するかを確認するのです。[72]

問題は、このスキャナーがあまりしっかりしてないことです。[73] 光学式スキャナは写真を撮るだけなので、一致する指紋の写真をかざせば、スキャナーは騙せます。研究者は、光学式指紋スキャナの65%を騙せる指紋の「マスターセット」を発見しました。[74]

静電容量式スキャン

最近では、ほとんどの人が「静電容量方式の指紋認証」と呼ばれる、より安全な方法を使用しています。この方法では、センサーがコンデンサ（小さな電池）で覆われています。[75] 指紋の隆起部分に触れたコンデンサは蓄えられた静電容量を増加させる一方、指紋の谷間部分の下のコンデンサは静電容量が変化しません。スマートフォンは、電荷のパターンを利用して指紋の高解像度画像を作成し、以前と同様に指紋データベースと照合します。[76]

静電容量方式のスキャナーは、写真で誤魔化せないので、より安全だと推進派は言います。[77] しかし、ある研究者は、自分の親指の高解像度画像を使ってプラスチックの型を作り、それを使って静電容量式スキャナーを誤魔化すという方法で、静電容量式スキャナーをハックしました。[78]

バイオメトリクス

つまり、どんなに優れた指紋認証システムでも、完全に安全ではないのです。そのため、多くのスマートフォンが虹彩認証[79]や顔認証など、より安全性の高い「生体認証」によるログインシステムを提供するようになり、17年に発売された「ｉＰｈｏｎｅＸ」からｉＰｈｏｎｅでも採用されています[80]。またアップルウォッチでは、心拍パターンに基づいてユーザーを識別することが検討されていると報じられました[81]。

あ、安心しすぎる前に。これら「より安全な」生体認証システムをハッキングすることも可能です。指紋の型を使って静電容量式スキャナーをハッキングした研究者を覚えていますか。この研究者は、自分の目の高解像度写真を使って虹彩認証のハードウェアを騙せることも示しました[82]。このように、生体認証システムに完全なものはないのです[83]。

アップルペイはどのように、機能するのか

動作中のアップルペイ。
出典：ウィキメディア[86]

14年以降、お店で食べ物や洋服などを購入する際、レジのリーダーにiPhoneをタップするだけで支払いができるようになりました。これは、アップルペイという技術です[84]。15年にはグーグルも同様のサービス「アンドロイドペイ」を開始しています[85]。この「魔法」のようなタップ&ペイシステムはどのように機能するのでしょうか。

アップルペイもアンドロイドペイも、NFC（Near-Field Communication）と呼ばれる技術を利用しています[87]。NFCでは、特定のチップを搭載した2つの機器（スマートフォン、カード、決済端末など）を接触させることで、少量の情報を交換できます[88]。端末は、電波を使って情報を交換するのです（ちなみに、ブルートゥー

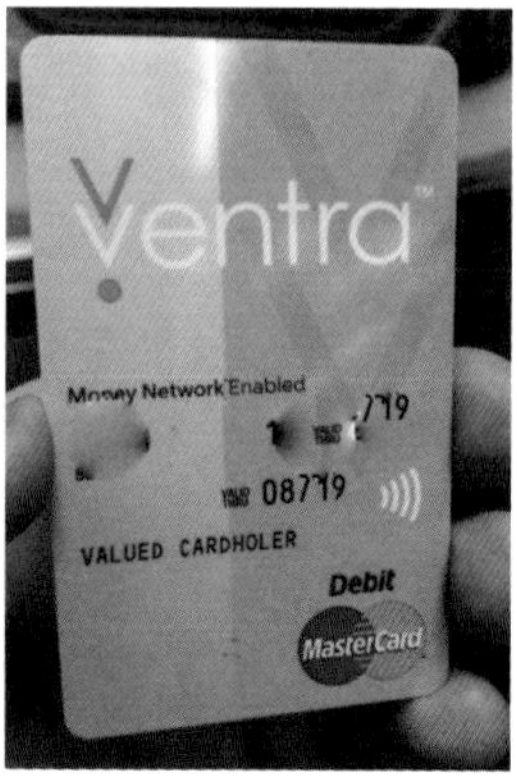

シカゴのNFC搭載ヴェントラカード、地下鉄の支払いにも使える。
出典：ウィキメディア[93]

スと同じ電波です[89]。NFCはエネルギーをほとんど必要とせず、チップが埋め込まれた「パッシブ」端末の中には、電力を必要としないものもあります[90]。

あなたのスマートフォンにはNFCチップが埋め込まれており、アップルペイの決済端末も同様です。スマートフォンを決済端末に接触させると、2つのチップが電波で情報を交換します。端末はあなたのクレジットカードに課金し、あなたは商品を購入したことになります[91]。

NFCの別の例として、街中で地下鉄やバスの支払いに使うカードがあります。このカードには、動作に電力を必要としない「パッシブ」なNFCチップが搭載されています。このカードを、電力を必要とする「アクティブ」なチップを搭載したリーダーに接触させると、チップ同士が通信します。リーダーは、あなたの口座残高（交通局のサーバに保管されています）から運賃を差し引き、ゲートを開いてあなたを入場させます[92]。

強化されたセキュリティ

では、アップルペイはどのようにしてあなたの安全を守るのでしょうか。ご安心ください。アップルペイを利用した際、あなたのスマートフォンからクレジットカードの番号がお店に送信されるだけではありません。代わりに、クレジットカード会社と緊密に連携することで、アップルは極めて安全なシステムを構築しています。アップルペイを利用するといつも、ビザやマスターカードなどのクレジットカード会社が、あなたのカードに関連付けられたランダムな16桁のトークン（長いデータを最小構成単位に分解したもの）を作成し、そのトークンを暗号化してあなたのスマートフォンに送信します。あなたが端末をタップすると、スマートフォンは暗号化されたトークンを端末に送信します。端末はそのトークンをクレジットカード会社に送り、カード会社はそれが顧客のものであることを確認して請求します。仮にハッカーがトークンを入手したとしても、クレジットカードの番号をリバースエンジニアリングできません。クレジットカード会社だけがそれをできるのです。さらに、タッチＩＤが搭載されているｉＰｈｏｎｅでは、アップルは指紋で支払いを確認させています。そのためコメンテーターは、アップルペイを「クレジットカードよりもはるかに安全」と言っています。[94]

13年、ターゲットが4千万件のクレジットカード番号をハッキングされたときのように、[96]クレジットカードのデータを盗もうとするハッカーから免れられるため、[95]店舗がアップルペイの利用開始に躍起になるのは当然です。16年には、カード会社ではなく小売事業者が、旧来の磁気カード読み取り技術によるハッキングに対して金銭的責任を負うという新しい法律が制定されたため、これはさらに重要になりました。[97] チップ式のクレジットカードも小売業者のハッキング回避に役立ちますが、磁気スワイプ式のカードに比べてはるかに読み取り速度が遅いため、アップルペイはより魅力的な選択肢となるでしょう。[98]

アップルペイは店舗とウィン-ウィンの関係にあり、アップルペイをはじめとするＮＦＣベースのモバイル決済システムは、今後さらに普及していくものと思われます。

その他のＮＦＣの使い方

ＮＦＣは、スマートフォンを何かに接触させてお金や情報を交換するという非常にシンプルなものですが、そのシンプルさゆえに、より広範囲での活用が可能な強力なツールとなっています。

まず、ＮＦＣによる支払いできるものは非常に多岐に渡ります。サンフランシスコでは、ＮＦＣステッカーにスマートフォンをタップすることで、パーキングメーターの支払いを可能にしました。[99] またシカゴでは、アップルペイで地下鉄の料金を支払えるようになっています。[100]

さらに、ＮＦＣを使えば、特別なステッカーが貼られたものにスマートフォンをタップすると情報が得られるようにできます。マーケティング担当者は、広告やチラシにＮＦＣステッカーを埋め込んでいます。スマートフォンをステッカーにタップすれば、詳細情報が得られるのです。フランスのある都市では、スマートフォンをＮＦＣステッカーにタップすると、その地域の地図が表示されます。また、ＮＦＣは小売店での買い物にも役立ちます。たとえば、スマートフォンをパッケージにタップして価格を比較したり、クーポンを見つけたりできます[101]。ＮＦＣは、物理的な世界とデジタルな世界の境界を曖昧にするのに役立っています。その用途は今後ますますエキサイティングになるでしょう。

ポケモンＧｏの仕組みとは

16年、モバイルゲーム「ポケモンＧｏ」は、現実の世界を歩くだけで、アニメのモンスターであるポケモンを見つけられることで、世界を席巻しました。[102] ポケモンＧｏで最も人気がある機能の１つは、自分の世界にポケモンの世界を重ねる、拡張現実（ＡＲ）と呼ばれる技術でした。[103] たとえば、自分の街にはポケストップ（アイテムを手に入れる場所）やジム（他のポケモンと戦う場所）があります。[104] また、海辺では水タイプのゼニガメ、夜にはコウモリのようなズバットというように、「自然な生息地」でポケモンを見つけられます。[105] これは、クラウドソーシングによる位置情報、スマートフォンの内蔵時計、そして「気候、植生、土壌や岩石の種類」に基づいて地域を分類する地理データのマッシュアップ（ウェブ上の公開情報を加工・編集して新たなサービスとすること）によるものです。[106]

技術的にさらに興味深いのは、ポケモンを捕獲しようとしているとき、周囲の環境にポケモンが重なって表示されることです。たとえば、公園でポケモンを捕まえようとすると、ポケモンは芝生の上を「ジャンプ」したり、噴水で水しぶきを上げたりするかもしれません[107]。

　スマートフォンはどのようにしてポケモンの居場所を知るのでしょう。まず、カメラを使って、川のそばの草むらなど、周囲の環境を把握します。そして、いくつかのアルゴリズムを使って地面の位置を把握し、そこに立つポケモンを描きます[108]。さらに、加速度センサーやコンパス、ＧＰＳを利用して、あなたが移動しているかを確認し、移動していれば適切にポケモンを移動させたり回転させたりします[109]。

　ポケモンＧｏのおかげで、ＡＲ（拡張現実）がエキサイティングな時代になりました。16年、ある専門家は、ＡＲが20年までに９００億ドルの市場になると予測しました[110]。ゲーム開発者は特に期待しています[111]。しかし、少なくとも今のところは、すべてのポケモンを捕まえましょう。

アマゾンはどのように、1時間配送を実現しているのか

アマゾンの定額制サービス「プライム」のアドオンである「プライムナウ」では、現在[113]、全米30以上の都市で、膨大な種類の商品を1時間以内[112]に玄関先まで届けてくれます。しかし、飛行機で米国を横断すれば最低でも5時間はかかります[114]。では、どのようにしてアマゾンは1時間の配達を実現したのでしょう。

アマゾンは、ソフトウェア、ロボット、そして人間を組み合わせて、これを実現しています。まず、ソフトウェアです。アマゾンは、ある地域のプライム会員のデータに基づいて、その地域の倉庫にどのような商品を保管するかを決定し、配送のスピードを最適化しています[115]。

活動の中心となるのは、プライムナウの対象となる大都市圏のすぐ近くにあるアマゾンの倉庫（フルフィルメントセンターと呼ばれます）です。たとえば、ニューヨークの郊外にあるニュージャージー州ユニオンには、商品発送センターがあります[116]。

倉庫内には、グラノーラバー（グラノーラを棒状にした菓子）からスケボーシューズまで、様々な商品がところ狭しと並べられています。アイスホッケー用パックのような形をしたロボットの一団が倉庫内を動き回り、適切な商品が入っている棚を見つけ、「ピッカー」と呼ばれる従業員が棚から商品を手に取れるように移動させます[117]。

一般の店舗では、商品はテーマごとに分類されていますが（たとえば、朝食用の食品はすべて1つの通路に置かれています）、アマゾンの倉庫では、商品はランダムに散らばっています（たとえば、ポテトチップスの隣にはボードゲームが置かれています）。こうすることで、ロボットが特定の商品から離れすぎることはありません[118]。さらに、棚に商品を補充する作業員は、どこに商品を置くかを気にする必要はありません[119]。

作業員は、特定の商品を探し出せませんが、アマゾンの巨大なデータベースが、どこにあるかを正確に把握しているので大丈夫です。また、アマゾンのアルゴリズムは、どの商品をどこに置くか、ロボットがどのようなルートを通るか、従業員がどのようなルートで倉庫内を回るかをコントロールしています[120]。

アマゾンは、このロボットとアルゴリズムのおかげで、通常なら数時間かかるところを、わずか数分で顧客の商品を取り出せると主張しています[121]。

アマゾンは、商品を袋に入れた後、「クーリエ」と呼ばれるチームに商品を渡します。クーリエは、地下鉄、車、自転車、徒歩などあらゆる手段を使って、1時間が経過する前に商品を顧客に届けます。[122]

このケースは、人間とロボットが協力し合う未来の職場を考える上で興味深いものです。ロボットは人間よりもはるかに速く商品を見つけて移動できます。特にロボットは移動時間を最小限に抑えるためのアルゴリズムを利用できます。しかし人間には、棚から商品を取り出し、スキャンし、袋に入れるために必要な独特の軽快な指があります。[123]

これが、仕事においてどのような意味を持つでしょう。ちょっとしたパラドックスですね。電子商取引によって何千もの小売業の仕事が失われていますが、アマゾンのロボットとアルゴリズムが迅速な商品発送センターを可能にし、結果的に雇用を創出しています。このパラドックスの最も良い例はおそらく、テクノロジーとオートメーションによって、ラストベルトの町であるイリノイ州ジョリエットで何千もの雇用が失われましたが、アマゾンが16年に同地にフルフィルメントセンター（アマゾン独自の配送センター）を開設したことで、２千人の雇用が戻ってきたことです。[125]

もしあなたが緊急に何かを手に入れる必要があってプライムナウに頼ることがあったら、それを実現してくれた人々やロボットに感謝してください。これは興味深いコラボレーションなのです。

アマゾンはなぜ、30分で商品を届けられるのか

荷物を配達するアマゾンのドローン。
出典：アマゾン[128]

1時間での配送でもすごいのに、アマゾンはそこで留まりません。ドローンを使って30分で配達したいと考えているのです。でも、どのようにしてでしょう。

アマゾンプライムエアーと呼ばれる、このサービスでは、1時間での配送のときと同様に梱包プロセスが開始されます。ただ、配達員がドローン（さもなくば、アマゾンが言うところの「無人の空中車両」）に置き換えられます[126]。

倉庫では、荷物がドローンに装着されます。ドローンは受取人の家まで飛んでいき、パラシュートで荷物を落とすか、特別に設置された台の上に着陸します。その際、人間は一切操作しません[127]。

では、このサービスはすぐにやって来るのでしょうか。私たちはそう願っています。アマゾンはまだ、ドローンに悪天候時の対処や、建物や他のドローンの避け方を教える必要があります。[129]また、アマゾンがドローンの商品配送センターを持っているのは米国24州だけで、そのほとんどが海岸沿いにあるという問題もあります。[130]

アマゾン配送用ドローンの近影。
出典：アマゾン[137]

しかし、最大の問題は規制です。米国連邦航空局（FAA）がアマゾンにとって厄介な存在であることはわかっています。空港から5マイル以内ではドローンを飛ばせないとする規制があり、これがニューヨーク市の大半を封鎖しているのです。[131]また、15年に出された別の方針では、操縦者の視界外ではドローンの自律飛行はできないとしています。[132]アマゾンはFAAにこれらの規制を緩和するよう働きかけてきました。16年にFAAが視界規定を取り下げたのは、おそらくアマゾンの圧力によるところが大きいでしょう[133]（テック企業が政策立案者に対してこれほど大きな力を持っていることに、私たちは時々驚かされます）。

しかし、アマゾンは今でもFAAの規制に不満を持っています。実際、アマゾンは米国の国境からわずか2千フィートのところにあるカナダに、ドローンのテストセンターを開設するほど苛立っています。[134]また、FAAが役に立たないため、アマゾンはドローンのテストのほとんどを英国で行っています。[135] そして16年12月には、英国のケンブリッジシャー州で、アマゾンのドローン配送が初めて成功しました。[136]

宅配用ドローンが空中をブンブン飛び回る姿を想像すると、不思議な感じがするかもしれません。ただアマゾンは、いつの日かドローンがごく当たり前の光景になることを想定しています。[138] 最終的には、フェデックスやUPSのトラックのように、こうしたドローンは当たり前になるかもしれません。

最後に、話を戻して、少し俯瞰してみましょう。50年前に戻って、「あなたは携帯型コンピュータ（すなわち、スマートフォン）を持ち、そのコンピュータを使ってワイヤレスで商品を購入し、その商品を翼のある空飛ぶロボットが届けてくれる」と人々に伝えたとします。頭がおかしいと思われるでしょう。しかし現在、ご存知のように、それは現実となっています。とてもエキサイティングなことではありませんか。

9章

ビジネスの動機

「テクノロジーがビジネスの世界を支配するようになった」というのは、21世紀における最も控えめな表現の1つです。アップル、アマゾン、フェイスブック、マイクロソフト、そしてグーグルの親会社であるアルファベットはいつも、世界で最も価値のある企業リストの上位に位置しています[1]。

しかし、優れたアプリケーションを開発するだけでは十分ではありません。スタートアップの墓場には、人気のあるアプリケーションを持っていても、基本的なビジネス原則を理解していなかった企業の亡骸が散らばっています。これは、月額10ドルで映画が見放題というサービスを提供していたものの、ビジネスモデルが不十分だったために18年に大炎上したムービーパスを見れば一目瞭然です[2]。

一方、スーパー[3]や銀行[4]、レストラン[5]など、従来はテクノロジーに関係のなかった企業も、後れを取らないようにアプリケーションを作り始めなければなりません。セールスフォースの共同創業者であるパーカー・ハリスは「すべてのビジネスリーダーはエンジニアである必要があり、すべての企業はアプリ企業になる必要がある[6]」と言っています。

ではなぜ、テック企業は現在のような動きをしているのでしょう。また、非テック企業はどのようにデジタル時代に適応していくのでしょう。その理由を探ってみましょう。

ノードストロームはなぜ、無料Ｗｉ-Ｆｉを提供しているのか

スターバックスのようなコーヒーショップでは、10年から無料のＷｉ-Ｆｉが提供されています。[7] なぜ無料Ｗｉ-Ｆｉを提供しているかについては、当然でしょう。スターバックスには、仕事したい人が集まるからです。

12年には、ノードストローム（米国の大型百貨店チェーン）が店舗での無料Ｗｉ-Ｆｉ提供を開始し、[8] ホームデポ（米国のホームセンターチェーン）やファミリーダラー（米国のディスカウントストアチェーン）といった他の小売店も、この流れに乗っています。[9] しかし、なぜでしょう。誰もノードストロームに行ってメールを送信したりはしないでしょう。店舗が無料Ｗｉ-Ｆｉを提供するのは、親切心からでしょうか。

無料Ｗｉ-Ｆｉの提供は、ノードストロームの利益にかなり貢献することがわかっています。これを理解するため、まずはＷｉ-Ｆｉの仕組みを説明しましょう。スマートフォンでＷｉ-Ｆｉをオンにすると、無線信号を送信して、近くのＷｉ-Ｆｉスポット（ルータとも呼

無線ルータとしても知られるWi-Fiスポットの例。
出典：ウィキメディア[13]

ばれます）を探します。[10] Wi-Fiスポットは、スマートフォンをインターネット接続します。スマートフォンが発信する無線信号には、MACアドレスと呼ばれる端末に埋め込まれた固有コードが含まれます。[11] そのため、Wi-Fiスポットに接続したときはいつも、Wi-Fiスポットのオーナーはあなたの MACアドレスを確認できます。[12] つまり、MACアドレスをファイル保存しておけば、再接続したときにあなたを思い出せるのです。

12年、ノードストロームなどの小売事業者は、買い物客がどのWi-Fiスポットに接続しているかを追跡し、その情報を使って買い物客の居場所を特定できることに気づきました。[14] しかし、どのようにしてでしょう。

その秘密は、「三角測量」と呼ばれる技術にあります。ちなみに、三角測量はGPSシステムが自らの位置を知る方法です。[15] 3つのWi-Fiスポットに接続しているとき、三角測量は開始されます。各Wi-Fiスポットはあなたの MACアドレスを見て、同じであることに気づき、あなたを認識します。次に各Wi-Fiスポットは、スマートフォンからWi-Fiスポットへの無線信号の強さを測定し、Wi-Fiスポットからの距離を計算します（遠ければ遠いほど、無線信号は弱くなるのです）。[16] ソフトウェアによっては、各ホットスポッ

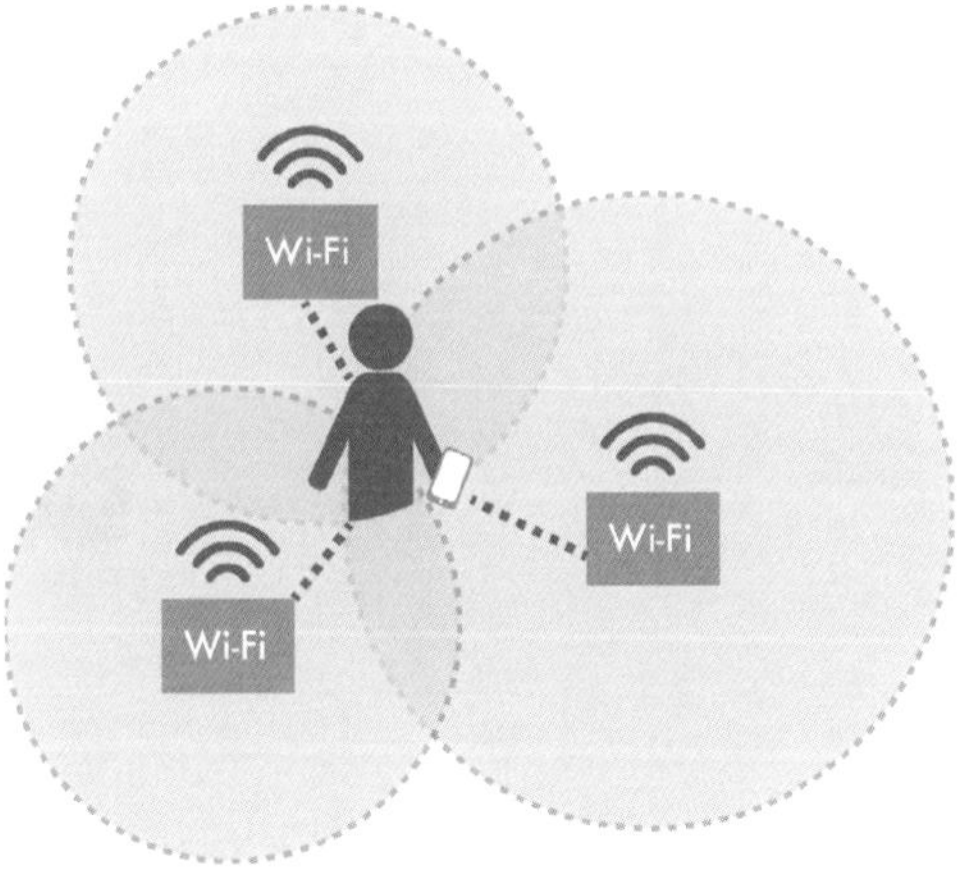

Wi-Fiネットワークの所有者が、買い物客の立っている場所を特定できる「Wi-Fi三角測量」。
出典：スカイフック・ワイヤレス[18]

トの周りには円が描かれ、その半径はＷｉ‐Ｆｉスポットからの距離と同じになります。つまり、３つの円が交わった１つの点があなたのいるはずの場所となるのです。三角測量を利用している会社のオーナーによれば、10フィート（約3メートル）以内の範囲で人の位置を把握できるそうです。[17]

　三角測量技術により、ノードストロームのような小売事業者は、店舗内における買い物客の位置や動きを監視できます。[19] これはかなり便利です。たとえば、ほとんどの人が帽子売り場を通り抜けて婦人服売り場に行くことに気付いた場合、帽子の在庫を減らして婦人服を仕入れられるでしょう。[20] また、最も混雑する曜日や時間帯を把握し、それに合わせて販売員やレジ係の数を調整することも可能です。店舗外で何人の人が立ち止まってから店内に入ってきたかを測定し、どのようなウィンドウ・ディスプレイが最も効果的かを判断することもできるでしょう。[21] このような方法で、高い利益を上げているのです。[22]

　ではなぜ、ノードストロームは無料Ｗｉ‐Ｆｉを提供しているのでしょう。Ｗｉ‐Ｆｉを提供すると、買い物客はスマートフォンのＷｉ-Ｆｉ接続をオンにして、Ｗｉ-Ｆｉスポットに電波を発するようになります。すると、店側は三角測量で買い物客の動きを追跡できます。そしてそれは、今まで見てきたように、大金を意味するのです。

より多くのデータを得るために

ノードストロームがＷｉ-Ｆｉ三角測量ソフトウェアを使い始めたとき、彼らはすべて匿名であると主張し、大したことではないと主張しました。スマートフォンのＭＡＣアドレスがわかっても、それだけでは誰かはわからないからです[23]（考えてみてください。あなたは自分のスマートフォンのＭＡＣアドレスを知っているでしょうか）。

しかし小売事業者は、ＭＡＣアドレスから個人を特定する巧妙な方法を持っています。たとえば、無料Ｗｉ-Ｆｉを利用する前に、メールアドレスを入力してサインインさせることで、ＭＡＣアドレスとメールアドレスを結び付けられます。さらに、店舗での行動とオンラインでの行動も結び付けられるでしょう。たとえば、メイシーズ・コム（米国の百貨店チェーン、メイシーズのＥＣサイト）でスカーフを探していた人は、メイシーズの店舗に入るとすぐにスカーフのクーポンを手に入れられるのです[24]。

店舗は、このデータをビデオ監視システムと組み合わせることで、さらに強力にできます。店舗に設置されているビデオカメラには、映像から年齢、性別、民族などを推測できるものがあります。[25] このカメラでは、どの商品をどのくらい見ていたのかもわかるそうです。[26] こうした情報は、店内での動きのデータやオンラインでの購入データと組み合わせることで、店舗主にとって貴重な情報となるでしょう。

将来的には、商品を見て立ち去ると、プッシュ通知でターゲティングクーポンが送られてくるようになるかもしれません。[27] そしてこれはおそらく、店舗のＷｉ-Ｆｉネットワークに接続している買い物客にしか使えないでしょう。これが、無料Ｗｉ-Ｆｉを提供するもう１つの理由です。

好きか嫌いか

Ｗｉ-Ｆｉやビデオ監視システムのようなツールで顧客を追跡することは、「ショールーミング」（店舗で商品を見て、最終的にオンラインで購入すること）の問題に悩む小売業者にとっては、明らかな利益になります。[28] 店舗がユーザーデータを多く取得すればするほど、有利に販売を進められるでしょう。

しかし、顧客はどうでしょうか。

たとえば、人気のない商品を処分したり、従業員の数を確保したりすれば、顧客により良いサービスを提供できます。[29] さらに、顧客の来店頻度がわかれば、店舗はロイヤリティプログラムを提供できるかもしれません。また、ターゲティングクーポンがあれば、掘り出し物が見つかるでしょう。[30]

デメリットは、プライバシーです。買い物の習慣から外見まで、店舗があなたの情報をどれだけ把握しているかは衝撃的です。[31] ノードストロームのケースで最悪だったのは、追跡されていることを顧客に伝えていなかったことです。そのため、それを知った人々は不満を抱いたのです。[32] この問題に対処するため、ノードストロームは、顧客が追跡されないようにする方法を提供しました。しかし、この方式はオプトイン（企業からの情報の受け取りやユーザー情報の利用に関して、あらかじめユーザーから許可を得ること）ではなくオプトアウト（あらかじめ許可を得ることなく、企業からの情報の受け取りやユーザー情報の利用が可能なこと。その停止には、ユーザー自ら拒否することが必要）であるため、追跡されていることを知らない顧客は知らず知らずのうちに追跡されてしまうという意見が出たのです。[33]

もしあなたが監視を好まないのであれば、悪い知らせがあります。それは、監視を止めるのが難しいことです。研究者によれば、一部のスマートフォンはＷｉ-Ｆｉをオフにしても、Ｗｉ-Ｆｉネットワークをスキャンしていることが判明しています。つまり、トラッキングを止めるには、スマートフォンの電源を切る必要があるのです。しかも、一部の端末は電源オフでも、Ｗｉ-Ｆｉネットワークを検索します。完全に阻止するには、バッテリーを取り外す（またはハンマーで叩き壊す）必要があるでしょう。しかし、それでもビデオによる追跡は避けられません。[34]

これに対して小売事業者は、アマゾンのようなEC事業者がすべてのクリックを追跡できるオンラインショッピングよりも、Wi-Fiによるトラッキングは悪くないと主張します。[35]しかし、プライバシー保護を主張する人たちは、誰かのクリックを追跡することは、誰かの身体的な動きを追跡するよりもはるかに不気味ではいと主張するかもしれません。

賛否両論ですね。ただ、ノードストロームの無料Wi-Fiをどう思うかは別にして、巧妙なビジネス手法であることは認めざるを得ないでしょう。

アマゾンはなぜ、損するにもかかわらず、プライム会員の送料を無料にするのか

04年以来、アマゾンのプライムサービスは、年間119ドル[37]でサービス加入すると何百万もの商品[36]を2日以内に無料で配送しています。プライムは、米国全世帯の3分の2が加入している大規模プログラムなのです[38]。

しかし、世界中で迅速かつ大量に商品を配送するのは、決して簡単なことではありません。アマゾンは、2日以内の無料配送プログラムによって、年間80億ドル以上もの損失を出しています[39]。プライムがそんなに損をするなら、アマゾンはなぜ提供するのでしょうか。

アマゾンの戦略

理由を探る前に、アマゾンは利益よりも、売上を増やすことを重視する傾向があることを知っておく必要があります。それは、アマゾンが歴史的に売上を、株主に還元するのではな

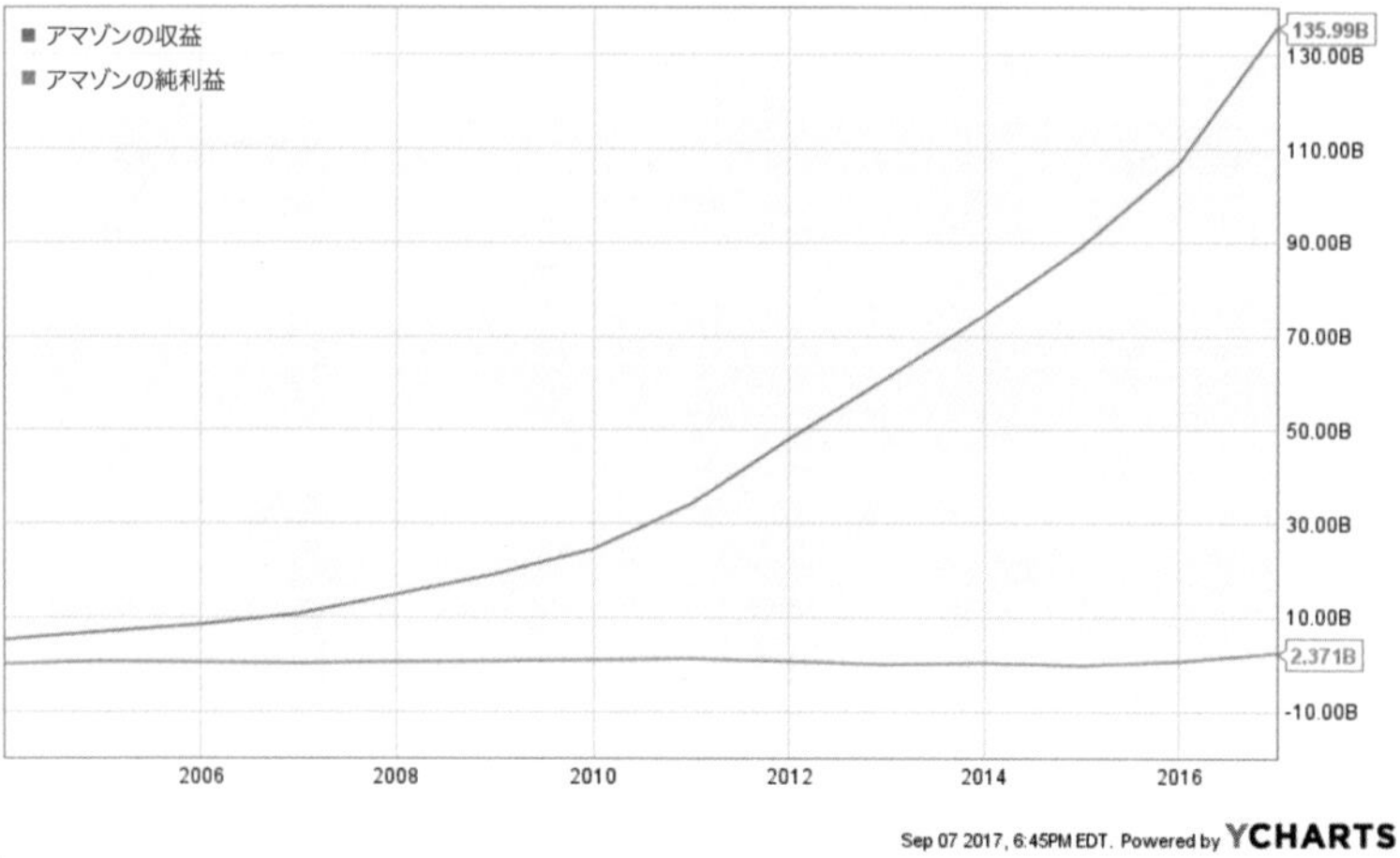

アマゾンの売上（トップライン）は非常に伸びているが、利益（または「純利益」、ボトムライン）は意図的に低く抑えている。
出典：YCharts[46]

く、会社に再投資してきたからです。[40]この戦略は長期的な成長を最大化するため、アマゾンができるだけ早くビジネスを成長させる上で役に立ちます。[41]そして一般に、小売業は利益率の低いビジネスです。[42]

言い換えれば、アマゾンは意図的にほとんど利益を上げないようにしているのです。たとえば、16年、アマゾンの売上は１３６０億ドルでしたが、利益は24億ドルとちっぽけでした。[43]12年には、売上６１０億ドルにもかかわらず[45]、３千９００万ドルの赤字だったのです。[44]

プライムがもたらす利益

アマゾンがプライムを導入する目的は、おそらく売上を伸ばすことだと思います。ここでは、プライムがアマゾンの売上増加に貢献する主な方法をいくつか紹介しましょう。

第1に、プライムは顧客がプラットフォーム上でより多くのお金を使ってもらうための強力なロイヤリティプログラムです。プライム会員1億人は、非会員に比べて年間で2倍以上の金額をアマゾンで消費していると推定されます[47]。これは、より多くのお金を使う顧客が、そもそもプライムに入会する可能性が高いということもあるでしょう。しかも、プライムに入会するだけで、より多くのお金を使う理由がいくつかあります。1つ目の理由は、2日以内の配送がすぐに得られる喜びをもたらし（いや、通常の配送よりもすぐに）、それが「軽率な」衝動買いにつながるからです[48]。2つ目の理由は、一旦プライムに年間119ドルを支払うと、その支出を正当化するため、多くの商品を買う（そして多くの無料配送を受ける）必要性を感じるからかもしれません[49]。この説を裏付けるデータもあるようです[50]。ある調査によれば、ロイヤリティプログラムは売上を20％向上させています。

第2に、プライム会員は買い物するとき、より多くをアマゾンで買います。プライム会員の多くは、買いたい商品が他でもっと安く買えたとしても、アマゾンで買うのが習慣になっているからでしょう[51]。加えて、2日以内の無料配送に勝るものはないため、多くのプライム会員は他のサイトで最初に商品を見つけても、アマゾンで購入します[52]。その数字は驚くべきもので、アマゾンで検索を始めたプライム会員がウォルマート・コムにもアクセスする確率は、プライム会員でない人と比べて12分の1です[53]。つまり、プライムは顧客のロイヤリティをさらに高めるのです。

第3に、プライムは「底辺への競争（国が減税、労働・環境基準の緩和などで競うこと。ここでは、比喩的な意味で使っています）」を始め、競合他社に打撃を与えています。プライムが顧客に2日以内の配送を期待させるため、[54] アマゾンの競合他社は競争力を維持する上で2日以内の配送を無料提供。ここでは、比喩的な意味で使っていますを余儀なくされています。例をあげればきりがありません。ターゲットは14年のホリデーシーズンに送料を無料にしました。[55] 17年、ウォルマートは35ドル以上の注文で2日分の送料を無料にするサービスを開始しました。[56] また、10年にはトイザらスやバーンズ・アンド・ノーブルを含むコンソーシアムが、プライムと同じ特典（どの会社で買っても2日以内の配送が送料無料）と価格帯を提供する「ショップランナー」というプライムクローンを作ったこともありました。[57] 2日配送の普及は、消費者にとっては素晴らしいことですが、それほど多くの商品を迅速に出荷する資金やインフラを持たない小売事業者にとっては、死刑宣告となりかねません。[58]

プライムの成長

アマゾンがより多くの人にプライムに加入してもらいたいと考えているのは明らかです。だからこそアマゾンは、当然のようにできるだけ多くの機能をプライムに詰め込んでいます。最近では、送料無料だけでなく、映画の無料配信、何十万冊ものキンドル電子書籍の無料配信、音楽のストリーミング配信などもプライムに含まれています。[59] 17年にアマゾンがホールフーズを買収すると、[60] プライム会員はホールフーズの店舗で10%オフになるなどの特典を受けられるようになり、[61] プライムはオフラインの世界にまで進出しています。

プライムは、表面的には損をしているように見えても、アマゾンにとっては宝の山です。ブルームバーグでさえ、プライムを「小売業全般ではなく、電子商取引全体において最も独創的で効果的な顧客ロイヤルティプログラム」と呼んでいるのですから[62]……。

ウーバーにはなぜ、自動運転車が必要なのか

15年、ウーバーはカーネギーメロン大学からロボット工学の教員チームを丸ごと引き抜き[63]、ピッツバーグに自動運転車専門のオフィスを設立しました[64]。ウーバーの前CEOであるトラビス・カラニックは、自律走行車の開発は同社にとって「根本的に存在意義がある」と述べています[65]。なぜ、ウーバーは自動運転にこれほどまでの意欲を持っているのでしょう。

成長の落とし穴

まず知っておかなければならないのは、ウーバーはこれまで、年間10億ドル以上の赤字を出し、最高の財務状況ではなかったということです。その大きな理由は、利益よりも成長にこだわり続けてきたことにあります[66]。ウーバーは長年に渡り、リフトよりも低価格を提供するため徹底的に戦い、その結果、積極的に割引してきました[67]。実際、あまりに積極的なの

で、ウーバーはほとんどの乗車で赤字になっています。[68]

その一方で、ウーバーはフードデリバリーや電動スクーターなど、コストのかかる成長分野への投資を続けてきました。しかしこれは、売上を増やすのには適していますが、コストを抑えるのには適していません。[69] また多額の資金を投じた、中国、[70] ロシア、[71] インドネシア[72]への事業拡大に失敗しました。

要するに、ウーバーは成長を追求した結果、利益を出せなくなってしまったのです。赤字から脱却したいのであれば、コストを徹底的に削減する新しい方法を見つける必要があります。では、ウーバーはどこでコストを削減できるのでしょう。

ドライバーの問題

ウーバーのもう1つの大きな問題はドライバーです。ドライバーの定着率が低く、契約した人のうち1年後にも運転している人はわずか4%に過ぎません。[73] ウーバーはドライバーを引き留めるために、大量のボーナスやインセンティブを提供しなければならないのです。[74] 最終的に、ウーバーは1回の乗車で得られる利益の約20%しか取れません。[75] おそらく、残りの利益はドライバーに支払う必要があるからでしょう。

つまり、ウーバーは窮地に立たされているのです。十分な数の乗客をプラットフォームに留めておくために価格を引き下げなければならず、十分な数のドライバーを確保するために支払いを増やさなければならないのですから……。乗客がいなければ誰も運転せず、ドライバーがいなければ誰も乗りません。言い換えれば、乗客とドライバーをマッチングさせなければならないウーバーとは、両面市場（属性の異なる2つのグループが、仲介者を介して取引する市場のこと）なのでしょう。そして、両方のマージンを削ることで、両方を満足させなくてはならないのです。[76]

自動運転というソリューション

これで、自動運転車の魅力がわかりましたね。ウーバーが自動運転車に多額の投資をしているのには、大きく3つの理由があります。

第1に、人間のドライバーを扱う必要がないため、乗車1回あたりの支払いが少なくて済み、ドライバーの確保を心配する必要もありません（おそらく、ロボットカーがあなたの元を去ることはないでしょう）。確かに、ウーバーはガソリン代や車のメンテナンス費用（現在はドライバーの責任）を負担する必要がありますが、ドライバーに給料を支払う必要がないことで節約できる金額に比べれば些細なものです。[77] ある調査によると、自動運転車の運行コストは通常のタクシーの10分の1程度で、ウーバーの黒字化に貢献することは間違いありません。[78]

第2に、乗客には自動運転車を好む強い理由があります。自律走行するウーバーの料金がはるかに安いからです。[79] さらにある専門家によれば、事故率を90%削減できるそうです。[80] つまり、自動運転車の提供は、ウーバーが顧客を惹きつけて、ユーザー層を拡大するのにも役立つのです。

第3に、競争力を維持するには、競合他社よりも先に自動運転車を開発しなければならないことをウーバーは理解しています。[81] 自動運転車に大きく賭けている企業はたくさんあります。グーグルの自動運転車プロジェクトであるワイモはリフトと協力して自動運転車の開発を開始し[82]、フォードは自動運転車のスタートアップ企業、アルゴＡＩに10億ドルを出資し、テスラは自社の車が自律走行するために必要なハードウェアを構築しています。[83] どの企業も、自動運転車を最初に支配したいと考えているでしょう。[84] 運用コストが格段に安くなるため、最初に自動運転車を主流にした企業は大きなアドバンテージを獲得できます。[85] また、勝者は自動運転ソフトウェアを競合他社にライセンス供与することで収益が得られます。[86] つまりウーバーは、ライバル企業からソリューションを購入させられるのではなく、自ら自律走行車を作りたいと考えているのです。

マイクロソフトはなぜ、リンクトインを買収したのか

16年、マイクロソフトはプロフェッショナル向けソーシャルネットワークサービスのリンクトインを262億ドルという破格の金額で買収しました。これはマイクロソフトにとってこれまでで最大の買収であり、当時のハイテク企業の買収としては史上3番目に大きなものでした。[87] では、Windowsや生産性向上ツールを提供する企業が、なぜソーシャルネットワークにそこまでのお金をかけたのでしょうか。

企業を支配する

マイクロソフトの伝統的な収益源であるWindowsと端末は、長い間衰退の一途をたどってきました。[88] PCとSurfaceタブレットの売上は、16年から17年だけで26%も縮小しました。[89] マイクロソフトは巨大なモバイル空間で足場を固められず、Windows

フォンは失敗に終わったのです。[90]

その代わりに、マイクロソフトは自社の未来（と現在）がエンタープライズソフトウェア、つまり企業向けに構築されたツールにあることを理解しました。Ａｚｕｒｅ（マイクロソフトの企業向けクラウドコンピューティングプラットフォーム）とＯｆｆｉｃｅ３６５は、同社において最も収益性が高く、成長率の高いセグメントです。[91] マイクロソフトのＣＥＯ（最高経営責任者）であるサティア・ナデラが15年に発表した会社の新しいミッション、すなわち「地球上のすべての人と組織がより多くを達成できるようにする」ほど、この要点を示すものはありません（これは、ビル・ゲイツがかつて掲げていた「すべての机と家庭にコンピュータを」というミッションとは大きく異なります[92]）。

リンクトインの買収は、マイクロソフトにとって非常に重要な意味を持ちました。それにより、同社がエンタープライズ領域におけるリーダーとしての地位を確立したからです。[93] 今回の買収によってマイクロソフトの有意性を確立する方法は、大きく3つあります。

まず、リンクトインを買収することで、マイクロソフトがビジネスパーソンの世界において中心的存在になることができます。これは、フェイスブックやインスタグラムがオンラインの社会生活における中心的存在となっているようなものです。[94] ＰｏｗｅｒＰｏｉｎｔでプレゼンテーションをしていますか。であれば、あなたはマイクロソフト製品を使っているでしょう。ＷｉｎｄｏｗｓのノートＰＣを会議に持っていきますか。であれば、マイクロソ

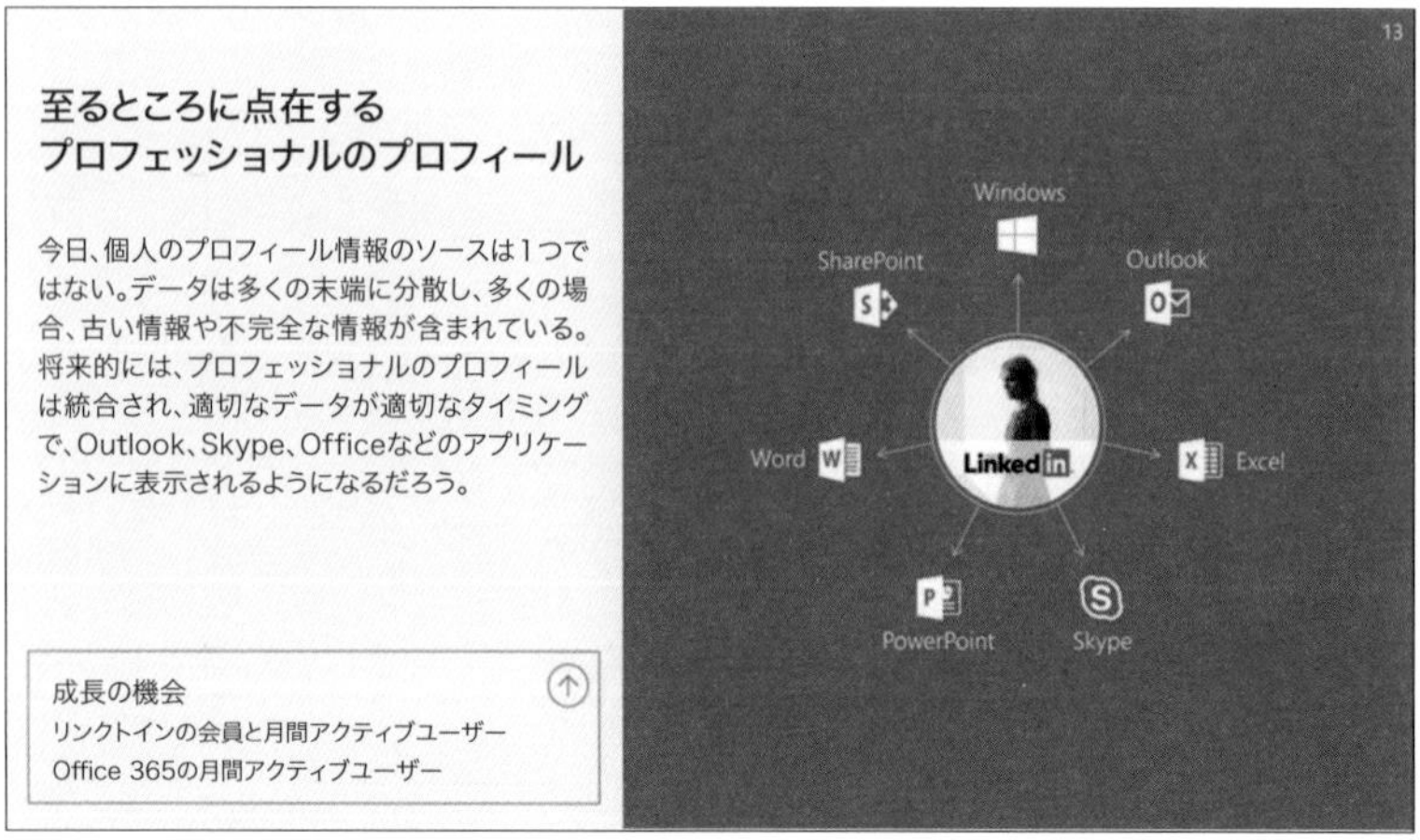

マイクロソフトはリンクトインで、人々の仕事生活の中心になることを目指した。
出典：マイクロソフト決算資料[96]

フト製品を使っているでしょう。潜在的な顧客や従業員を探していますか。であれば、今やマイクロソフト製品となったリンクトインを使っていることでしょう。

ビジネスパーソンの仕事に関する活動（メール、文書、仕事上のプロフィールなど）の多くでマイクロソフト製品が使用されるため、マイクロソフトは、リンクトインのプロフィールを仕事における中心的な「真の情報源」にできると考えています。[95]

第2に、リンクトインの4億3千3百万人のユーザーを獲得したことで[97]、マイクロソフトは「ソーシャルグラフ」と呼ばれる巨大なデータソースを手に入れ[98]、既存の企業向けサービスを向上させることができます。つまり、マイクロソフトはリンクトインのデータとプロファイルをＯｆｆｉｃｅアプリケーションなどのツールに組み込めるのです。たとえば、Ｏｕｔｌｏｏｋのカレンダーに、次に会う人

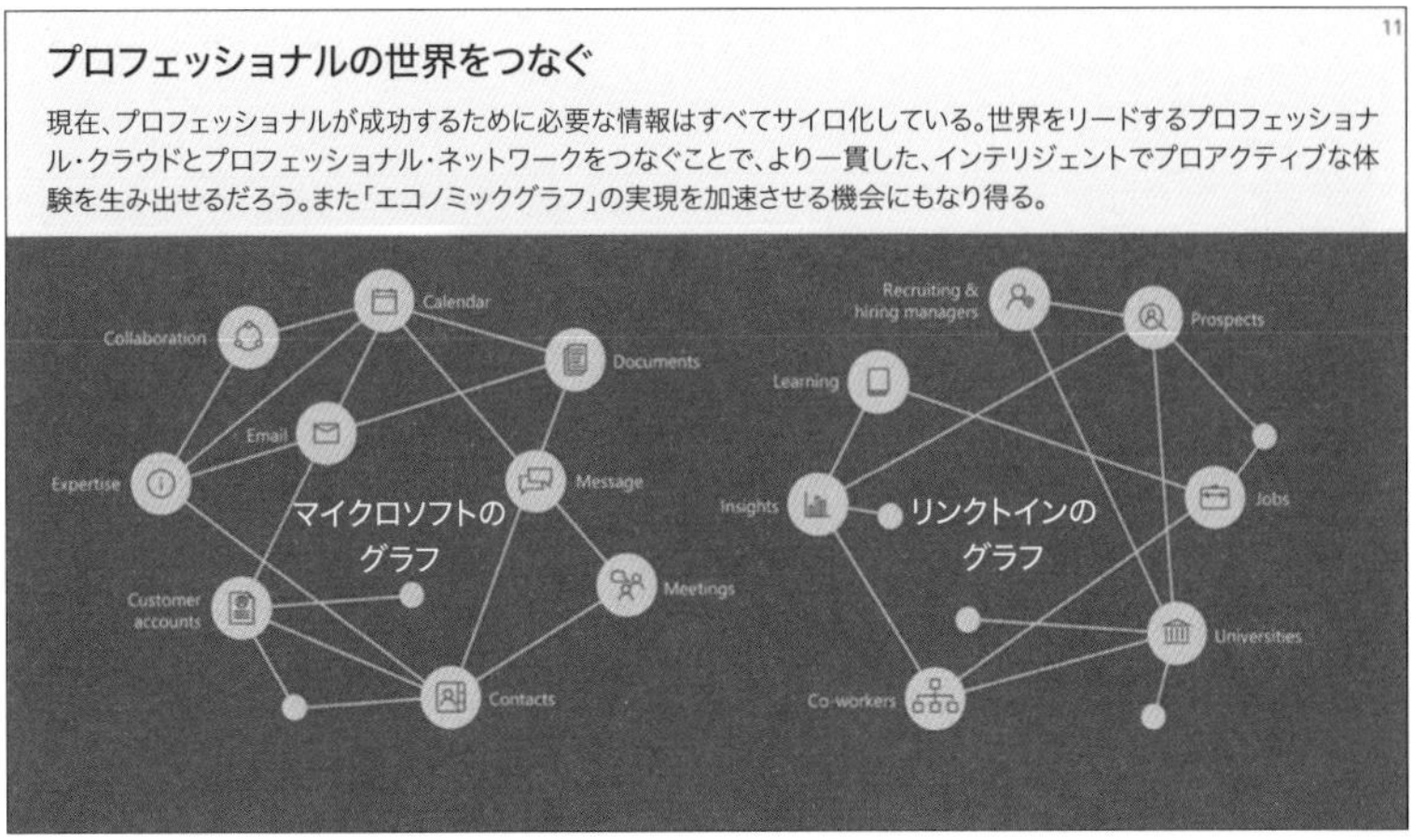

マイクロソフトは、電子メールやカレンダーなどのビジネスパースンに関するデータと、リンクトインのデータ（同僚との関係や過去の仕事リストなど）を組み合わせたいと考えている。このデータセットは「エコノミック・グラフ」と呼ばれる。
出典：マイクロソフト決算資料[102]

のリンクトインのプロフィールが表示され、Cortana（マイクロソフト版のSiriやAlexa）が、その人を感動させるためのヒントを教えてくれるようになるでしょう。マイクロソフトのCRMツール「ダイナミックCRM」を使っている営業担当者は、潜在顧客のリンクトインのプロフィールを利用して、自社製品の売り込み方のヒントを得られるでしょう。またOffice365は、リンクトインで企業の組織図を分析し、どのような人材を加える必要があるかを把握できるでしょう。[99]こうした独自データを活用することで、マイクロソフトは、セールスフォース（マイクロソフトのダイナミックCRMと競合するCRMツール[100]）やグーグルのGスイート（GoogleドライブやGメールを企業向けに提供するシステム[101]）などの競合と一線を画す機能を構築できるのです。

3つ目の理由は、防御的なものでした。マイクロソフトは、リンクトインの貴重なデータと巨大なユーザー層を、エンタープライズ領域における潜在的な競合企業から遠ざけたいと考えていました。セールスフォースはリンクトインに対して株式での買収を提案しましたが、マイクロソフトは、すべて現金での買収を提案して対抗しました（通常、株式よりも現金の方が魅力的です）。また、リンクトインの成長に役立つ、より多くの潜在的なシナジー効果を提案したのです[103]。リンクトインに埋蔵されたデータでダイナミックＣＲＭを強化することにより、マイクロソフトは突然、セールスフォースの優れたＣＲＭソリューションと互角に戦えるようになりました[104]（もしセールスフォースがリンクトインを手に入れていたら、マイクロソフトはさらに不利な立場に置かれていたでしょう）。

お金と人

これまで見てきたように、リンクトインの買収は、マイクロソフトがビジネス市場における地位固めのためでした。それに加えて、買収の際につねに影響するのが「お金」と「人」という２つの要素です。

お金の面では、リンクトインはマイクロソフトによる買収の１年前に小さな利益（７千百万ドル）を叩き出しており[105]、これはつねに歓迎すべきことです。リンクトインは、プレミアムサブスクリプション、広告、リクルーター向けツールと、上手に分散された収益源を持っているため、収益面での見通しは明るいでしょう。[106] その上、リンクトインは買収後も急成長を続けており、買収後10ヶ月で7千万人（15％）のユーザーを増やしました。[107] これらはすべて、マイクロソフトのさらなる収益につながるポジティブな兆候です。

また、人も非常に重要です。リンクトインの会長であるリード・ホフマンは、ペイパルの創業者でもあり、20年以上に渡ってスタートアップ企業に携わってきた人物です。シリコンバレー周辺で最も人脈が広く、最も好かれている人物の1人です。[108] ホフマンがマイクロソフトの取締役に就任した際には、「マイクロソフトがシリコンバレー周辺でより強いコネクションを築くのを手伝う」と言っていましたが、[109] これは長年シリコンバレーで不人気だったマイクロソフトにとって重要な資産です。[110]

さて、要約すると、なぜマイクロソフトはリンクトインを買収したのでしょう。様々な要因がありますが、裏に潜んでいる主題は、マイクロソフトがエンタープライズ分野で必要とされる支配力を維持し、リンクトインの貴重なビジネスとデータを敵対勢力から遠ざけるのに役立ったということです。

フェイスブックはなぜ、インスタグラムを買収したのか

12年、フェイスブックは話題の写真共有SNS「インスタグラム」を10億ドルで買収しました[111]。しかし、当時のインスタグラムは収益がゼロで、収益を上げる予定もありませんでした。それなのになぜ、フェイスブックは多額の費用をかけて買収したのでしょう[112]。

それは、「モバイル　写真」という2つの言葉に集約されます。

まず、モバイル。フェイスブックはデスクトップウェブ（ウェブブラウザなどの中に埋め込まれたデスクトップ環境）の会社としてスタートしましたが、12年には、モバイル端末市場が有望であることに気づき始めていました[113]。当時、フェイスブックのユーザーの半数はモバイル端末でログインしていましたが、フェイスブックはモバイルを収益化する方法をまったく理解していませんでした。フェイスブックのモバイルアプリやウェブサイトは、ゴチャゴチャしていてページの読み込み時間が長いと非難されていたのです[114]。フェイスブックは、モバイル企業になりたいと発表しましたが、その方法がよくわかっていませんでした[115]。

第2に、スマートフォンの普及に伴い、写真の撮影と共有がより簡単になり、写真共有がソーシャルメディアの次の大きな課題となりました。[116]フェイスブックは、テキストベースの近況報告の時代に設立されましたが、このことは明らかでした。[117]

インスタグラムは、スマートフォンの写真に焦点を当てた新しいソーシャルネットワークです。インスタグラムはすぐにヒットし、アンドロイドアプリは公開初日に百万人のユーザーを獲得しました。[118]モバイルユーザーは、フェイスブックよりもインスタグラムの写真共有機能を好んでいました。インスタグラムは、写真中心のすっきりとしたデザインで、フィルターも搭載されていたからです。[119]フェイスブックは、モバイル端末における写真共有ではインスタグラムが勝っていることを認識しており、[120]人々が写真を共有する方法としてインスタグラムが主流になるのではないかと懸念していました。[121]

そのため、フェイスブックはインスタグラムを百万ドルで買収し、たとえ自社の主力アプリがそうでなくても、モバイル写真の未来の支配を確かなものとしたのです。[122]グーグル[123]やツイッター[124]がインスタグラムを買収するという噂が流れていたため、フェイスブックがこのように断固とした態度で臨んだのも不思議はありません。

繰り返される勝利

12年当時、インスタグラムの買収が賢明な行動かは定かでなく、「ウェブバブル」の兆しと指摘するコメントもありました。[125]

しかし、その後、インスタグラムに買収される価値があったことは証明されています。12年に3千万人だったユーザー数は、18年には10億人以上に拡大し、成長を続けています。[126] さらに特筆すべきことに、元々は収益化戦略を持たなかったインスタグラムに対してフェイスブックがターゲティング広告の導入に成功し、インスタグラムの広告は現在、年間80億ドル以上の収益を上げているのです。[127]

またインスタグラムは、特に10代の若者の間でフェイスブックの成長を脅かし始めていたスナップチャットを16年に無力化する上でも役に立ちました。[128] 17年、インスタグラムはスナップチャットの最も有名な機能であるストーリーを真似することで[129]、スナップチャットを崩壊させ、アプリの成長を82%も減速させました。[130] インスタグラムがフェイスブックにとって価値ある資産である理由を、改めて証明したのです。

このように、タイム誌がインスタグラム買収を「史上最もスマートな買収の1つ」と呼んだのには何の不思議もないのです。[131]

フェイスブックはなぜ、ワッツアップを買収したのか

14年、フェイスブックは大人気のメッセンジャーアプリ、ワッツアップを１９０億ドルで買収し、話題となりました。これは当時のワッツアップの4億5千万人のユーザー1人当たり42ドルの価格で[132]、フェイスブックがインスタグラムに支払ったよりもはるかに高い金額です。しかしなぜフェイスブックは、多くの米国人が聞いたこともないような会社に[133]、しかもフェイスブックがすでに独自のメッセンジャーアプリを持っているのに、これほどの金額を投じたのでしょう。

第1の理由は、まさに米国がワッツアップを知らなかったからです。ワッツアップは、インターネット上でリアルタイムにテキストメッセージをやり取りできるという点で[134]、フェイスブックメッセンジャーとよく似ています。しかし、ワッツアップは、フェイスブックやフェイスブックメッセンジャーが弱い市場[135]、特にブラジル、インドネシア、南アフリカ[136]といった発展途上国で大きな存在感を示しています（興味深いことに、ワッツアップが普及していな

い唯一の主要市場は、ワッツアップが禁止されている中国と[137]、通信キャリアがSMSをデータよりもはるかに安く提供している米国です[138])。

フェイスブックはワッツアップを買収することで、賢明な防衛策を講じました。ワッツアップは、フェイスブックが苦手とする国々で強いため、フェイスブックは買収により国際的な存在感を高めることができたのです[139]。言い換えれば、ワッツアップはもはやライバルではありません。フェイスブックの主要なライバルを利用していた人たちがフェイスブックグループのユーザーになったのですから[140]……。

2つ目の理由は、データです。ワッツアップにより、フェイスブックは数百万人のユーザー（特に発展途上国のユーザー）の個人データを獲得でき、これはフェイスブックの広告やサービスのターゲット絞り込みに役立ちます[141]。もちろん、ターゲティング広告は、フェイスブックの収益につながるでしょう[142]。

3つ目の理由は、写真です。これは、インスタグラムのケースとよく似ています。写真の世界を支配することはフェイスブックの中核的な目標の1つであり[143]、ワッツアップを懸念する理由でした。ワッツアップのユーザーは、14年には1日に5億枚の写真を送信しており、この数はフェイスブックとインスタグラムの合計を上回っていました[144]。ワッツアップを買収することは、フェイスブックが写真分野での優位性を取り戻す賢明な方法だったのです。

識者は他にも多くの理由をあげていますが[145]、ここで最後に取り上げるのは、モバイル分野における優位性です。フェイスブックの広告収入の91％はモバイル経由であるため、これは特に重要です。[146] そのため、（ライバルであるアップルやグーグルとは異なり）独白のモバイルOSを持たないフェイスブックは、できるだけ多くの人気アプリをコントロールする必要があると考えたのです。[147] だからこそ、アンドロイドやｉＯＳでつねに最も人気のあるアプリの１つであるワッツアップを欲しがるのも当然と言えるでしょう。[148]

つまり、ワッツアップを買収することで、発展途上国、データ、モバイル、そして写真というフェイスブックの最大の穴を埋めることができたのです。ビジネス・インサイダーはワッツアップの買収を「フェイスブック史上において最高の買収である」と称賛しています。[149]

10 章

新興市場

これまで『ソフトウェアカンパニーの秘密』では、欧米のテック企業に焦点を当ててきました。ここからは、欧米のテック企業がどのように世界に進出しようとしているか、また新興市場のテック企業がどのように世界の舞台に躍り出ているかを探っていきましょう。

欧米のテック企業が、最も進出したい国とは

18年、フェイスブックは、米国とカナダでは横ばい成長となり、欧州ではもはや縮小し始めていることを発表しました。[1] フェイスブックの成長のほとんどは、インド、インドネシア、フィリピン[3]を筆頭とする発展途上国[2]からもたらされていたのです。

フェイスブックだけではありません。欧米の大手テック企業の多くは、欧米市場が飽和状態になり、成長の余地がなくなってきたことを実感しています。[5] そのため、フェイスブックに加えて、グーグル[6]、アマゾン[7]、ウーバー[8]などの大手企業が発展途上国に多額の投資をしていることは驚くにあたらないでしょう。ただ、世界には発展途上国がごまんとあります。そのうちどの国が、欧米のテック企業の参入に適しているのでしょう。

私たちは、中国、インド、東南アジア（ＳＥＡまたはＡＳＥＡＮ）、ラテンアメリカ（ＬａｔＡｍ）、アフリカという発展途上国の５つの主要地域は、それぞれが異なる段階にあると考えています。参入に「遅すぎる」から「早すぎる」までの順番で並べられるのです。

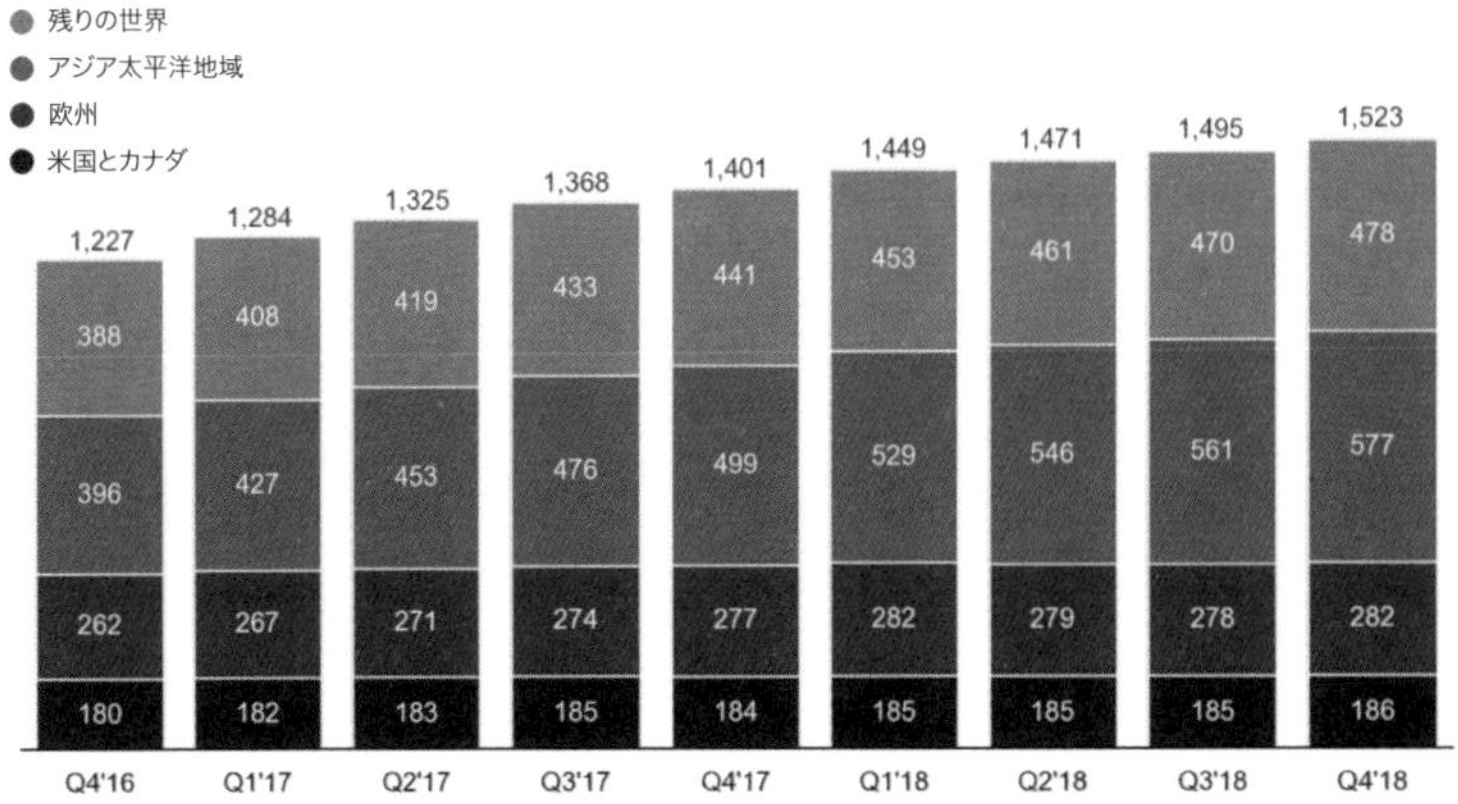

世界のフェイスブックのデイリーアクティブユーザー数。米国、カナダ、欧州におけるフェイスブックのユーザー数[4]の増加（下の棒グラフ）は、2018年に停止した。
出典：フェイスブック

開発途上国の各地域が、欧米のハイテク企業の参入にどの程度適しているかを示したモデル。中国への進出は遅く、アフリカへの進出は早い。順番があるのだ。

では、5つの地域について、なぜそのような評価をしたのかを見ていきましょう。

中国：壁に囲まれている

爆発的な経済成長を遂げ、世界で最も多くのインターネットユーザーを抱える中国への進出を、欧米のテック企業は長い間望んできました。[9] しかし、欧米のソフトウェア企業は控えめに言っても、中国では成功していません。その主な原因は、中国政府が情報の出入りを制限するために設置したインターネット上の制限、「グレート・ファイアウォール」にあります。グーグル、フェイスブック、ユーチューブ、ウィキペディアなど、欧米の主要ウェブサイトのほとんどがブロックされており、中国でユーザーを獲得しようとする試みは阻害されています。[10]

欧米のソフトウェア企業は、中国政府と取引してグレート・ファイアウォールを突破しようとしましたが、ほとんど効果がありませんでした。マーク・ザッカーバーグが何年もかけて工作したにもかかわらず、フェイスブックはいまだに中国ではブロックされています。[11] グーグルは2度にわたって中国語の検索エンジンを発表する計画を立てましたが、いずれも撤回しています。[12] また、ウーバーは中国に進出しようとしましたが、費用がかかりすぎると判断し、中国事業を地元のライバルであるディディ（滴滴出行）に売却しました。[13] 加えて、中国の法律ではテック企業がユーザーデータを政府に引き渡すことが義務付けられているため、[14]フェイスブック[15]やグーグル[16]は中国への再進出に消極的になっています。

欧米のソフトウェア企業がブロックされたままになりそうな大きな理由の1つは、グレート・ファイアウォールに守られた、中国の国産ハイテク企業が巨大化していることです。[17]これら企業の業績は絶好調で、18年、中国は世界最大のテック企業20社のうち9社を擁し、残り11社を擁する米国に次いで2位でした。[18]

これらの企業の多くは、米国の巨大企業を忠実に映し出しています。電子商取引大手のアリババは、中国のアマゾンのようなもの。[19]テンセントは世界最大のゲーム会社であり、[20]ソーシャルメディアアプリ「ウィーチャット」の生みの親でもあるため、[21]フェイスブックと似ています。バイドゥは、グーグルが残りの世界を席巻しているように、中国の検索市場を席巻しています。[22]自国のテック企業を外国との競争から隔離しておくことは、中国では明らかに効果があったので、おそらくこの状態を維持したいのでしょう。

しかし、ハードウェアは別です。アップルは中国で成功を収めています。ｉＰｈｏｎｅの販売台数は米国よりも中国の方が多いのです。[23]しかし、アップルの中国ビジネスに課題がないわけではありません。ｉＰｈｏｎｅと、中国のスマートフォンメーカーであるシャオミとの競争が激化しており、[24]米中の政治的緊張が販売に悪影響を及ぼしているからです。[25]

興味深いことに、フェイスブックは中国からのアクセスが遮断されているにもかかわらず、中国で収益を上げています。[26]フェイスブックの全世界の収益のうち、10分の1は中国からです。これは、中国企業がフェイスブックのインターナショナル顧客に広告を出すことに熱心であり、年間数十億ドルのフェイスブック広告を購入しているためです[27]。

このように、中国でのビジネスを成長させられた企業もありますが、インターネット企業が中国でユーザーを獲得するのはほぼ不可能であり、今後も不可能だと思われます。

インド：最優秀賞

欧米のテック企業は、中国での選択肢が限られる一方で、世界最大の民主主義国家であるインドに目を向けています。

インド人はスマートフォンが大好きです。インドのスマートフォンユーザー数は、米国の人口よりも多く[28]、国内に10億台以上のスマートフォンがあります[29]（インドにはトイレよりも多くのスマートフォンがあるのです！）[30]。インドでスマートフォンがこれほどまで人気なのは、00年代のスマートフォンブームが到来するまで、ほとんどのインド人がインターネットに触れていなかったためです。つまりインドはＰＣの時代を飛び越えてモバイルへ移行したのです[31]。

16年には、インドの通信事業者ジオが激安データを提供するプランを発表し、競合他社は1ギガバイトのデータ料金を平均4・5ドルからわずか15セントに引き下げざるを得なくなったことも追い風となりました[32]。これにより、インドのモバイル経済は成長に弾みがつき、元来、データ使用に保守的だったインドは、ワッツアップやユーチューブを熱心に利用する国へと変貌を遂げたのです[33]。

中国と異なり、インドは外国企業に対してかなりオープンです。欧米のテック企業に対抗する自国の大企業は存在しません。そのため、インドのスマートフォンを愛する数十億の人々の心をつかむべく、欧米のテック企業はインドに数十億ドルを投資しています[34]。

フェイスブックは09年以来、インド向けに中核アプリの「ライト」バージョンを用意しています[35]。14年にワッツアップを買収したのも、インドでのメッセンジャーサービスの人気を見込んでのことでした[36]。グーグルはグーグルＧｏ[37]と呼ばれる主力な検索製品の軽量版を17年に[38]発表し、同年には[40]インドに特化したモバイル決済アプリ「Ｔｅｚ」（現在のグーグルペイ[39]）を発表しました。また、アマゾンプライムも17年以降、インドで爆発的に成長しています[41]。

インドでアプリをリリースするには、単に欧米のアプリを再パッケージ化するだけではなく、市場に合わせてカスタマイズする必要があります。特にローカライゼーションは重要です[42]。インドには29の言語があり、百万人以上のネイティブスピーカーがいるため[43]、英語（あるいはヒンディー語）でアプリをリリースするだけでは十分ではありません。モバイル端末での入力が面倒なので、タイピングよりもタップを優先したり、データ使用量を減らしたり[44]、識字率の低いインドに合わせて記事を読み上げたりと[45]、欧米のアプリには他にも様々な工夫が施されています。

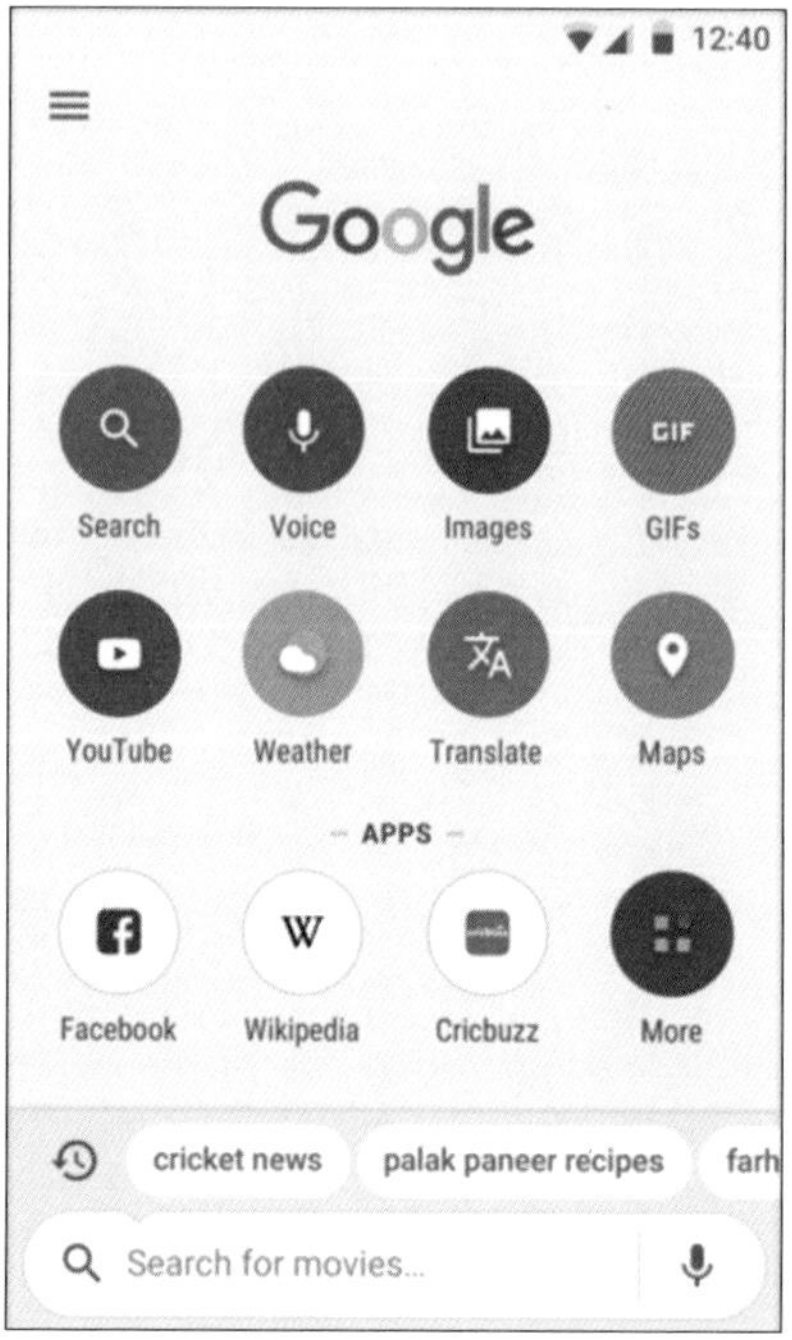

グーグルのインド特化アプリ「グーグルGo」。このアプリには、ウェブアプリへのリンクも含まれる。これは、インド人がウェブ検索よりも、アプリ（ワッツアップなど）に慣れているからだろう。
出典：マッシャブル[46]

欧米の大手企業によるインドへの驚くべき投資は、功を奏しているようです。フェイスブックのフラッグシップアプリのユーザー数は米国よりもインドの方が数百万人多く、[47] グーグルのAndroid OSは巨大なインドの携帯電話市場の70%以上を占めています。[48]

東南アジア：戦いは続く

中国やインドにおける戦いの輪郭はかなりはっきりしていますが、インドネシア、タイ、フィリピンを含む東南アジアは、予想がつきません。この地域はインドとの共通点が多く、[49] インターネット利用者数では世界第3位の市場であり、米国人（1日2時間）の2倍の時間

（1日4時間近く）をモバイル端末とともに過ごしています。[50]

東南アジアは中国の裏庭にあたるため、中国大手企業の多くが現地のスタートアップ企業を支援し始めています。一方で、欧米企業が参入できるほどオープンな地域です。そのため、西洋と東洋の大手企業にとって、東南アジアは一番の激戦区となっているのです。[51]

欧米のテック企業は、フェイスブックのソーシャルコマースや決済プラットフォームなど[52]、東南アジア向けのアプリをいくつかテストしています。ただし、その数はインドほど多くはありません。実際、グーグルの決済プラットフォーム「Ｔｅｚ」（現在のグーグルペイ[53]）やアンドロイドＧｏ[54]など、インドに特化したアプリのいくつかは、現在、東南アジアで発売されています（一般的なパターンとして、欧米企業にとってインドは発展途上国市場参入の青写真であり、製品は、インドで人気を博した後、東南アジアで展開されることが多いのです[55]）。

東南アジア市場において、欧米のテック企業にとってまたとないチャンスとなっているのがＥコマースです。東南アジアには実店舗数が少なく、1人当たりの小売スペースはなんと、米国の46分の1です[56]。シンガポールのラザダ[57]やインドネシアのトコペディア[58]など、現地のＥコマース新興企業が成功を収めているので、欧米企業はそれらを模倣したいと考えているでしょう。

若年層が多く、経済が成長していて、統治が比較的安定していて、未開発でも過開発でもない理想的な開発レベルの東南アジアは、国際的なテック企業の間で「ゲーム・オブ・スローンズ（架空世界において7王国が争うテレビドラマ）」のような戦いが繰り広げられることになりそうです。[59] またこの地域は、法律がまったく異なる国がパッチワークのように集っているため、（国全体で一貫した法律がある）インドのような統一された市場に比べると、勝者の座は少なく、今後もずっと混戦が続くと思われます。

ラテンアメリカ：新進気鋭

インドへの参入は昨日、東南アジアへの参入は今日がベストのタイミングですが、ラテンアメリカへの参入は明日がベストのタイミングだと思います。

欧米のテック企業は、この国であまり大きな成功を収めていませんが、しばらく前から注目してきました。たとえば、グーグルのソーシャルネットワークであるＯｒｋｕｔ（すでに開発を終了）は、08年[60]から12年[61]までブラジルで圧倒的なシェアを誇っていました。

しかし、その可能性は計り知れません。この地域のＧＤＰは中国とほぼ同じ規模であり、[62]利用者数ランキングでブラジルが4位、メキシコが9位など、[63]ラテンアメリカ諸国はインターネットの利用者が多いからです。

Ｏｒｋｕｔの話が示唆するように、ここではソーシャルメディアが大きな役割を果たしています。インターネットに接続しているブラジル人の97％がソーシャルメディアを利用していることから、[65] ブラジルは「ソーシャルメディアにおける世界の首都[64]」と呼ばれています。ラテンアメリカの若い世代の間ではスマートフォンや4G通信が急速に普及しており、[66] モバイル端末向けのソーシャルメディアが主流になる可能性があるでしょう。そして、アンドロイド[67]とワッツアップ[68]はすでに主流となっています。

ただし、ラテンアメリカでは、インターネットのインフラが整っていないことが大きな問題となっているため、今後、成長が鈍化する可能性もあります。[69]

アフリカ：まだ熟していない

最後に、欧米の大手テック企業が本格参入するほど、十分には発展していないと考えられているアフリカに目を向けてみましょう。[70] アフリカのインターネットインフラは、先進国に比べて4分の1の速度であると言われています。[71] アフリカでのインターネット普及率が世界平均のほぼ半分であることは、驚くにあたらないでしょう。[72] スマートフォンも、データプランも、一般的なアフリカ人には高すぎるのです。[73]

スマートフォンはまだ普及していませんが、アフリカでは、フィーチャーフォンが大きな存在となっています。[75] フィーチャーフォンで送金できる「Mペサ」は、人口5千万人のケニアにおいて1千8百万人以上のユーザーを抱えています。[76] インドのジオが作り、一部の

予想されるインターネットのトラフィック

地域別のIPv6のトラフィック（ペタバイト/月）、2017-2022

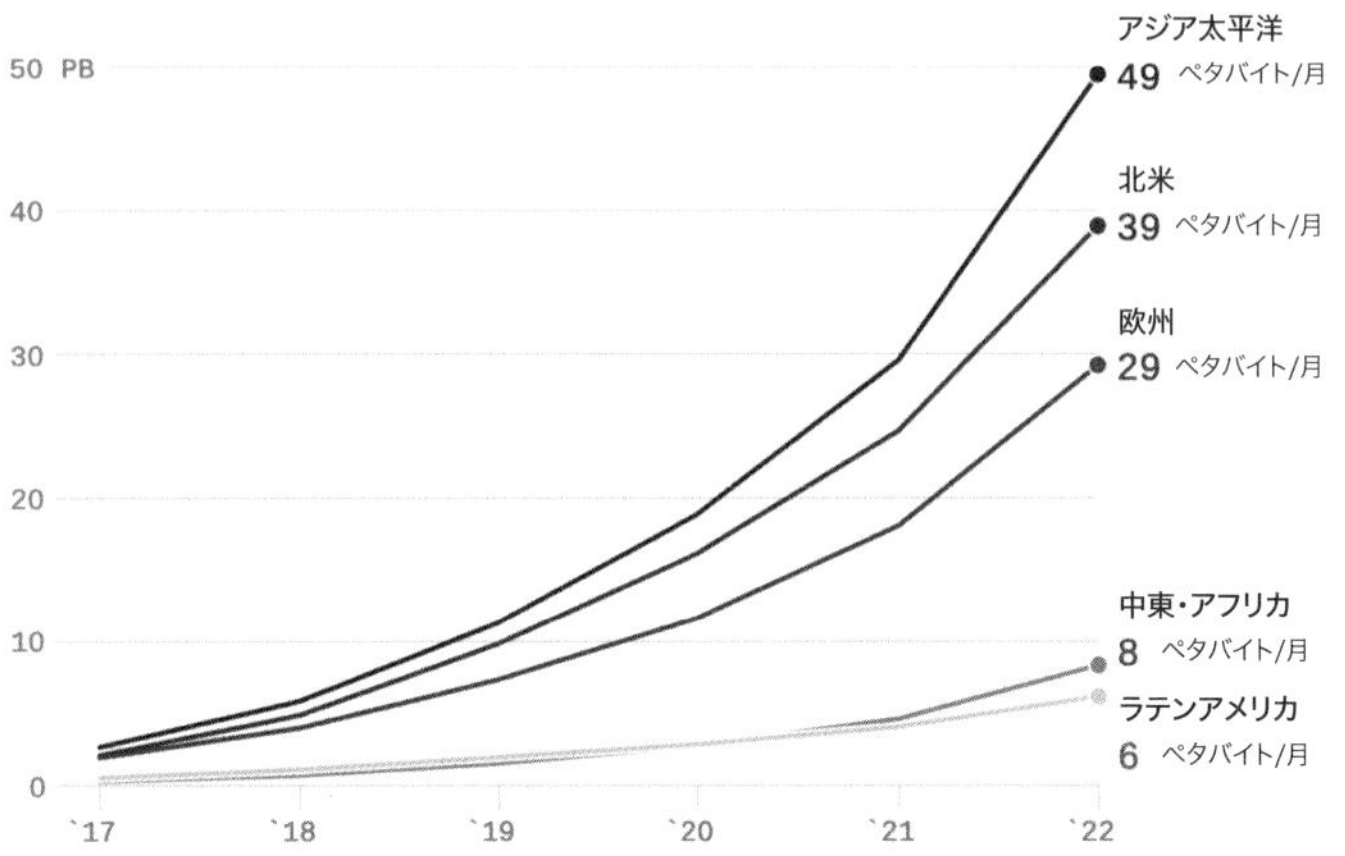

ラテンアメリカとアフリカのインターネットインフラは脆弱で、今後の成長に赤信号が灯っている。
出典：Axios[74]

フィーチャーフォンに搭載されているKaiOSは、アフリカではフィーチャーフォンがまだ大きく成長するだろうと考えています[77]。

インターネットのインフラが整備されていないため、欧米のソフトウェア企業は苦労しています。彼らの対応策は、インターネット接続への投資でした。フェイスブックは、「internet.org」（フリーベーシック）というプロジェクトで有名です。このプログラムでは、サハラ以南のアフリカの通信キャリアと提携し、アフリカ人にインターネットを無料で提供します。ただし、無料でアクセスできるのは、特定のウェブサイト（とりわけ、フェイスブックのアプリ！）に限られます。

賛成派は、アフリカの人々がインター

ネットを利用できるようになる素晴らしい方法だと考えていますが、反対派は、フェイスブックが不当に有利な条件を得る、相手を小馬鹿にした活動だと捉えています[78]（フェイスブックによる無料ネット接続サービス「フリーベーシック」は発展途上国で展開されていますが、その評価は分かれます。たとえば、インドではネットの中立性に反するとしてフリーベーシックを禁止しました[79]）。

ケニア人は、フィーチャーフォンでどのように支払っているのか

先ほど、アフリカのIT産業はあまり発達していないと言いました。しかしケニアでは、学費の支払いから、ローンの返済、家賃の支払いまで、フィーチャーフォンで済ませることができます。ケニアでは、モバイル決済が非常に普及しており、「世界で最もらしくないモバイル決済が普及している国」と称されています。[80] しかし、なぜそうなったのでしょう。

発展途上国の銀行の問題点

発展途上国でモバイルバンキングが普及した最大の理由は、多くの人が銀行口座を持っていないことです。発展途上国では、金融リテラシーに問題があり、多くの人が銀行口座を開設するのに必要な身分証明書を持っておらず、銀行のインフラも貧弱で、女性にはお金を扱う権限が与えられておらず、[81] 銀行がまったく信用されていないのです。[82]

このように、発展途上国を中心に世界では、20億人もの人々が当然のように銀行口座を持っていません。[83]

欧米では、何十年も前からクレジットカードやデビットカード、ＡＴＭなどが使われています。[84] しかし、これらのツールを使うには、銀行口座を持ち、銀行を信用し、銀行システムの操作方法を知っていなければなりません。そのような前提条件がないと、欧米の金融システムはうまく機能しないのです。

だからこそ、途上国では伝統的に現金での支払いが主流でした。[85] しかし現金には、盗みやすい、持ち歩きしにくい、小銭がないと取引に時間がかかる、不正があっても取り返しがつかないなどのデメリットもありました。

しかしその後、携帯電話が現れ、まったく新しい支払い方法が登場したのです。

Ｍペサ

07年、アフリカでフィーチャーフォンが普及し始めた頃、ケニアの通信キャリアであるサファリコムは、テキスト付きで送金できる「Ｍペサ」という送金サービスを開始しました。[86] ケニアでスタートしたこのアプリは、同国で信じられないほどの人気を博しています。ケニアの成人の３分の２がＭペサを利用しており、ケニアの国民総生産の４分の１がＭペサを経由しているのです。[87]
　Mペサは、ベンモからスマートフォン、インターネット、銀行口座を除いたものと考えられます。ベンモでは、銀行から自分の口座にお金を入れ、アプリを使って友人にお金を送り、銀行にお金を戻すことで「現金を引き出す」のです。一方、Mペサでは、Mペサの販売店（ケニアには6万5千店あり、通常はガソリンスタンドやコーナーストアに設置されています）で口座に現金を入れ、テキスト付きで友人に送金し、別の販売店で現金を引き出すことができます。[88]

ケニアにあるMペサの店舗では、Mペサ口座への現金の預け入れや引き出しができる。
出典：絵画送金サービスのワールドレミット（Flickr経由）[91]

　つまりMペサに必要なのは、携帯電話[89]（スマートフォンでなくても、フィーチャーフォンで十分です）と現金だけです。Mペサは、09年にサービスを開始したばかりのベンモよりも長い歴史を持っています。[90]
　Mペサは、都市部で働き、地方の村にお金を送りたかったケニア人の間ですぐにヒットしました。ケニア農村部の人は銀行口座を持っていないことがほとんどで、小切手や電信送金は機能しません。加えて、田舎に帰るにはお金がかかり、郵便インフラが粗悪なため、何を送っても失敗する可能性があり、何より現金を送るのはリスクが高いでしょう。

一方で、07年当時でも、ケニア人の半数以上は携帯電話を持っていました。そのため、Ｍペサを使うことで、労働者はようやく農村部の家族にお金を送れる手段を手に入れたのです。[92] Ｍペサが優れている証しに、Ｍペサを使い始めると、農村部の家計収入が５～30％増加したという調査結果も出ています。[93]

Ｍペサはその後、ローンや貯蓄、加盟店での支払いなど、サービスを拡充しています。これらすべてが銀行口座なしで利用できるのです。18年には、サファリコムはウェスタンユニオン（全世界約２００ヶ国に約50万の取扱店を有する、個人送金、企業支払、貿易業務の代行会社）と提携し、Ｍペサのユーザーによるウェスタンユニオンのユーザーへの送金、その逆ができるようになりました。これにより、ケニア人はＭペサ経由で、ウェスタンユニオンと取引している銀行の口座を持つドイツ人に送金できるようになったのです。[94]

３大陸で３千万人のユーザーを抱えるＭペサの将来は明るいでしょう。そしてＭペサは、非常にシンプルな技術でも、モバイル決済は大きく成長できることを示す前兆なのです。[95]

ウィーチャットはどのように、中国の「公式」アプリになったのか

米国では、レストランを探すのに「Ｇｏｏｇｌｅマップ」を使い、そこへ行くために「ウーバー」を使い、食事の支払いに「アップルペイ」を使い、レストランのレビューに「イェルプ」を使い、友人に伝えるために「フェイスブックメッセンジャー」を使うでしょう。中国では、テンセントのウィーチャットアプリを使って、これらすべてを行います[96]。実際、診察の予約からタクシーの手配、支払いまで、すべてウィーチャットで可能です。ウィーチャットはメッセンジャーアプリとしてスタートしましたが、その上に様々な機能を追加してきました[97]。９億人もの人々が利用しており[98]、中国の「公式」アプリと言われるほど[99]、欠かせないツールとなっています。

ウィーチャット以上に中国を席巻しているアプリは見当たりません。ウィーチャットはどのようにそれを実現したのでしょう。

ウィーチャットが成長した理由

ウィーチャットが中国の「スイスのアーミーナイフ」のようなアプリになった理由は、大きく分けて3つ考えられます。[100]

第1に、ウィーチャットは楽しい口コミ機能を作る方法を知っていました。10年に設立されて間もなく、ウィーチャットはスマートフォンを振ると、他のユーザーへランダムに連絡するようにしました。また、デジタルの「ボトルメッセージ」を書いて、別のウィーチャットユーザーへランダムに送信すると、そのユーザーが返事をくれる機能もありました。[101] これらの機能は、欧米の感覚からすると奇妙に思えるかもしれません。しかし、中国のユーザーはこれを気に入り、続々とウィーチャットを導入したのです。[102]

最も有名なのは、14年、中国古来からの伝統である「紅包」という風習をデジタル化した機能です。[103] 紅包では、旧正月などの特別な日に赤い封筒にお金を入れて送り合います。ウィーチャット上にはすでに友だちがいるため、中国人たちは好んで封筒を送りました。加えて、これは新しい人がウィーチャットに参加する大きなインセンティブになったのです（「このアプリでアカウントを取得すれば、あなたにお金を送れるよ」という呼びかけが失敗することはないでしょう[104]）。

さらに、ウィーチャットはこの機能をゲームにしました。ランダムな金額を友人に送れるのです。そのため、ユーザーはウィーチャットで送られてきた紅包を開けたくなります[105]。グループチャットにお金を送ると、最初にチャットを開いたメンバーだけがお金をもらえるというゲームもあります[106]。このゲームのおかげで、人々は自分のグループに送られてきた紅包を見逃すまいと、ウィーチャットを熱心にチェックするようになりました[107]。

素晴らしかったのは、紅包を送りたい人は、銀行口座をウィーチャットに紐付けなければならなかったことです。ウィーチャットペイと名付けられたウィーチャットの決済システムを使って、映画のチケットを買ったり、請求書を支払ったり、タクシーを拾ったりできるようになったのです[108]。紅包機能が開始されるやいなや、ウィーチャットペイのユーザー数は3千万人から1億人へと急増しました[109]。この機能のおかげで、ウィーチャットペイは、より長い歴史を持つ、競合決済システムのアリペイを追い抜くことができたとさえ言われています[110]。また、ウィーチャットペイの成長により、ウィーチャットは単なるメッセージャーアプリではなく、中国のあらゆるものに対応するアプリになる道を歩むことになったのです。

ウィーチャットが成功した2つ目の理由は単純で、「適切な時期に適切な場所にいた」ことです。ウィーチャットが公開される直前の10年、中国で販売されていたスマートフォンはわずか3千6百万台でしたが、わずか2年後には2億1千4百万台に達しました[111]。そしてそのとき、スマートフォンにいち早く進出したため、ウィーチャットはともに急成長できたのです。[112]

ウィーチャットが成長した3つ目の大きな理由は、中国政府との強固な関係構築により、海外のライバルを退けられたことです。中国政府はテンセントに対し、ユーザーデータの引き渡しや暗号化の不使用を要求しています。これは欧米企業が他国における反発を恐れてやりたがらないことです。[113] しかし、ウィーチャットは政府の言うことを聞くので、政府はフェイスブックメッセンジャーやワッツアップ、韓国のメッセーンジャーアプリ「ＬＩＮＥ」などの競合アプリを中国で禁止することで、ウィーチャットを支援したのです。[114]

両者の協力関係は非常に深く、中国政府は18年、ウィーチャットを中国の電子ＩＤシステムに統合すると発表しました。[115] このことは、政府がＩＤプログラムを成長させる上で役に立ち、ウィーチャットを必須のアプリにしました。政府との提携は、配当をもたらしたのです。

西洋の教訓

ウィーチャットは、中国の文化や法律に合わせて作られているためか、中国国外ではあまり利用されていません。しかし、欧米の多くのテクノロジーに影響を与えています。

最も重要なのは、ウィーチャットがメッセンジャーアプリをＯＳとして使用するという概念を生み出したことです。欧米では、アンドロイドやｉＯＳがＯＳであり、病院の予約を取ったり、お金を投資したりするには、アップルのアップストアやグーグルのプレイストアからアプリをインストールする必要があります。

しかし中国では、ウィーチャットがOSとなっています。ウィーチャットの「アカウント[117]」や「ミニプログラム[118]」を使えば、病院の予約や資産運用など[116]はすべてできます。1つのアプリですべて完結するので、他のアプリをインストールする必要はありません。欧米では、ウーバー、ベンモ、ペイパル、アマゾンなど、ほぼすべてのアプリに個別のアカウントを用意しなければなりませんが（しかも、それぞれのアプリにクレジットカード情報を再入力しなければなりません！）、ウィーチャットでは、すべてのアカウントやミニプログラムにおいてIDや支払い情報を使い回せるというメリットがあります[119]。

つまり、ウィーチャットが動作するのであれば、iPhoneであろうとアンドロイドであろうと関係ないのです[120]。これはアップルにとっても問題です。人々をiPhoneに夢中にさせる高品質のアプリやiOSはもはや重要ではなくなるからです。代わりに、シャオミのような中国のスマートフォンメーカーが、iPhoneと同様のハードウェアを提供するアンドロイドフォンを低価格で発売できます[121]。そうなると、中国ではiPhoneの唯一の特徴は、高級なステータスシンボルであることになってしまうでしょう[122]。

ウィーチャットは、フェイスブックにも影響を与えました。フェイスブックは、つねにOSをコントロールしたいと考えてきましたが、実際にはグーグルやアップルがアンドロイドやｉＯＳに設定したルールに従わなければなりませんでした。[123] そこでフェイスブックは、メッセンジャーを欧米のウィーチャットにしたいと考えるようになったのです。人々がすべてをメッセンジャー上で行えば、フェイスブックはアンドロイドやｉＯＳを気にすることなく、すべての体験をコントロールできるからです。フェイスブックが近年、決済[124]からゲーム[125]、企業向けチャットボット[126]まで、メッセンジャーに多くの機能を詰め込んでいるのはそのためでしょう。

　このように、ウィーチャットは全世界に影響を与えています。そして、世界中の人々がウィーチャットから学べるのです。

アジアではどのように、QRコードでほとんどの支払いを行っているのか

東アジアや東南アジアでは、至るところにQRコードがあり、屋台でもQRコードを読み取るとアリペイやウィーチャットペイで支払えるようになっている。
出典：WalktheChat（ツイッター経由[130]）

中国では、大道芸人に現金で支払うことはほとんどありません。どのようなものでも、スマートフォンでQRコード（白黒のタイルがゴチャゴチャした四角いもの）を読み取って支払います[127]。またQRコードを読み取ることで、物乞いにお金を恵んだり、結婚式の引き出物を作ったりできるのです[128]。シンガポールのフードコートでは、レジで支払う人よりもQRコードにスマートフォンをかざす人の方が多いこともあります[129]。

ではなぜ、アジアの多くの場所ではスマートフォンで支払えるのでしょう。そしてなぜ、QRコードなのでしょう。

ウィーチャットペイとアリペイ

中国の多くの地域では、もはや財布を持ち歩く必要はありません。レストラン、自転車シェアリング、モバイル通信サービス、さらには家賃の支払いまで、スマートフォンで事足りるようになっています[131]。その背景には、先に触れた巨大なモバイル決済サービスがあります。テンセントの「ウィーチャットペイ」は９億人以上、アリババの「アリペイ」は５億人以上のユーザーを抱えています[132]。

ウィーチャットペイやアリペイは、Ｍペサとは異なり、銀行口座や電話番号、公的な身分証明書が必要で[133]、スマートフォンを持っていないと決済できません。しかし、アフリカと違って、中国ではほとんどの人がスマートフォンを持っています[134]。

露天商から高級レストランまで、中国では誰もがＱＲコードでの支払いに対応しています。ウィーチャットやアリペイでコードをスキャンすれば、すぐに相手にお金を送れます[135]。ＱＲコードが普及した理由は、簡単に始められることにあります。誰でもＱＲコードを印刷でき、クレジットカードリーダーやキャッシュレジスターといった特殊なハードウェアを必要とせずに加盟店になれるのです。

ウィーチャットペイとアリペイは、これまでほとんどが中国国内に限定されていました。

しかし18年、ウィーチャットペイがマレーシアに進出しました。つまり、これらのアプリは今後も拡大していく可能性が高いのです[136]。

グラブ＆ゴジェック

東南アジアでもＱＲコード決済が普及しています。その理由を理解するには、まず現地のモバイル決済がどのように普及したかを理解する必要があります。

東南アジアの2大モバイル決済システムといえば、シンガポールのスタートアップ企業「グラブ」とインドネシアのスタートアップ企業「ゴジェック」です[137]（ちなみに、グラブはアリババ[138]の支援を受け、ゴジェックはテンセント[139]の支援を受けているため、東南アジアを席巻しているとはいえ、中国の決済大手とは競合していません）。

グラブとゴジェックはライドシェアの会社です。バイクを呼べるゴジェックは[140]、インドネシアを支配しています[141]。一方、グラブはウーバーのようにタクシーを呼ぶことができ（創業者たちは「アジアのウーバー」を作りたいと明確に考えていました[142]）、東南アジアの他の地域を支配しています。それ以外の点では、ほとんど似たようなアプリです[143]。

ライドシェアもいいのですが、これらの新興企業がこれほどまでに注目されているのは、何百万人ものユーザーが支払い情報をアプリに入力し、アプリのデジタルウォレットにお金を貯め始めたからです[144]。アプリにお金を貯めてもらうのには大きなハードルがありますが、巧みな紅包のプロモーションやライドシェアの支払いなどでお金を貯めてもらえれば、あとは何でも売り込めます。

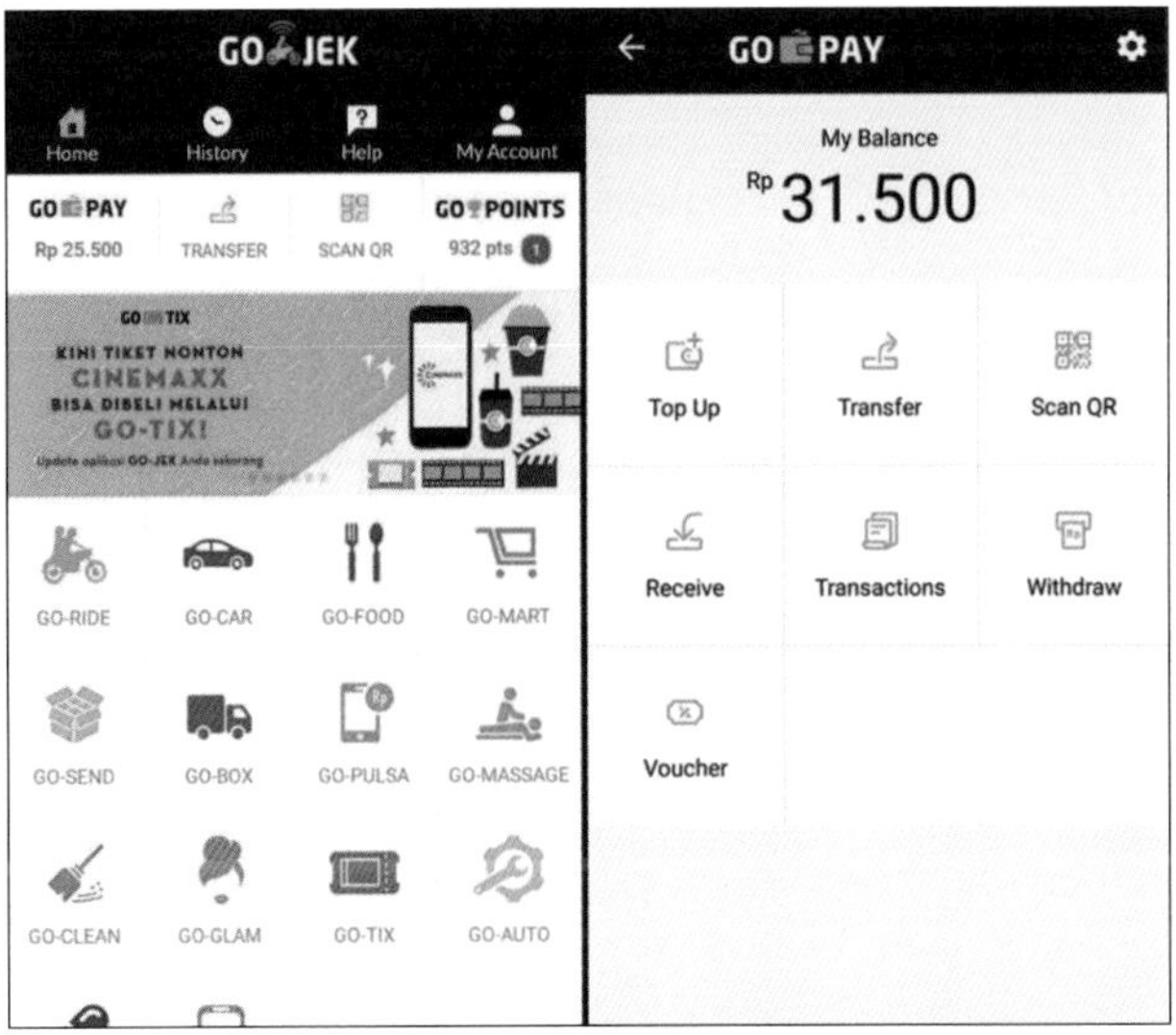

インドネシアのアプリ「ゴジェック」は、元々、バイクを呼ぶためのものだったが、友だちにお金を払ったり(GO-PAY)、化粧してもらったり(GO-GLAM)、家を掃除してもらったり(GO-CLEAN)と、その用途を広げている。
出典：Tech in Asia[147]

グラブとゴジェックはまさにそれを実践しています[145]。食べ物を買ったり、荷物を送ったり、薬を届けてもらったり、エアコンを修理してもらったり、洗濯してもらったり、マッサージを受けたりすることが、ゴジェックでできるようになっています[146]（これらの機能に共通しているのは何でしょう。それは、物を売っているということです。だからこそ、モバイル決済の設定が重要なのです。マッサージを受けるために、わざわざアプリで決済を設定することはないかもしれませんが、すでにアプリにお金が入っていれば、マッサージを受けたいという気持ちが高まります）。

もちろん、ＱＲコードを読み取って支払いをすることもできます。

グラブとゴジェックはとてつもない成功を収めています。たとえば、ウーバーは東南アジアに進出しようとしましたが、出し抜かれてグラブに事業を売却しなければなりませんでした[148]（「アジアのウーバー」を目指していた会社にしては悪くないでしょう！）。

しかし、東南アジアでの戦いはまだまだ白熱しています。ゴジェックとグラブは互いのホームグラウンドに、すなわちゴジェックはシンガポール[149]に、グラブはインドネシア[150]に進出しています。また、シンガポールのペイナウやシングテル・ダッシュ、マレーシアのレイザーペイ[151]、フィリピンのインスタペイ、ベトナムのＶＮペイ[152]など、地元の小規模な決済システムとも戦っています。

ペイティーエム（Ｐａｙｔｍ）

インドにおけるＱＲコードとモバイル決済は、中国や東南アジアほど進んでいませんが、モバイル決済のスタートアップ企業であるペイティーエムが徐々に筆頭に近づきつつあります。

ペイティーエムは、銀行口座（ウィーチャットペイのようなもの）や現金（Ｍペサのようなもの）からお金をチャージして、友人や企業に支払うことができるモバイル決済システムとしてスタートしました。16年、インド政府が5百ルピー紙幣と1千ルピー紙幣（当時の価値で、それぞれ約7ドルと14ドル）を「廃止」し、法定通貨ではなくしたことで、人々は新しい紙幣を手に入れなければならなくなりました[153]。これは、ペイティーエムを大きく後押ししました。インド人はキャッシュレス決済システムを試す理由が増え、ペイティーエムは一夜にして1億5千万人以上のユーザーを獲得するまでに成長したのです[154]。

しかし、グラブやゴジェックと同様に、ペイティーエムは次のウィーチャットになろうと決め、これまで以上に多くの機能を提供し、これまで以上に多くのものを売るようになっています。ペイティーエムでは現在、メッセージの送信、請求書払い、オンラインショッピング、ゲームなどのほか、「ミニプログラム」の利用[155]、そしてもちろんＱＲコード決済が可能になっているのです[156]。

要するに、モバイル決済がアジア各地で流行しているのは、巧妙なビジネスモデルの中核となっているからです。人々の決済情報を手に入れたら、次のウィーチャットを目指すことによりその国のＩＴ産業を完全に支配できるのです。

西洋と東洋のテック企業の戦略は、どのように違うのか

米国と中国のテック企業は発展途上国をめぐって戦争し[157]、中国と米国は人工知能[158]や通信技術[159]、さらにはインターネットの未来[160]を支配する「競争」をしていると広く考えられています。

しかし、両者が互いにコピーし合っているわけではありません。この章で見てきたように、西洋と東洋のテック企業はまったく別物です。しかし、具体的にはどのように異なり、それが各国のライバル関係にどのような影響を与えているのでしょう。

直接的と間接的

インドや東南アジアに住んでいれば、アプリを見たり使ったりした経験があるため、グーグルやフェイスブック、アマゾンといった欧米の巨大テック企業の名前を聞いたことがあるでしょう。一方で、アリババやテンセントといった中国の巨大企業については聞いたことが

ないかもしれません。しかし、これらの企業は、あなたの国で最も人気のある数多くのアプリを陰で支えているのです。

　このことからより大きな傾向が読み取れます。欧米企業が新興国市場に進出するとき、既存のアプリやビジネスモデルをそのまま持ち込みがちです[161]。新興国の人々は、欧米人と同じようにフェイスブックやｉＰｈｏｎｅ、ユーチューブを利用しています。欧米企業が新興国向けの製品をリリースしても、それはメインアプリのスピンオフに過ぎません。たとえば、グーグルがインド向けにグーグル検索とアンドロイドを微調整した「グーグルＧｏ」や「アンドロイドＧｏ」について考えてみましょう[162]。これらは、見た目や操作性こそオリジナルと多少異なりますが、中核部分は基本的には既存の構造に手を加えただけのものです。

　一方、中国企業は通常、中国製アプリの微調整版を他の市場に投入しません。代わりに、しばしば現地に合わせたアプリやビジネスモデルを構築している現地企業に出資するのです。たとえば、アリババは、アリババの名を冠したＥコマースサイトを中国国外に設置していません[163]。

　しかしアリババは、オンラインショッピングやモバイル決済、配送といったＥコマース関連の様々な企業の株式を購入しています[164]。インドのペイティーエム[165]、シンガポールのグラブ[166]、インドネシアのトコペディア[167]、パキスタンのダラズ[168]といった企業です。通常、アリババはこれらの新興企業に十分な資金を投じて、その企業の将来にある程度の影響力を確保しますが、アリババのブランドを全面に押し出すことはありません。

テンセントも似たようなことをしています。テンセントは、ウィーチャットを他の国に広めようとしていますが、通常は現地企業との密接なパートナーシップを通じて行っています。マレーシアやタイへ進出するため、テンセントは地元の配車サービスアプリ「イージータクシー」と提携し、ウィーチャットによるタクシー配車サービスを開始しました（ただし、マレーシアとタイのみです）[169]。また、シンガポールに進出するため、シンガポールのＥコマース・スタートアップ企業であるラザダと提携し、シンガポールのウィーチャットにラザダ専用の機能を追加しました[170]。

　アリババ同様、テンセントもインドネシアのゴジェック[171]、インドの配車サービスアプリであるオラ[172]、インドのファンタジースポーツ（自分の好きな選手を集めて架空のオリジナルチームを作るシュミレーションゲーム）アプリであるＤｒｅａｍ11など[173]、発展途上国のスタートアップ企業に幅広く投資しています。特にゲーム分野には積極的で、韓国、アイスランド、日本のゲーム会社に投資しており[174]、フォートナイトの運営企業への投資はとりわけ有名です[175]（これらの投資は、将来的にはウィーチャットに人を集める誘い水にもなり得るでしょう）。

　西洋と東洋の戦略の違いは、10年代半ばにアマゾンとアリババがＥコマース市場の覇権を争ったインドにおいて、最も明確に現れました。アマゾンが14年からインドでプライム自体を構築しようとしたのに対し、アリババは15年に現地のスタートアップ企業であるペイティーエムに出資したのです。[176]

なぜこのような違いがあるのか

こうしたアプローチの違いは、ビジネスモデルの違いに起因しています。欧米の企業は長い間、簡単に成長、つまりスケールアップできるビジネスモデルを作ることに注力してきました。グーグルやフェイスブックのように広告を売る場合でも、アップルのようにスマートフォンを売る場合でも、同じアプローチが世界中で通用します。なぜなら、世界中の全企業が広告を販売したいと考えており、世界中のほとんどの人々がスマートフォンを購入したいと考えているからです。つまり、欧米のアプリやビジネスモデルは、世界のどこでも同じように機能し、言語以外にはほとんど変更する必要がありません。[177]

一方、中国企業は、物理的なインフラが必ずしも整備されていない国で、優れた決済と配送を実現することで差別化を図っています。エコノミスト誌によれば、シンガポールで流通のエキスパートになっても、インドネシアの何千もの島々に商品を配送する方法は学べないそうです。理想的なソリューションは国ごとに異なるため、中国企業はその国の起業家にオーダーメイドの会社を作らせ、準備ができたらそれを購入するという方法を採る傾向が高いのです。[178]

どちらの戦略も明らかに機能します。たとえば、アマゾンがインドに進出したとき、すでに巨大な物流インフラ、決済システム、ブランド名、他社との関係性などが整備されていました[179]。一方、中国企業は、それぞれの国に合わせた製品やビジネスモデルを構築することで（当然ながら規模の拡大は困難ですが）、どこへ行っても有利なポジションを確保できます。

しかし、どちらの戦略にも弊害があります。米国のテック企業の製品やビジネスモデルは、ほとんどの国では優れているかもしれませんが、特定の国では完璧ではないかもしれません（グーグルがインドで「グーグルＧｏ」や「アンドロイドＧｏ」をリリースしたのは、標準的なグーグルアプリやアンドロイドがインドに完璧にフィットしていないことを示していたと考えられます[180]）。また、中国企業が支援するスタートアップ企業は、互いに競合することも多く、パッチワークのようになっています。アリババは、東南アジアのＥコマース企業であるトコペディア[181]とラザダ[182]を支援していますが、これらの企業は同地域の多くの国で競合しています[183]。

精神の交流

このように、どちらの戦略が良い、悪いではありません。実際、西洋と東洋の企業は、互いの作戦帳から戦略を借り始めています。ウォルマートは18年、たとえばインドにウォルマートの支店やそのオンラインデリバリーサービスを立ち上げる代わりに、インドの電子商取引大手であるフリップカートを買収しました[184]。典型的な東洋企業的動きとして、グーグルは、18年にインドネシアの配車サービス企業であるゴジェック[185]とインドのＥコマーススタートアップ企業であるＦｙｎｄへの投資を開始しました[186]。一方、アリババは同年に、グローバルで利用可能なクラウドコンピューティングサービスを複数発表し、アリババブランドの製品を中国国外で初めて発表したのです[187]。

　このように、東西間のいわゆる「テック戦争[188]」でどちらが勝利するかは明らかではありません。しかし、双方の企業が海外の競合企業からヒントを得ている兆候が見られるのです。

11章

技術政策

インターネットは、買い物をしたり、ニュースを読んだり、コミュニケーションを取ったり、調べ物をしたり、ビジネスしたりするための主要な手段となっています。そのため、テクノロジーの世界が、独占禁止法、言論の自由、プライバシーなどをめぐる長年の政策・法律上の議論に真っ向からぶつかってきたことは、驚くにあたりません。

本章では、こうした議論が政策論争に発展したいくつかのケースを取り上げ、各国政府がどのようにテック企業を規制し始めたかを探ってみたいと思います。どうぞ、ご期待ください。

コムキャストはなぜ、ユーザーの閲覧履歴を売れるのか

16年、通信やインターネットを規制する米国政府の部門である連邦通信委員会（ＦＣＣ）は、インターネットサービスプロバイダー（ＩＳＰ）が閲覧履歴を広告主に販売する前に、顧客の同意を得ることを義務付ける法令を発表しました。[1] しかし17年、議会はこの「ブロードバンド・プライバシー」規制を廃止する法案を可決しました。[2] つまり、17年の判決により、ＩＳＰはいつでも好きなときに好きなようにあなたの情報を売れるようになったのです。[3] 消費者保護団体は憤慨しました。[4]

しかし、これらのＩＳＰとは一体誰なのでしょう。彼らはあなたについてどんなデータを持っているのでしょうか。そして、そのデータを売ることの何が問題なのでしょう。その理由を考えてみましょう。

止まらない監視

Ｗｉ-Ｆｉでインターネットに接続したり、ケーブルテレビでテレビを見たりするときは、いわゆる「ブロードバンド」コンテンツを利用していることになります。[5] そのコンテンツを届けているのが、インターネットサービスプロバイダー（ＩＳＰ）と呼ばれる企業です。[6] 米国の大手ＩＳＰには、コムキャスト、ＡＴ＆Ｔ、ベライゾン、センチュリーリンク、コックス[7]、スペクトラム[8]などがあります。

これらを、ベライゾン、ＡＴ＆Ｔ、スプリント、Ｔモバイル[9]といった、４Ｇやモバイル通話を提供する通信キャリアと混同しないでください（ベライゾンとＡＴ＆Ｔは両方のリストに載っていることにご注意ください）。

ＩＳＰは、顧客と顧客が訪れるすべてのウェブサイトとの間に位置するため、すべての閲覧履歴を追跡できます。ＩＳＰは、こうした情報を年齢や居住地などの人口統計学データとともに、広告主に販売でき、広告主はデータを利用して、ターゲティング広告を出稿できるのです。[10] これはフェイスブックやグーグルが保有するのと比較にならないほどの情報の宝庫です。[11] プライバシー擁護団体によれば、ＩＳＰは、あなたのグーグル検索をハイジャックしたり、あなたが閲覧するウェブサイトに広告を挿入したりすることもできるそうです。[12] 特に悪名高い例に、ベライゾンの「スーパークッキー」があります。これは、ベライゾンがかつてすべてのモバイル端末にインストールしていた追跡装置で、オプトアウトする方法を提供せずに閲覧したすべてのウェブサイトを追跡していたのです[13]（ベライゾンはスーパークッキーを廃止しましたが、プライバシー擁護団体はスーパークッキーが復活する可能性もあると言っています[14]）。

独占のゲーム

もし、ＩＳＰがやっていることが気に入らないなら、大変です。相次ぐＭ＆Ａにより、国内の多くの地域でＩＳＰが独占状態になっているからです[15]。米国連邦通信委員会（ＦＣＣ）の推計によれば、米国の75％の家庭では、高速ＩＳＰの選択肢が0または1となっています。つまり、これらのＩＳＰは独占状態なのです[16]。そして、予想通り、独占状態はインターネット接続の速度低下と料金の上昇をもたらしています[17]。たとえば、ＡＴ＆Ｔはカリフォルニア州クパチーノで独占していますが、テキサス州オースティンではある別のＩＳＰと競合しています。その結果、ＡＴ＆Ｔはクパチーノの消費者にまったく同じ基本サービスを40ドル多く請求しているのです[18]。

しかし、通信事業は独占禁止法の規制が緩く、参入障壁が高いため、独占企業を解体したり規制したりするのは難しいようです[20]。インターネットを提供するための巨大なインフラを

高速インターネットでは競合が少ない

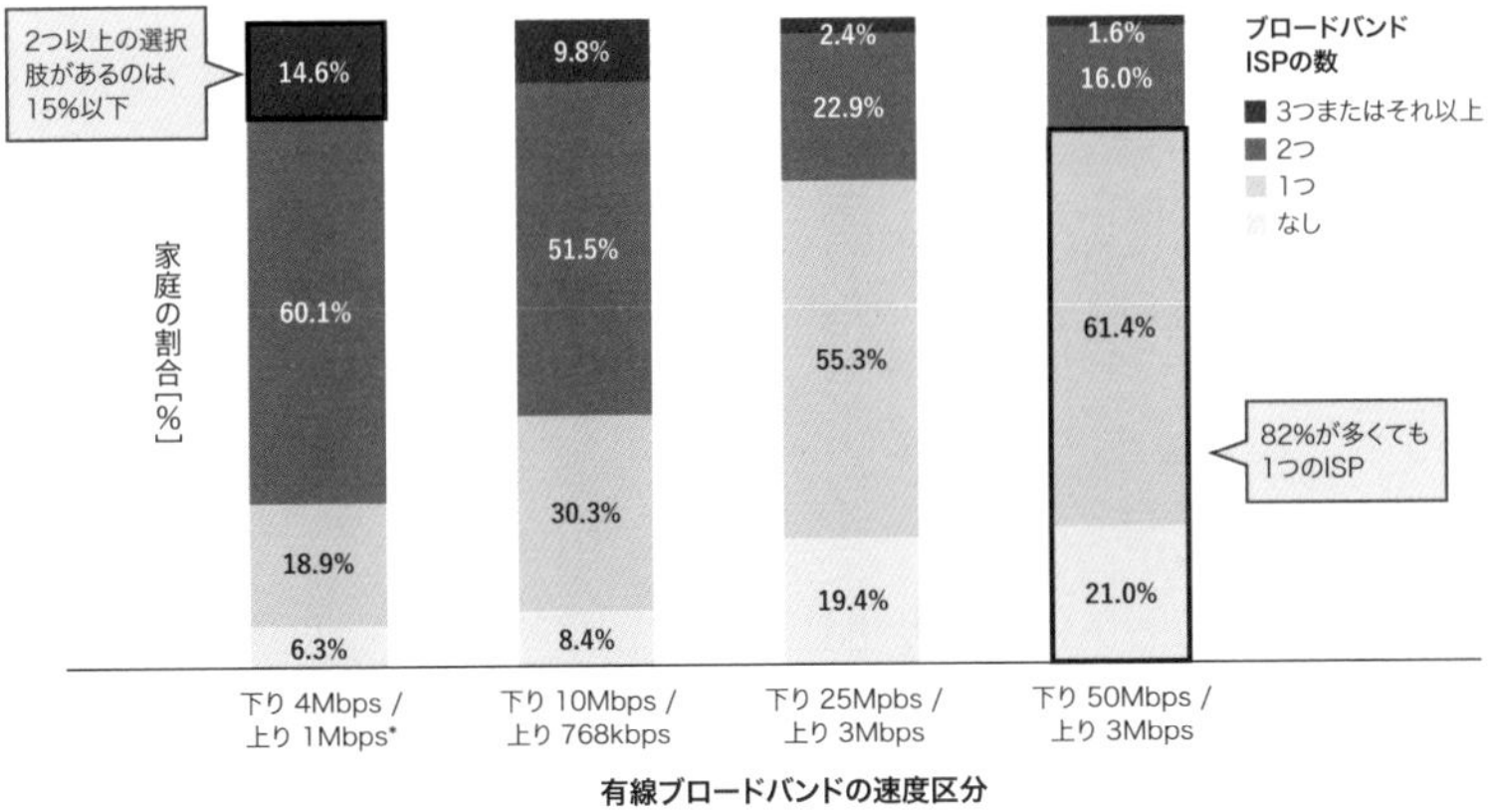

* これらのデータは、FCCが「上り 4Mpbs/下り 768 kbps」の最適な代用として使用する「上り 3Mpbs/下り768kbps」の速度を反映している。"FCC, Eighth Boadband Progress Report, FCC 12-90, 29(2010)"などを参照のこと。
出典：NTIA State Broadband initiative(Dec. 2013);FCC

米国人の4分の3以上は、25Mbps以上の高速インターネットを利用するためのISPの選択肢がゼロまたは1つしかない。これは、独占市場の厄介な兆候である。
出典：FCC[19]

構築することには、グーグルも苦労しているほどです。グーグルは「グーグル・ファイバー」という独自の超高速ISPを作ろうとしましたが、困難に直面し、17年に大幅に規模を縮小しました。[21]

ISPはほぼ独占的であるため、彼らの情報販売の習慣は消費者にとって特に危険です。もしISPがあなたの閲覧履歴を売っていても、それが気に入らなければ、運が悪いとしか言いようがありません。インターネットを完全に捨てる以外の選択肢しかほぼないのです。[22]

規制あり、あるいは規制なし

16年以前は、ISPがユーザーデータをマーケティング担当者に販売することに対する規制はほとんどありませんでした。[23] しかし16年、米国連邦通信委員会（ＦＣＣ）は、ＩＳＰが人々の閲覧履歴をマーケティング担当者に販売する際には、顧客から明確なオプトイン許可を得なければならないという規則を可決しました。[24] ブロードバンドのプライバシー擁護者たちは、この勝利を祝いました。[25]

　しかし17年、アジット・パイという新しいＦＣＣ委員長が権力を握ると、彼の支援を受けて議会がこのルールを廃止しました。[26] これにより、ＩＳＰは人々のデータを、本人の同意なしにマーケティング担当者に売り続けられるようになったのです。[27]

　消費者保護団体はこの判決を、ＩＳＰによる権力の掌握であり、消費者のプライバシーを侵害するものだと批判しました。[28] 一方、この判決を支持する人々は、データ販売規制がデータを利用して広告を配信することで何十億もの利益を得ているフェイスブックやグーグルには適用されないため、これは妥当な措置だと述べています。[29] 彼らは、グーグルやフェイスブックに対抗するには、ターゲティング広告の能力が必要なのだと言います。

　この戦いには終わりが見えません。しかし、幸いなことに、少なくとも1つの面白い結果が出ています。ＦＣＣがブロードバンドのプライバシー規則を撤回した後、テック系ニュースサイト「ＺＤＮｅｔ」は、新規則の制定に向けて戦ったＦＣＣ新委員長アジット・パイの閲覧履歴を見たいと、情報公開請求を行いました。するとＦＣＣは、情報を持っていないと答えたのです。[30]

無料のモバイルデータはどのように、消費者に悪影響を及ぼすのか

ヴァージンメディアがワッツアップ、フェイスブックメッセンジャー、ツイッターについて「データ無料」での利用を提供している。しかしこれは、消費者にとって本当に良いことなのか。
出典：ヴァージンメディア[31]

英国在住で、ヴァージンメディアを利用している方に朗報です。ワッツアップ、フェイスブックメッセンジャー、ツイッターのデータ使用料が無料になりました。

同様に、米国では、AT&Tを利用していれば、AT&Tのストリーミングサービス「ディレクTVナウ」を無料で利用できます。どれだけ動画を見てもデータ通信料がかからないのです。[32]

このように、特定アプリを使用するとデータ通信料にカウントされない仕組みは「ゼロレーティング」と呼ばれます。[33] メールも動画も見放題であることを嫌いな人はいないでしょう。しかし、ある大規模な調査によれば、ゼロレーティングは、消費者全体にとって、無線データ通信の料金を実際には高くしていることがわかりました。[34] なぜでしょう。

ゼロレーティングは、現在進行中のネットの中立性をめぐる政策論争の中で、最も有名かつ最先端のトピックの１つであることがわかっています。[35] ゼロレーティングについて説明する前に、まずはネットワーク中立性について説明しましょう。

ネットワーク中立性

ネットワーク中立性とは、簡単に言えば、ＩＳＰがすべてのデータを平等に扱うべきとする原則です。どのようなデータも優遇されるべきではなく、どのような映画やツイート、ＧＩＦデータも、他のデータよりも速く移動させたり、安く提供されたりするべきではないのです（そのデータが消費者にとって他のデータよりも魅力的になるからです[36]）。

基本的に、ＩＳＰはインターネットへのアクセスをコントロールしています。インターネット上で消費されるすべてのものは、ベライゾンやコムキャストといった企業を経由して流れていきます。このため、ＩＳＰは大きな力を有しています。ＩＳＰは、競合他社のデータを遅くすることなどにより、特定のアプリケーションやウェブサイトが有利になるようにできます。しかし、ＩＳＰが自分たちに最も多くの報酬を支払う企業に有利になるように競技の場を傾ければ、消費者にとっては大きな損失です。オープンなインターネット環境が失われ、イノベーションや競争が制限され、経済成長が鈍化してしまうでしょう。[37]

2013年1月以降、ネットフリックスのダウンロード速度の変化をISPごとに比較[%]

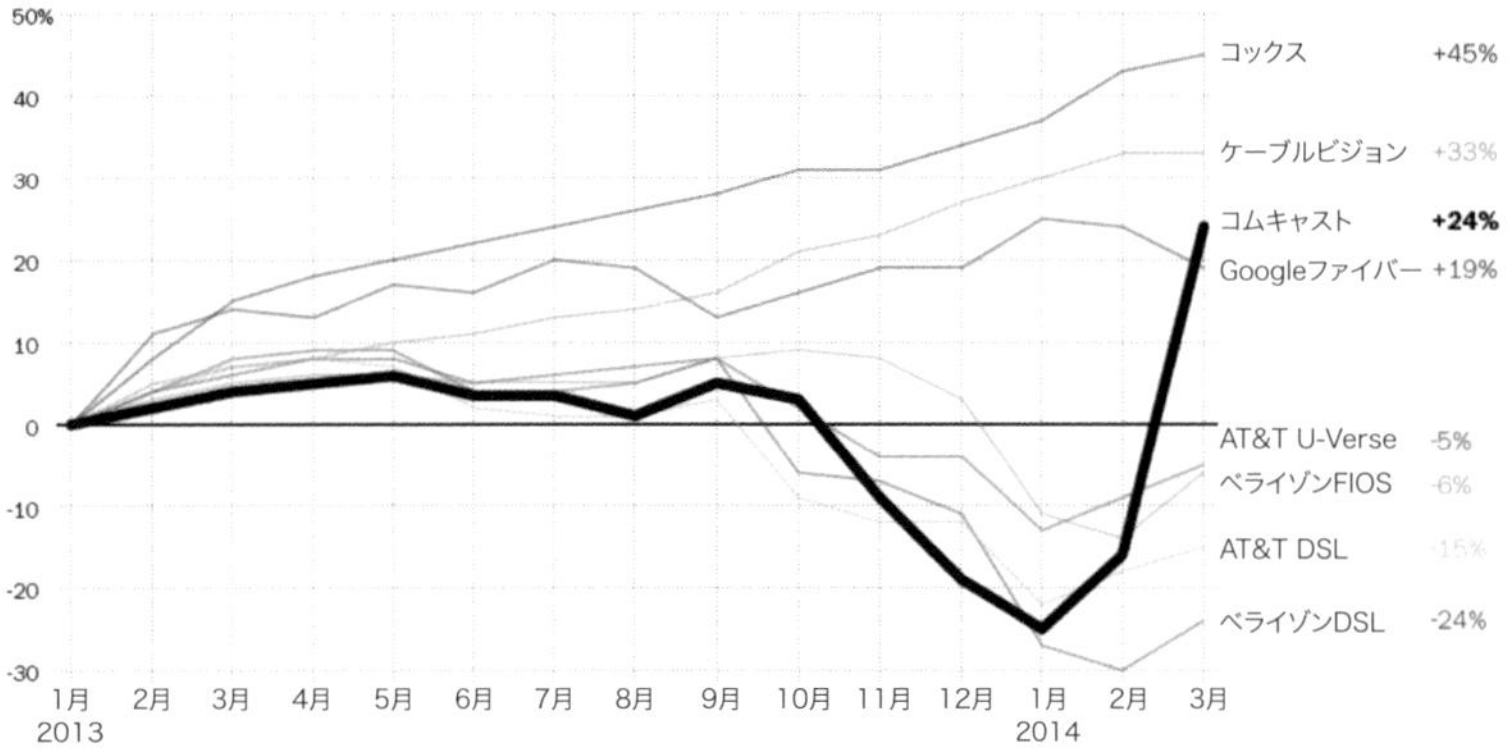

出典：ネットフリックス
グラフ：ワイントン・ポスト（2014年4月24日）

ネットフリックスは、14年1月に支払いを済ませるまで、コムキャストで急激な速度低下が見られ、その時点で速度[43]が急上昇したというスロットリングの事例がある。
出典：ネットフリックス
グラフ：ワシントン・ポスト（2014年4月24日）

ネットワーク中立性は具体的には、ＩＳＰがその力を不当に利用して利益を得ている３つの行為をやめさせようと呼びかけています。

１つ目は、ＩＳＰがネットワーク上のトラフィックを全面的に禁止する「ブロッキング」です。最も有名な例は、ＡＴ＆Ｔが、より高額なデータプランに加入しない顧客に対してＦａｃｅＴｉｍｅを禁止しようとしたことです[38]。これは、顧客にＡＴ＆Ｔへの支払いを強要する見え透いた手段でした。ＡＴ＆Ｔとの契約に縛られている顧客は、ＦａｃｅＴｉｍｅを使いたければアップグレードするしかありません。なぜなら、ＦａｃｅＴｉｍｅのデータはすべてＡＴ＆Ｔを経由するからです。

ウェブサイトを完全にブロックするのは非常にわかりやすいので、多くのＩＳＰはもっと巧妙な方法を好んでいます。「スロットリング」

です。スロットリングとは、ＩＳＰが特定のウェブサイト（多くの場合、競合他社のウェブサイト）のコンテンツ表示を遅くすることです[39]。13年から14年にかけて、コムキャストとベライゾンは、自社の動画配信サービスを強化するため[41]、ネットフリックスの動画表示を遅くしました[40]。その結果、ネットフリックスはコムキャストとベライゾンに料金を支払って停止させなければならなくなりました[42]。このように、コムキャストとベライゾンは、顧客に対する権力を利用して、自社製品を不当に有利にし、ネットフリックスから資金を搾取したのです。

３つ目は、ＩＳＰがウェブサイトと契約して、そのウェブサイトの情報を競合他社よりも速く送信する「有償の優先順位付け」です[44]。有償の優先順位付けは、有償の「ファストレーン」とも呼ばれ、近年、ブロッキングやスロットリングよりも一般的になってきています。ゼロレーティングは有償の優先順位付けの典型例ですが、なぜそれが消費者に悪影響を及ぼすのかを考えてみましょう。

ゼロレーティング

ゼロレーティングでは、ＩＳＰが消費者に特定のアプリケーションへのアクセスを無料で提供します[45]。多くの場合、アプリケーションの制作者から多額の料金を受け取るのと引き換えです。これにより、これらのアプリケーションは競合他社に対して大きなアドバンテージを持つことになります。データ料金が高くなるサービスとそうでないサービスでは、どちらを一気に視聴したいですか。

根本的な問題は、ゼロレーティングがスタートアップ企業に悪影響を与えることです。たとえば、ヴァージンメディアがワッツアップ、フェイスブックメッセンジャー、ツイッターへのアクセスを無料提供している例を考えてみましょう。これらのアプリを開発している巨大企業は、その特権のためにヴァージョンメディアにお金を払う余裕があるはずです。しかし、次の優れたメッセージャーアプリを開発しているスタートアップ企業には、そのような余裕はなく、金のある競合他社に比べて圧倒的に不利な立場に置かれるでしょう。従業員２００人の小さな動画サイトＶｉｍｅｏは、Ｔモバイルを所有するドイツテレコムとのゼロレーティング契約を継続する余裕がないと言っています。[46] ゼロレーティングは、言い換えれば、既得権益を持つ巨大企業を優遇することで、イノベーションを阻害するのです。[47]

さらに、ＩＳＰが無料での優遇を、競合他社よりも効果的な自社製品のプロモーションにつなげられる場合には、さらに事態が悪化します。ＡＴ＆Ｔが自社のビデオストリーミングサービスである「ディレクＴＶナウ」にゼロレーティングを適用しているのは、この典型例でしょう。このプログラムにより、ディレクＴＶナウは大きなアドバンテージを得て、ユーザーを囲い込み、競合他社を締め出しています。ＡＴ＆Ｔは、ディレクＴＶナウが競合他社を駆逐してしまえば、ゼロレーティングをやめて、他に行き場のない消費者に対して価格を引き上げられるでしょう。[48]

先に述べたように、エピセンター・ワークスという欧州の非営利団体が、欧州30カ国におけるゼロレーティングの調査を行ったところ、国がゼロレーティングを認めると、通信キャリアは料金を値上げしていました。ゼロレーティングを禁止した国では、モバイル通信プランの料金は確実に低下しましたが、ゼロレーティングを認めた国では料金の上昇が見られたのです。[49]

なぜでしょう。それは、通信キャリアがゼロレーティング契約に基づいて顧客を獲得できるようになると、料金やネットワーク品質の面で競争したり、改善したりする必要がなくなるからです。[50]

ネットワーク中立性の歴史

ここまでは、ネットワーク中立性がない世界の話ばかりでした。少なくとも米国では、ネットワーク中立性について波瀾万丈の過去があります。今世紀に入ってから数年間は義務付けられていましたが、ほとんど義務付けられていませんでした。

インターネットサービスの規制を担う米国連邦通信委員会（ＦＣＣ）は、02年までＩＳＰを規制せず、ブロッキング、スロットリング、有料の優先順位付け[52]などを禁止しないタイトルＩ[51]と呼ばれる緩い規定の下に置いていました。もちろん、タイトルＩは、ネットワーク中立性であると見なされません。

15年、ＦＣＣは、ブロッキング、スロットリング、有料の優先順位付け[53]を禁止する、より厳格なタイトルⅡに基づいてＩＳＰを規制するようになりました。言い換えれば、タイトルⅡはネットワーク中立性を強制するものです。ネットワーク中立性の支持者たちは大喜びしました[54]。しかしその後、17年にＦＣＣのアジット・パイ新委員長がＩＳＰをタイトルＩに再分類し、ネットワーク中立性を事実上破壊しました[55]。パイは、ネットワーク中立性を強制すれば、ＩＳＰによるスピード感のあるブロードバンド接続の拡充が遅れるため[56]、タイトルⅡは時代遅れだと主張したのです[57]。

しかし、パイは最も公正な意思決定者ではなかったのかもしれません。なぜなら、彼はかつてベライゾンの弁護士だったからです[58]。

英国の医師はいかに、自らの過失に関する検索結果を削除させたのか

14年、英国のある医師が、自らが過去に行った医療行為の失敗に関する新聞記事への50のリンクを削除するようグーグルに依頼しました。欧州の新しい法律により[59]、グーグルはこれに同意し、医師の名前をグーグルで検索した場合に表示される3つの検索結果へのリンクを削除しました[60]。

当然のことながら、一般の人々は憤慨しました。人々は、グーグルの検索結果に基づいて医師を選ぶことが多く、もし医療過誤の結果が表示されなければ、患者は情報に基づかない判断をして、健康を害する可能性があるからです[61]。なぜグーグルはこの要求に応じなければならなかったのでしょう。そしてこの傾向は良い方向に向かうものでしょうか、悪い方向に向かうものでしょうか。

忘れられる権利

不都合なリンクの削除をグーグルに強要する物語は、98年のスペインから始まります。その年、マリオ・コステハ・ゴンザレスという男性が借金をして、そのことを地元の新聞が報道しました。10年、彼はグーグルで自分の名前を検索すると、10年以上経っているにもかかわらず、自らの評判を落とす記事が表示されることに落胆しました。そこで彼は、グーグルに検索結果の削除を依頼したのです。これが訴訟に発展し、14年には欧州司法裁判所に達しました。そして、欧州連合ではプライバシーの権利には「忘れられる権利」が含まれるという判決が下されたのです[62]。

この法律では、EU加盟国においてグーグルで自分の名前を検索したときに自らに関する「不十分な、無関係な、またはもはや関連のない」情報を含むウェブサイトへのリンクが表示された場合、ユーザーはグーグルに対して、検索結果からそのウェブサイトを削除するように要望できます[63]。

ユーザーは、グーグルのウェブサイト上のフォームを使って削除を依頼できます[64]。すると、グーグルはそのページを維持するかを決めなければなりません。情報を隠すことでどれだけその人が助かるかと、その情報を知ることがどれだけ重要かを天秤にかけなければならないのです。[65] そしてグーグルが従わなかったり、ＥＵがグーグルの決定を良しとしなかったりした場合、ＥＵはグーグルに対して法的措置を取ることができます。[66]
　グーグルが特定用語の検索結果を検閲すると決めた場合、ページ上部に次のような通知が表示されます。

> 欧州のデータ保護法に基づき、一部の検索結果が削除されている可能性があります。[67]

「忘れられる権利」の法律は、何百万回も発動されています。グーグルは14年5月にテイクダウンリクエストの受付を開始し、1ヶ月の間に5万件の取り下げリクエストを受けました。[68] そして3年の間には、２００万以上のＵＲＬ削除を求められ、そのうち43％を削除したのです。[69] 検索結果からの削除対象となったウェブサイトには、フェイスブック、ユーチューブ、ツイッター、グーグルグループ、グーグル+、インスタグラムなどが含まれていました。[70]
　取り下げ要請のほとんどは、きわめて無害なものです。推定99％の取り下げ要請の目的は、罪のない人々の個人情報を守ることだけでした。[71] たとえば、性的暴行の生存者が、犯罪に関する新聞記事をグーグルに非表示にしてもらいました。[72] しかし中には、先に述べた医療過誤を行った英国医師や、自らの過去に関する不利な記事を隠したい政治家、自らの悪事に関する発言を削除したい有罪の犯罪者のように、より腹黒い要求もありました。[73]

ここで注意したいのは、忘れられる権利を行使しても、インターネット上から何かを完全に削除できないということです。グーグルが名前の検索結果から記事へのリンクを隠しても、そのリンクは他の検索で表示されます。[74] たとえば、英国人医師の場合、彼の名前で検索しても過失記事は表示されませんが、「英国人医師の過失」のように検索すれば表示されるかもしれません。そしてもちろん、その記事は元のサイトに存在します。さらに注目すべきは、この判決が適用されるのはグーグルの欧州の検索エンジンだけであることです。削除された検索結果は、Google.deやGoogle.frからは消えても、Google.comで検索した人は、たとえヨーロッパの人であっても、その結果を見られるのです。[75] しかし、フランスのデータ保護当局はこの抜け道に気付き、グーグルに世界中すべての検索エンジンから検索結果を削除するように命じました。[76]

許して忘れるか

この「忘れられる権利」法は言論や報道の自由を制限するものであるとして、世界中の評論家が激怒しました。[77] グーグルは、この判決を「検索エンジンやオンラインメディアすべてを失望させる判決」とし[78]、グーグルの共同創業者であるラリー・ペイジは、この判決がインターネットのスタートアップ企業を阻害する可能性があると警告しました[79]。また、専制的な政府がこの法律を先例として大量検閲を正当化するのではないかと危惧する声もありました[80]。さらに、冷静に考えれば、民間の検索エンジン企業が言論の自由を判断しなければならないのはおかしいという意見もあります[81]。

しかし、この法律の支持者は、「忘れられる権利」を個人の権利と呼んでいます[82]。プライバシー擁護派の中には、この法律を勝利と見なす人もいます[83]。また、この法律によって、若気の至りが永遠に人々を悩ませることがなくなるかもしれません。すべてがインターネット上に永久に記録されるこの世界では、許して忘れられるというのは、歓迎すべき変化です[84]。

とはいえ、この議論は価値観の問題に帰結するかもしれません[85]。米国人は言論の自由を何よりも大切にする傾向がありますが、ヨーロッパ人は一般にプライバシーの権利を重視します[86]。そのため、忘れられる権利に関する意見の違いは、この法律を巡る争いがすぐには忘れられないことを示唆しているのかもしれません。

米国政府はどのように、ゼロから数十億ドルの気象産業を生み出したか

83年以前、気温や竜巻などの気象データや予報は、１８７０年からデータを収集している米国政府機関の国立気象局（ＮＷＳ）だけが提供していました。[87] 83年、ＮＷＳはそのデータを第三者に提供するという前代未聞の行動に出ました。民間企業がＮＷＳのデータを購入し、自社の製品や予測に利用できるようになったのです。[88]

ＮＷＳが予想していたかは別にして、この単純な動きが民間の気象予測産業の創出に拍車をかけました。[89] アキュウェザー、ウェザーチャンネル、ウェザーアンダーグラウンドなどの大企業を含む気象産業は、現在約50億ドルの価値があると言われています。[90] つまり、米国政府はデータを公開するだけで、何もないところから50億ドルの産業を生み出したのです。

これは自然なパートナーシップだと思います。民間企業では、何百万回に及ぶ正確な気象観測に必要な衛星やレーダーを作ることはできませんが、政府はそのデータを提供できます。代わりに、気象会社は市民や企業に役立つ予報やツールを作成するのです。[91] たとえば、

アキュウェザーは、悪天候のリスクを正確に特定できるソフトウェアを構築し、鉄道のどの区間が被害を受けるかを把握できるようにしました。あるとき、アキュウェザーは、竜巻がカンザス州のある町を襲うことに気づき、その町の鉄道会社に警告を発しました。鉄道会社は町に向かう2本の列車を止め、「乗務員たちは、稲妻に照らされた巨大な竜巻が彼らの間を通り過ぎるのを見ていた」のです[92]。

オープンデータの世界へようこそ。オープンデータとは、政府などの機関がデータを公開することで、自由な再利用とコンピュータによる簡単な分析をできるようにするべきであるとする考え方です[93]。気象業界だけでなく、オープンデータは経済にも多大な影響を与えていて、今後も与える可能性があるでしょう。たとえば、83年、米国政府はＧＰＳデータを公開しました。そして今日では、トラックの運転手から精密農業（情報を駆使して作物生産にかかわるデータを取得・解析し、要因間の関係性を科学的に解明しながら意思決定を支援する営農戦略）まで、３００万以上の仕事がこのオープンなＧＰＳデータに依存しているのです[94]（自動運転車も同様です[95]）。

マッキンゼーはさらに、政府のオープンデータを活用することで、年間3兆ドルの経済活動が可能になると推定しています[96]。たとえば、交通機関のデータを公開すれば企業は最適な輸送ルートを見つけられますし、価格設定のデータを公開すれば企業は請負業者にいくら支払うかを決められます[97]。

また、オープンデータは社会にも大きなメリットをもたらします。オープンデータは、市民が政府に説明責任を果たすのにも役立ちます。たとえば、ジャーナリストチームは、ウクライナ政府が公開した政府購買データを利用して、ある病院が謎の会社からモップを1本75英国ポンドで50本購入したという、汚職の蔓延を突き止めました。[98] また、市民や企業が便利なアプリを作る際にも役立ちます。たとえば、13年にイェルプは、サンフランシスコとニューヨークの公開されたレストラン検査のスコアをアプリに統合し、レストランの衛生状態についての評価をユーザーが確認できるようにしました。[99] また、大規模なコスト削減につながることもあります。ある英国の研究者は、ある一連の公開データを使えば、英国の国民健康保険サービスのコストを数億ポンド削減できることを発見しました。[100]

オープンデータが大きな可能性を秘めているのは明らかです。では、どのようにしてデータを入手すればよいのでしょう。

オープンデータの政策と政治

残念ながら、魔法の杖を振って、政府にデータを公開させることはできません。多くの官僚は、テクノロジーの導入に時間がかかったり、自分たちの印象を悪くするような情報を公開することを躊躇したりします。[101] ただありがたいことに、多くの政府が率先して取り組み始めています。英国政府は13年に「オープンデータ憲章」に署名し、政府機関がデフォルトでデータを公開することを約束しました。[102]

米国も同様に、13年にオープンデータポリシーを制定し、すべての新しい機関のデータをdata.govというウェブサイトで公開することを義務付けました。[103] data.govには、大学の学費や農業、大企業に対する消費者からの苦情など、あらゆるデータが無料で掲載されています。[104] そして14年、米国政府は「デジタル・アカウンタビリティ・アンド・トランスペアレンシー法」（通称：DATA法[105]）により、すべての支出データをusaspending.govで公開することを義務付けました。サンフランシスコ[106]やボストン[107]などの都市もこれに追随し、独自のオープンデータポータルを作成しており、カナダ[108]や日本[109]などの国も同様です。

しかし、これらの政策が官僚の反発を受けないわけではありません。たとえば、英国の政府機関は当初、オープンデータが自分たちの利益になるという根拠がないため、データ公開に消極的でした。[110] また、オープンデータは政治的な態度の変化に非常に敏感です。英国は15年までに世界のオープンデータのリーダーとなりました。[111] 一方で、16年、オープンデータの支持者たちは、ブレグジットが英国の成長するオープンデータ文化を脅かすこと、緊縮財政によって政府機関がオープンデータの公開や維持に必要な資金を使わなくなることを恐れたのです。[112]

レベル	公開の状態（データ形式）
★	（どのような形式でも良いので）データをオープンライセンスでウェブ上に公開する
★★	データを構造化データとして公開する （例：表のスキャン画像の代わりにExcelデータ）
★★★	データをオープンフォーマットの構造化データとして公開する （例：Excelデータの代わりにCSVやXMLのデータ）
★★★★	オープンフォーマットの構造化データとして公開し、オープン標準やW3Cの勧告に基づき、他人がデータにリンクできるようにURLを使って物事を識別する
★★★★★	オープンフォーマットの構造化データとして公開し、URLを使って物事を識別し、自分のデータと他人のデータをリンクさせてコンテキストを提供する

インターネットの生みの親であるティム・バーナーズ＝リー卿は、この表に示されているように、オープンデータには5つのレベルがあると主張している。政府は、可能な限り最高レベルに到達することを目指すべきだ。
出典：英国議会[113]

オープンデータを巡っては、政策面でも議論があります。政府は何でもかんでも公開すればいいわけではなく、公開するデータがプライバシーや国家の安全保障を損なわないようにしなければなりません[114]。また、公開したデータが意図せずして市民を傷つけてしまうこともあります。たとえば、02年に制定された「米国投票支援法」では、全50州とワシントンDCに対し、登録されているすべての有権者[115]の氏名、年齢、住所[116]などの情報を含む中央データベースの維持を義務付けています。多くの州では、このデータを住民に販売し始めました[117]。政治家[118]や研究者[119]は、この情報に特に価値を見出しています。しかし、本書著者の一人であるニールは、公的な有権者名簿とエアビーアンドビーの掲載情報を組み合わせれば、犯罪者が何百万人ものホストの正確な氏名と住所を把握できることを実際に確認しています[120]。政府は、どのような個人データを公開するかを決める際には、より慎重になる必要があるでしょう。

　要するに、オープンデータは非常に大きな可能性を秘めており、政府が公開するデータの範囲を拡大せるる理由は十分にあります。しかし、政策立案者は、企業や市民と協力して、プライバシーやセキュリティの問題に取り組む必要があるのです[121]。

データ漏洩の責任はどのように、問われるのか

企業がミスを犯して人々に損害を与えた場合、通常、企業は責任を問われます。10年にブリティッシュ・ペトロリアム（ＢＰ）の石油掘削施設「ディープウォーター・ホライズン」がメキシコ湾で爆発し、周辺の環境に甚大な被害を与えた際、ＢＰは米国政府に１８７億ドルの違約金を支払わなければなりませんでした。[122] また、米国のエンロンが不正行為により経営破綻した際には、損失を被った株主に対して72億ドルの和解金を支払わなければなりませんでした。[123]

企業は、データ漏洩という新たな脅威に直面し始めました。たとえば、16年にハッカーが10億人のヤフーユーザーの氏名、メールアドレス、誕生日、電話番号を流出させました。[124] また17年には、ハッカーが米国の信用調査機関であるエキファックスを攻撃し、米国成人人口の半分以上に当たる１億４千３百万人のユーザーの社会保障番号を盗み出しました。[125]

問題は何でしょう。ＢＰやエンロンと違って、データ漏洩を起こした企業が罰せられるこ

とはほとんどなく、影響を受けた消費者が補償を受けることもほとんどありません。たとえば、健康保険大手のアンセムがハッキングされ、８千万件のアカウント情報が流出した後、顧客は集団訴訟を起こしましたが、１人当たりの賠償額は１ドルに満たなかったそうです[126]。エキファックスの情報漏洩の後、ある不満を持った専門家はこう言いました。

> 企業がこうした事態を遺憾に思っていることは疑いませんが、それほど気にしているとも思えません。企業にとっては、数日間の悪評と、せいぜい利益のごく一部に相当する罰金が科せられるだけです。そのような罰則で、なぜ企業はわざわざ改善しようとするのでしょうか[127]。

専門家の間では、データ漏洩に対する企業の責任を強化することが求められています[128]。そして、少なくともいくつかの国ではそれが実現し始めています。16年、ＥＵは「一般データ保護規則（ＧＤＰＲ）」という画期的な法律を作りました[129]。この法律では、データを侵害された企業は、最大２千万ユーロまたは年間売上高の４％のいずれか多い方の罰金を支払わなければなりません[130]。英国でも同様の法律として「データ保護法」が制定されており、企業は顧客データを「安全かつ確実に」「絶対に必要な期間を超えないように」保管することが求められています[131]。

一方、米国では、データ保護とプライバシーに関する法律が非常に緩やかです。[132] 議会は、データ保護を推進するルールをいくつか作ってはいるものの、あまり進んでいません。たとえば、14年に議会が提案した「データ漏洩・通知法」は、情報漏洩後の顧客への通知、情報漏洩の影響を受けた顧客への無料クレジットモニタリングの提供、大規模な情報漏洩の政府への報告などを企業に義務付けるものです。[133] しかし、この法案は採決にすら至りませんでした。[134] ただ、これは始まりです。

データ保護法は、国により、特に米国とEUの間で大きく異なります。専門家は「大西洋横断データ憲章」を提唱しています。これは、米国と欧州の規制当局が企業に対してどのようにデータを保存、共有、保護すべきかの共通方針を定めるものです。[135] 残念ながら、これまでの米国とEUの話し合いは、意見の相違が大きいために、行き詰まっています。[136]

しかし、もし大西洋の両岸が最終的に合意できれば、グローバル企業は、複数の、しばしば矛盾するデータ保護法に従わなければならないという混乱や手間から解放されることになります。[137] この大西洋横断データ憲章は、特に中小企業にとって有益なものとなるでしょう。一般に、巨大企業は負担の大きな多くのデータ保護法に対処するために弁護士軍団を簡単に雇えますが、そのようなリソースを持たないスタートアップ企業は運が悪いと言わざるを得ません。

データ保護法の普及に伴い、データ漏洩保険を提供する保険会社も出てきています。[138] 通常の健康保険や自動車保険と同様に、企業は毎年少額の保険料を支払い、その代わりに、壊滅的なデータ漏洩が起きた場合には保険会社が費用を負担するというものです[139]。

さて、話を元に戻しますが、データ漏洩が発生したとき、企業はどのように責任を負うのでしょう。政策立案者は、欧州で見られるような厳しい罰則を認めたり、強制したりすることもできます。また、機密データを保有する企業に何らかのデータ保険を義務付けることもできます。しかし、そうならない限り、米国の消費者データは危険にさらされ続けるでしょう。

12章

今後の動向

テクノロジーほど変化のスピードが速い分野はありません。未来を見通すことはできませんが、いくつかの新進気鋭のテクノロジーのベールをはがし、数年後の世界がどうなっているかを示すことはできます。この最終章では、未来に向けて何ができるのかを考えてみたいと思います。

自動運転車の未来はどうなるのか

渋滞のない世界を想像してみてください。安定した車の流れが高速道路を駆け抜けます。[1]そうなれば、事故は今よりも90％減り、[2]巨大な駐車場も必要なくなり、[3]通勤時間には座って食事をしたり、昼寝をしたりできるようになるでしょう。[4]

これはもちろん、自動運転車が交通手段の主流になったときの世界像です。15年にグーグルがカリフォルニア州マウンテンビューの路上で自動運転車のプロトタイプのテストを開始して以来、[5]この自律走行車（AV）は人々の想像力をかきたててきました。

では、自動運転車によって何が起こるのでしょうか。

ボンネットの中に

まずは、自動運転車の仕組みを探ってみましょう。自動運転車に必要なのは、周囲の情報と、その中をどのように移動するかという戦略の２つです。[6]

自動運転車には、車がどこにいるのか、周囲に何があるのかを理解するために膨大なセンサーとデータが搭載されています。自動運転車は、ＧＰＳ[7]や「慣性航法システム」[8]と呼ばれる速度計のようなセンサー、地図などを使って、自分がどこにいるのかを把握します。[9]

グーグルの関連会社であるワイモが作った自動運転車のプロトタイプ。
出典：ウィキメディア[12]

自分がどこにいるのかを把握した後は、車や歩行者、道路標識など、周囲の状況を正確にモデル化する必要があります。[10]このモデルを構築するために、車はまず地図を使って地形を把握します。単なるＧｏｏｇｌｅマップではありません。この地図では、縁石の高さや道路標識の位置などがインチ単位で正確に表示されます。[11]

そして、道路上の物体を把握するために、車の上部に取り付けられたＬＩＤＡＲと呼ばれる回転するレーザーを使って、周囲の３６０度モデルを作成します。しかし、ＬＩＤＡＲは周囲に障害物があることを教えてくれるだけで、障害物を見分けることはできません。そのため、車に搭載されたカメラを使用します。[13]最終的には、周囲の景色や物を含めた３Ｄモデルを構築するのです。[14]

その上で、車は走行戦略を立てる必要があります。現在の速度と位置を元に、車線変更、カーブ、加速など、目的地に近づく上で可能な行動、つまり「ショートレンジプラン」を大量に計算します。そして、障害物に近づきすぎるプランを削除し、残ったプランを安全性とスピードでランク付けします。最適なプランを選ぶと、その指示を車輪やブレーキ、アクセルに送り、車を走らせます。これらの計算はすべて50ミリ秒以内に行われるのです。[15]

学習する車

ここで注意したいのは、車にすべての運転ルールを教えることは不可能だということです。「青は進め」といった基本的なルールを教え込むことはできますが、すべてのルールを教え込むことはできません。なぜなら、車が遭遇する可能性のある特殊な状況があまりにも多すぎるからです（小雨の降る3車線の高速道路で、時速43フィートで走る14フィートの車が合流しようとしている場合など）。

代わりに、開発者はパターン認識により、車に運転を学ぶ方法を教えます。たとえば、自転車が左腕を伸ばすと、90％の確率で左折することに気付いたとします。そうすると車は、左腕は自転車の左折信号だと推測し、今後それを見たら減速するようになります。このようにして、車は人間に指示されることなく、自転車を避ける方法を学習していくのです（車は自転車が何であるのかさえ知らないかもしれません)[16]。これは機械学習の最も単純な例であり、観察されたパターンに基づいてコンピュータが予測を行っています[17]。

タクシー対ポッド

自動運転車の技術は進歩しており、主流になるのは時間の問題です。自動運転車が最初に主流になる方法については、「タクシー」ビジョンと「ポッド」ビジョンという2つの競合するビジョンがあり、それぞれの分野で複数の企業がしのぎを削っています。「タクシー」分野の企業は、自動運転車が進むべき道はウーバーのようなものだと考えています。電気自動車の自動運転車の群れが街中をノンストップで巡回し、乗客を乗せて移動し、駐車場にも立ち寄りません。誰もが自動運転車に乗っていて、自分の車を持っている人はいません[18]。

この分野では、ウーバーのようなライドシェア企業が自動運転タクシーの開発に力を入れています[19]。リフトはワイモと提携し、ライドシェア・ネットワークの構築と自動車を動かす技術の開発という両社のコアな才能を融合させ、自律走行タクシーの発売を目指しています[20]。また、ワイモは18年にフェニックスで「ワイモ・ワン」という独自の自律走行タクシーサービスを開始しています[21]。

従来の自動車メーカーもこの分野で競争しており、その多くがソフトウェアのスタートアップ企業と提携し、必要となる自動運転機能を自社の車に持たせようとしています。フォードは17年に自動運転ソフトウェアのスタートアップ企業「アルゴＡＩ」に10億ドルを投資し[22]、その前年にはＧＭが「クルーズ・オートメーション」という同様のスタートアップ企業を買収しています[23]。

自動運転タクシーの世界は、自動運転技術だけでは勝てません。たとえばワイモ・ワンは、グーグルとの提携のおかげで圧倒的なアドバンテージを有しています。Ｇｏｏｇｌｅマップにはライドシェアのタブがあり、ウーバーやリフトなどのローカルアプリの料金をユーザーに表示しています[24]。このタブでワイモ・ワンを宣伝し、ライバルのアプリを排除することで、ウーバーやリフトから利用者を引き離すことができるのです。Ｇｏｏｇｌｅマップの利用者10億人[25]のうち、ほんのわずかでもワイモ・ワンに移れば、ウーバーとリフトにとっては深刻な問題となるでしょう。また理論的には、ＧｏｏｇｌｅマップＡＰＩ（思い起こせば、ウーバーとリフトのアプリが多用しています）へのアクセスを制限することで、ウーバーとリフトの未来をさらに困難にすることができるのです。

「ポッド」の分野にいる企業は、自動運転車が人を乗せて高速道路を走れるようになるまでには時間がかかりすぎると考えています。自動運転車のプロトタイプは、高速道路での走行や合流に長い間苦戦してきたからです[27]。その代わりに、通常時速25マイル以下で走行する[29]、ゆっくりとした低リスクでの活用[28]において、自動運転車が最初に成功すると多くのスタートアップ企業は考えています。写真にあるロンドンの自動運転シャトルのように[30]、これらの「車」の多くは、車とは思えない外観をしています[31]。

「ポッド」の世界では、スタートアップ企業が独創的な使用例を見つけています。メイ・モビリティーは、自動運転のポッドを作り、企業キャンパス内で社員を送迎しています[32]。スタートアップ企業のニューロは、自動運転車はまだ人間を高速で移動させるほど安全ではないものの、食料品の配達にはまったく問題ないと考え、フェニックスで配達用ポッドを発売し成功を収めています[33]。これらの企業は、自動運転車の限られた活用事例を素早く習得し、より高度な活用事例で世界のウーバーやワイモに勝てるだけの知識を身に付けることに賭けているのです[34]。

グリニッジ地区の固定ルートでロンドン市民を定期送迎する、奇妙な形の自動運転の「ポッド」。これは、限られた地域でゆっくりと移動する定期送迎が実行可能かを確認するための実験だった。
出典：ウィキメディア[26]

　アマゾンは、自動運転車の両方の可能性を検討している点で、特に興味深いケースです。一方では、自動運転タクシーへの参入を検討しています。一部のアナリストが考えているように、アマゾンが自動運転タクシーでリフトと提携すれば、アマゾンはプライム会員に大幅な割引を提供することで、ウーバーを打ち負かせます[35]。ポッドでは、アマゾンが自動運転の配送ネットワークを構築し、プライムサービスの荷物をより速く発送することも検討していると報じられています[36]（運転手のいないポッドによって人や荷物を運ぶことで効率を最大化すれば、両方が実現可能なのです）。

　これらのテクノロジーはまだテスト段階にとどまっていますが、今後数年で変化していくでしょう。

徐行帯

最後に、自動運転車が主流になるまでには、いくつかの大きな課題があることを紹介しましょう。

　1つは技術的な問題です。すなわち、自動運転車にはまだ安全性の問題があります。16年には、自動運転である「オートパイロット」モードのテスラが男性の死因とされ[37]、18年には自動運転のウーバーがアリゾナ州で女性を殺害しました[38]。

　2つ目は合法性です。インドは運転手の雇用を守るために17年に自動運転車を禁止し[39]、欧州は自動運転車のテストを許可するのが遅いことで知られており[40]、米国においてもテストを許可したのは一部の都市に限られています[41]。

3つ目は、おそらく最も難しい倫理的な問題です。自動運転車がドライバーと歩行者のいずれかを傷つけるのかを選択しなければならない場合、どうするべきでしょう。[42] 自動運転車の企業がある判断を下すようにプログラムした場合、その車は殺すようにプログラムされるのでしょうか。[43] このような倫理的ジレンマを透明化するため、哲学者や技術者は「アルゴリズムの透明化」、すなわち自動運転車のアルゴリズムの公開原則[44]を提唱しています。

ロボットは、私たちの仕事を奪うのか

製造ロボットはすでに何千人もの産業労働者を失業させ、貧困の増加につながっています。[45] 15年に発表されたレポートはさらに厳しいもので、20年までに自動化によって460万人以上の事務職や管理職の仕事がなくなると予測しています。[46] 言い換えれば、熟練労働者も非熟練労働者も困っているのです。ロボットが私たちの仕事を奪うのは避けられないように思えます。

あるいは、そうなるのでしょうか。

テクノロジーと労働の経済学

経済学者は、テクノロジーを「労働を可能にするもの」と「労働を代替するもの」の2つに分類しています。労働を可能にするテクノロジーは、労働者の生産性を向上させます。たとえば、パソコンやインターネットは、論文を書いたり、情報を探したり、同僚と話したりすることをはるかに容易にしました。一方、先ほどの自動運転車や産業用ロボットのように、労働を代替するテクノロジーもあります。自動運転車や産業用ロボットなどは、その名の通り、人間を必要としないテクノロジーです。これらの相反するテクノロジーは、つねに拮抗しているのです[47]。

どちらが勝つのでしょう。その結果は予想外のものになるかもしれません。たとえば、70年代に普及したＡＴＭを考えてみましょう。多くの顧客は、銀行の支店で窓口担当者と話す必要がなくなりました。多くの人は、これで出納係の仕事がなくなると思っていました。そうでしょうか。その考えは間違っていたのです[48]。

ＡＴＭのおかげで、銀行は支店にいる人間の出納係を減らすことができました。しかし、その分、支店の運営費が安くなり、銀行は支店を増やすことになったのです。そのため逆に、銀行はより多くの出納係を雇うようになりました。その結果、どうなったでしょう。70年から10年にかけて、米国の窓口担当者の数は30万人から60万人に増えたのです[49]。つまり、ＡＴＭは出納係の仕事を置き換えたのではなく、実際には出納係の仕事を生み出したのです。

では、人工知能やロボットの時代を迎えた私たちにとって、これは何を意味するのでしょうか。

図3a：自動化の可能性が高い職種のシェア（職種別時給の中央値による）自動化の確率の中央値[%]

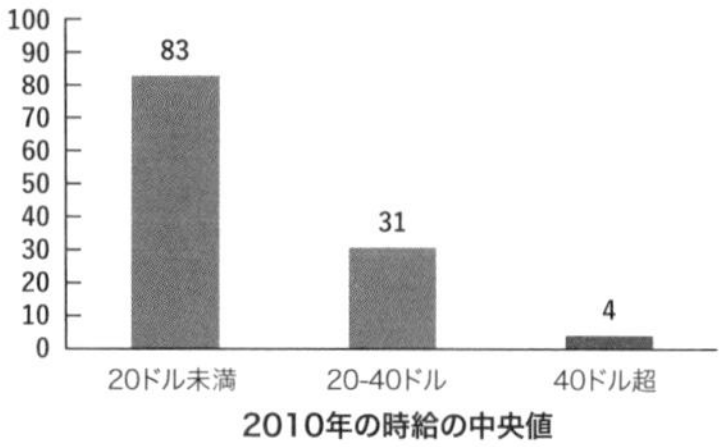

出典：労働統計局; フレイとオズボーン(2013); CEAによる計算

図3b：自動化率の高いスキルを持つ職種の割合[%]

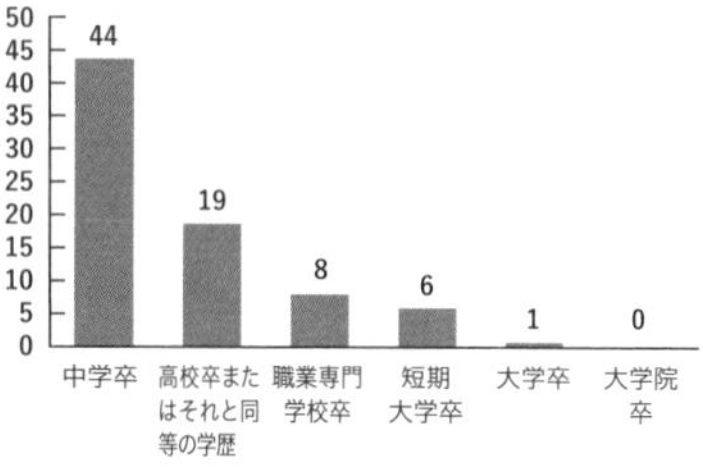

出典：PIAAC 2012に基づくアムテックス、グレゴリー、ジーラン(2016)の計算

2016年の報告書では、低賃金の仕事に就いている人、スキルが低い人、教育を受けていない人は、自動化によって仕事を失うリスクが高いことが示された。
出典：経済諮問委員会[53]

雇用を奪うことへの賛否両論

自動化によって多くの仕事が奪われることには、かなり有力な証拠があります。13年のオックスフォード大学の研究によると、33年までに米国の全職種の半分が自動化のリスクにさらされるとのことです[50]。特にスキルレベルの低い人たちがダメージを受けると考えられています。オバマ大統領の首席経済顧問は、時給20ドル以下の仕事の83%が自動化のリスクにさらされているのに対し、時給40ドル以上の仕事ではわずか4%であることを明らかにしました[51]。さらに、中学卒業の学歴しか必要としない仕事の44%が自動化される可能性があるのに対し、学士号を必要とする仕事ではわずか1%です[52]。言い換えれば、ロボットが私たちの仕事を奪う可能性があり、特に教育を受けていない弱い立場の人たちが被害を受けることになるのです。

しかし、ロボットが私たちの仕事を奪っているわけではないことを示すデータもあります。10年代半ばまで、米国の失業率は低く（17年には５％未満）、労働者は仕事に長くとどまり、賃金はわずかに上昇していました。[54] これでは、ロボットが大量に仕事を奪っているとは言えません。

あまねく見れば、自動化は、人々からより多くの手作業を取り除き、頭脳労働を要求する業務を行うようにするのかもしれません。たとえば製造業の工場では、組立ラインの従業員を減らし、エンジニアやプログラマ、マネージャーを増やすという将来像が描かれています。[55] テクノロジーは、ＩＴやソフトウェア開発といった全産業を生み出してきました。[56] 自動化によって生まれるのは、科学・技術・工学・数学（ＳＴＥＭ）分野の仕事だけではありません。たとえば、自動運転車には依然として、整備士やマーケティング担当者が必要なのです。[57]

では、どのような評価が下されるのでしょう。それについての合意は取れていません。識者の間でも意見が分かれており、時には笑い話のようになっています。たとえば、あるライターはニューヨーク・タイムズ紙の記事で「長期的に雇用を奪うのは中国ではなく、自動化である」と書いています。[58] しかし、ワイヤードのライターは、「答えは明らかに自動化ではなく、中国だ」と述べているのです。[59]

持つ者と持たざる者

ほとんどの学者は、高スキルの労働者は自動化によって得るものが多く、低スキルの労働者は失うものが大きいと考えています。[60]言い換えれば、貧しい人はより貧しくなり、豊かな人はより豊かになるということです。

この問題を軽減する１つの方法は、教育です。手に入れられる新しい仕事はいくらでもありますが、何かが変わらない限り、それを満たすだけのスキルを持った労働者はいません。[61]自動化によって製造業では25年までに３５０万人の雇用が増加するものの、そのうち２００万人は熟練労働者の不足によって満たされないだろうと、15年にデロイトは予測しました。この問題に対処するため、仕事中にスキルを身に付ける徒弟制度、コミュニティカレッジでの職業教育への投資、高校や大学におけるＳＴＥＭ教育の推進などが提案されています。[62]

もっと過激な提案もされています。イーロン・マスクは、自動化によって失業率が30〜40％に達する可能性があると予測し、「ユニバーサル・ベーシック・インカム」を提案しました（繰り返しになりますが、自動化の影響についての合意は取れていません）。この計画では、政府がすべての住民に小切手を送り、それによって貧困と戦います。これにより、確実な崩壊から経済を守れると、マスク氏は述べています。マスク氏が提案するユニバーサル・ベーシック・インカムの財源は、ロボットへの課税なのです。[63]

偶然にも、ビル・ゲイツは以前からロボットへの課税を提案していました。賛成派は、育児のような人間にしかできない仕事にその税収が充てられると言っています。[64]

ホワイトカラーのリスクとは

一方で、ホワイトカラーの仕事もブルーカラーの仕事と同様に危機に瀕していると主張する学者もいます。作家のカイフ・リー氏は、バリスタのような低スキル・低賃金の仕事を自動化する経済的動機はあまりないとし、むしろコスト削減を目指す企業は、金融アナリストのようなスキルの高い高賃金の仕事を排除するだろうと述べています。[65]

人工知能がプロの人間に匹敵する仕事ぶりを見せた例は、いくつもあります。「アメリア」と呼ばれるＡＩボットは、銀行や保険会社、通信会社などのカスタマーサポートにおいて、驚くほど優れた能力を発揮しています。人間のような表情やジェスチャーを使い、電話をかけてきた人に共感しようとするのです。そして顧客を担当するたびに、さらに上達していきます。[66]

高スキルの仕事でも自動化が進んでいます。日本のある保険会社では、34人のエージェントをＩＢＭのＡＩである「ワトソン」によって置き換えました。また住宅ローンの業界では、自動化によって多くの人が仕事を奪われています[67]。医師や弁護士をＡＩに置き換えることはまだできませんが、パラリーガルがよく行う調査を得意とするＡＩもありますし、医療行為の一部をロボットが行うこともできるようになっています。しかも、いずれも人間に比べて数分の１のコストで済むのです[68]。

動画や音声がどのように、「フェイクニュース」になるのか

17年、ライアバードというカナダの会社が、ドナルド・トランプ、バラク・オバマ、ヒラリー・クリントンの3人が自分のツイートを音読した音声を公開しました。[69] ただし、1つ問題があります。彼らの誰もが実際に自分のツイートを読んでいなかったのです。音声は捏造されたものでした[70]！

新しいテクノロジーのおかげで、説得力はあるが偽物の映像や音声を作成できるようになっています。しかも手動による模倣と比較してほんのわずかな時間で可能です。[71] フェイクニュース全盛の時代、多くの人はネットで聞いたニュースを鵜呑みにしません。実際に起こったことを確認するのに動画や音声を頼りにしているのです。しかし、動画や音声も偽造できるとしたら、私たちは何も信じられなくなってしまうでしょう。[72] では、どうすれば映像や音声を偽装できるのでしょうか。

これらの「ディープフェイク」は、ＧＡＮ（Generative Adversarial Network）と呼ばれる謎

のテクノロジーによって生成されます。GANは、ニューラルネットワークと呼ばれる技術を特殊化したものです。[73]では、GANの仕組みを説明する前に、ニューラルネットワークについて説明しましょう。

ニューラルネットワーク

脳は、実験し、フィードバックを得て、調整することで物事を学んでいきます。[74]たとえば、お菓子作りに慣れていない人がケーキを焼こうとしたとします。小麦粉、砂糖、卵、バターなどの材料を適当に混ぜて、適当な時間オーブンに入れて、出来上がりをみます。友人にケーキを試食してもらい、「甘すぎる」「焼き加減が足りない」「もっとチョコレートが必要だ」などのコメントをもらいます。そのコメントに対応してレシピを少し修正すると、友人は満足したかもしれません。ただし、彼らの提案はまだあります。このプロセスを繰り返していくと、最終的には、料理本を手にすることなく、ケーキ作りの達人になれるほど、調整できるようになるでしょう。このように学習できるのは、脳に「ニューラルネットワーク」[75]があるからです。ニューラルネットワークとは、互いに会話するニューロンと呼ばれる細胞の集合体です。[76]

コンピュータをより高性能にするため、コンピュータサイエンティストたちは、脳のニューラルネットワークをコンピュータ内でシミュレートしようと試みました。これは「人工ニューラルネットワーク」と呼ばれますが、多くのエンジニアは（いささかわかりにくいのですが）単に「ニューラルネットワーク」[77]と呼んでいます。ケーキの例のように、ニューラルネットワークは多くの変数を記録し、いくつか例をあげると[78]、バターの量、焼く時間、オーブンの温度などの変数に「重み」を付けます。あなたがニューラルネットワークにフィードバックすると、ニューラルネットワークは重みを調整して正解に近づけるのです。[79]

ニューラルネットワークは非常に強力で、スマートフォンのテキストを自動修正したり、スパムメールを捉えたり、言語を翻訳したり、手書き文字を読んだりと、様々な機能を備えています。[80]ニューラルネットワークは、物事を認識することには優れていますが、偽の音声や動画など、新しいものを生成するようには設計されていません。[81]そのためには、ニューラルネットワークのさらに強力なバリエーションを利用しましょう。

敵対的生成ネットワーク

敵対的生成ネットワーク（Generative Adversarial Network、GAN）」では、2つのニューラルネットワークを作り、対決させせます。「ジェネレーター」と呼ばれるネットワークは偽物を作ろうとし、「ディスクリミネーター」と呼ばれるネットワークはジェネレーターが作ったものが本物かを推測します。[82] ネットワークは一種の軍拡競争をしているのでしょう。「ジェネレーター」はより説得力のある偽物を作ろうとし、「ディスクリミネーター」は偽物を取り締まる能力を高めようとします。[83] ネットワークは互いに学び、つねに改善を続け、ついには信じられないほど説得力のある偽物を生み出すのです。[84]

たとえば、米国のＣＥＯがスピーチをしている偽のビデオを作成する敵対的生成ネットワークを作りたいとします。まず、ジェネレーターとディスクリミネーターのネットワークを作ります。元々どちらのネットワークも自分が何をしているのかわからない状態なので、ジェネレーターがイタリア語を話す人のビデオを作っても、ディスクリミネーターはそれが偽物であるとはわかりません。そこで、あなたが介入して、米国人のＣＥＯが話している本物のビデオをディスクリミネーターに見せます。ディスクリミネーターはその動画から米国人のＣＥＯは通常、英語を話すことを知ります。そこでディスクリミネーターは、他の言語を話す人のビデオを拒否するようになります。ジェネレーターはそれに気付き、ディスクリミネーターを騙すために様々な言語を試し始めます。やがてジェネレーターは、英語を話している人の映像がディスクリミネーターを通過することを発見します。この繰り返しによって、ジェネレーターは説得力のある偽の動画を作れるようになるのです。[85]

では、大統領候補が扇情的なスピーチをする偽のビデオを見たら、どうすればいいでしょう。[86] 手がかりはありませんが、少なくともビデオがどのように作られたかはわかるでしょう。

フェイスブックはなぜ、VRのヘッドセット企業を買収したのか

フェイスブックは14年、主にビデオゲームに使われていた[87]「オキュラス・リフト」というバーチャルリアリティ（VR）ヘッドセットのメーカーを買収し、テクノロジー界に衝撃を与えました。ソーシャルメディア企業が、ゲーム会社を買収するというのは、当初は奇妙に思えたのです。[88]

この買収には、すぐには財務的な意味はありませんでした。オキュラス・リフトが発売以来、度重なる値下げを行ったことからもわかるように、[90] VRの一般消費者向けのお目見えはふるわなかったからです。[89] むしろ、フェイスブックのCEOであるマーク・ザッカーバーグは、この買収が長期的な策略であることを認めています。そして、16年には「VRが大衆市場に到達するには、あと10年はかかるだろう」と語ったのです。[91]

フェイスブックは、VRがコミュニケーションの未来になると予想しています。[92] ザッカーバーグは、テキストや画像、動画でつながるだけではなく、スポーツの試合や大学の講義、

医師との面談、友人との冒険などを、自宅にいながらVRで体験できる未来を示したのです[93]（重くて高価なヘッドセットを装着して友達とおしゃべりするのは、少し長くなると疲れるかもしれないので、それは少し先の話だろうと批判されました[94]。しかしフェイスブックは、VRのヘッドセットがレイバンのようにスリムになる日が来ると楽観視しています[95]）。

ザッカーバーグが正しければ、ソーシャルに特化したオキュラス・リフトヘッドセットを傘下に持つことは、フェイスブックにとって価値あるものとなるでしょう。フェイスブックの戦略は、人々が自社のプラットフォームに費やす時間を最大化することにあります[96]。時間が長ければ長いほど、広告を表示する機会が増え、ユーザーデータが増えれば増えるほど、広告のターゲットを絞り込めます[97]。フェイスブックは、オキュラス・リフトに長時間滞在してもらうことで、たとえば、プロダクトプレイスメント、ゲームのような広告、コンサート用の没入型広告といった魅力的な新しい形の広告を出せるでしょう[98]。

フェイスブックによるVRライブ動画の一例：教授とのバーチャルオフィスアワー。
出典：フェイスブック[101]

　この理論を裏付けるため、フェイスブックが17年、オキュラス・リフト所有者のタイムライン上で、VRライブ動画を配信した例を考えてみましょう[99]。オキュラス・リフトの所有者は、VR内でテーブルを囲み、観客の質問に答えたり（アバターは観客のコメントが書かれたポスターを「つかむ」ことができます）、チャットをしたり、空中に落書きしたりできます[100]。

この新機能は、ＶＲの話題性を高める巧妙な手法であり、好奇心旺盛な視聴者がヘッドセットを購入するきっかけになるかもしれません[102]。では、なぜフェイスブックはＶＲのヘッドセット企業を買収したのでしょう。ビデオゲームのためだけではありません。フェイスブックは、ＶＲをコンピューティングとソーシャルネットワーキングの未来と見ており、その分野におけるリーダー企業になりたいと考えているのです[103]。

アマゾンはなぜ、多くの企業から恐れられるのか

18年、アマゾンは医薬品流通のスタートアップ企業「ピルパック」を買収し、米国の顧客に薬を郵送するライセンスを取得しました。[104] 薬局業界はパニックに陥り、投資家が逃げ出したため、一晩で、ライト・エイドは11％、ウォルグリーンは10％、ＣＶＳは６％下落するなど、株価が大暴落したのです。[105]

このように、業界に先手を打っただけで企業の株価を暴落させるような恐ろしい企業はごくわずかです。アナリストによれば、書籍、食料品、映画、ハードウェアなどあらゆるものを破壊してきた[107]アマゾンから安全なセクターはないとのことです。[106] なぜアマゾンはそんなに強いのでしょう。そして次に何をしてくるのでしょうか。

恐るべきテクノロジー

アマゾンの莫大な資金力は、他の大手テック企業の領域への侵入を可能にしており、彼らを不安にさせています。

グーグルが心配しているのは、アマゾンが多くの買い物客にとってお気に入りの検索エンジンになっていることです[108]。これは、多くの企業が広告費をアマゾンに向け始めることを意味しています。さらに、グーグルやウェブブラウザを使わずに、最大の音声コンピューティングプラットフォームであるＡｌｅｘａに買い物を頼む顧客も増えています[109]。

アマゾンが14年にビデオゲームのライブストリーミングサービス「ツイッチ」を買収して、ビデオストリーミングとソーシャルメディアに進出したことで、フェイスブックも脅かされています[110]。しかもこの買収以降、ツイッチがトークショーや音楽、ポッドキャストやワークアウトなどのライブストリーミング[111]を提供するようになったことで、フェイスブックのライブストリーミングサービスである「フェイスブックライブ」と直接競合するようになりました[112]。またプライムビデオは、動画配信サービスにおいてフェイスブックウォッチと競合しています。さらに、広告市場におけるアマゾンの成長はフェイスブックの脅威となっています。19年には、フェイスブックは証券取引委員会（ＳＥＣ）への年次報告書にアマゾンを競合他社として正式に記載するようになったのです[113]。

アマゾンは、アップルの高価なハードウェアと音声サービスも脅かしています。最初の主要音声アシスタントはＳｉｒｉでしたが、その後Ａｌｅｘａがこれを上回るシェアを獲得したからです。[114] アップルは伝統的にスマートガジェット分野におけるリーディングカンパニーでしたが、アマゾンは、Ｅｃｈｏスピーカー、スマート電子レンジ、壁掛け時計、カーアクセサリーなど、様々な独自のＡｌｅｘａ搭載ガジェットを大量にリリースしました。[115] 17年には、エンターテインメントの専門家たちが「Ｅｃｈｏブランドはアップルよりもクールになってきた」とつぶやき始めています。これはブランドで生き死にが決まるアップルにとっては悪いニュースと言えるでしょう。[116]

14年にサティア・ナデラ氏がＣＥＯに就任すると、マイクロソフトはクラウドコンピューティングに全力を注ぎ、Ａｚｕｒｅ部門にリソースを集中させました。[117] しかしＡＷＳは、いまだにＡｚｕｒｅよりも多くの顧客を抱え、より多くのお金を稼いでいます。[118]

Ａｚｕｒｅは、広告、ソーシャルメディア、ハードウェア、クラウドなど、すべてに対応しており、ライバル企業を震え上がらせています。しかし、その点においても、アマゾンは単なるテック企業を超えているのです。

小売とその先

アマゾンは、その電子商取引帝国を拡大しようとするとき、情け容赦のないことで有名です。09年、アマゾンは、Diapers.comでベビー用品を販売していたＱｕｉｄｓｉという新進気鋭のオンライン小売企業に注目しました。アマゾンは幹部を派遣してＱｕｉｄｓｉの創業者たちと昼食をとり、会社の買収を提案しました。創業者たちが断ると[119]、その後、アマゾンは積極的にDiapers.comでの価格を下げ[120]、競合する「アマゾン・マム」プログラムを展開し始めたのです。これはアマゾンに数百万ドルの損害をもたらしましたが、Ｑｕｉｄｓｉの破綻を招き、最終的にはアマゾンに大幅に値引いて買収されるのを余儀なくされたのです[121]。

本屋を殺したことで有名なアマゾンが、自ら本屋を始めた。
出典：シンヤ・スズキ[123]

そのため、アマゾンが17年にホールフーズを買収して積極的に食料品市場に参入したときも、それほど驚くにあたりませんでした。おかげで、食料品チェーンのクローガーの株価は一晩で8％も暴落したのです[122]（パターンにお気づきですか）。

しかし、小売だけでは不十分です。アマゾンは、ヘルスケア分野にも積極的に進出しています。たとえば、ピルパックの買収により、最後のアドバンテージである、処方箋薬を販売する法的能力が薬局から失われました[124]（今では、シリアルや充電ケーブルとともに、オンラインで薬が買えます）。

またアマゾンは、ホームヘルス製品のラインナップを揃え[125]、家庭向け健康診断キットの提供を検討し[126]、Ａｌｅｘａが風邪や咳に気づくための特許を申請しています[127]。これらを組み合わせれば、Ａｌｅｘａがあなたの体調不良に気づき、アマゾンが健康診断キットを郵送し、あなたがそれを送り返すことで、バーチャルドクターが薬を処方し、ピルパックが薬を郵送するという未来を思い描くことができるでしょう。[128]

18年、アマゾンはＪＰモルガンとバークシャー・ハサウェイと提携して、ヘルスケアにおける「無駄な支出を減らし」「中間業者を排除する」[129]という、これまでで最大のヘルスケア分野への攻撃を開始しました。これは、ＡＩやその他の新技術を積極的に活用して、医師や薬剤師、保険代理店を代替することの遠回しな言い換えだと思われます。アマゾンは、この取り組みによって職を失う人を雇っていないので、自由に業界全体を焼き払い、自分たちのイメージ通りに作り変えることができるのです。

コアコンピタンス

では、なぜアマゾンは、参入したほぼすべての業界で優れた能力を発揮できるのでしょう。その答えは、アマゾンがテック企業でも、クラウド企業でも、おむつや書籍やヘルスケアの企業でもないことにあります。アマゾンはインフラ企業なのです[130]。

電子商取引で数十年にわたり成功を収めてきたアマゾンは、戦略的に配置された何百もの倉庫[131]、何万人もの従業員を擁する巨大な配送センター[132]、そしてフェデックスやＵＰＳに匹敵する地上・航空輸送ネットワークを構築してきました。[133] これらの物流ネットワークは、どこにも負けません。[134]

アマゾンのネットワークにおける弱点は、生鮮食品でした。書籍のように長期保存や超長距離輸送ができないからです。[135] しかし、アマゾンはホールフーズを買収して、その弱点を克服しました。[136] ホールフーズの主に都市部にある４００カ所の店舗が、瞬時に４００カ所の倉庫となり、アマゾンはそこから都市部の顧客に生鮮食品を素早く発送できるようになったのです。[137]

このように、アマゾンの倉庫や配送インフラに関する専門知識は、錠剤のような新しいタイプの商品を販売するのを容易にしています。さらに、アマゾンは実店舗ではなくデジタル企業であるため、ウェブサイトを少し増やし、物流ネットワークを少し成長させるだけで、迅速かつ安価に規模を拡大できます。それに対して、強豪のウォルマートでさえ、新規出店には３７００万ドルの費用が必要です。[138]

アマゾンが得意とするインフラの整備は、モノだけではありません。ＡＷＳの優位性は、サーバやデータセンターなど、アマゾンのデジタルインフラがいかに優れているかを示しています。[139]

つまり、アマゾンはサプライチェーンを熟知しているため、どの市場に参入しても素早く成長できるのです。そして、市場に参入し、製品を発売するたびに、アマゾンはさらに多くのデータを得て、それをさらなる成長に利用できるのです。[140]

独占禁止法違反か

アマゾンが一介のオンライン書店から総合的な大企業へと成長するにつれ、狙われ始めたのに不思議はないでしょう。企業や政府を意のままにするアマゾンの能力に抗議する人々が現れ、[141]多くが独占企業的な成長を続けるアマゾンを解体する必要があると主張しています。[142]

アマゾンを解体する理由ははっきりしています。アマゾンは長い間、反競争的な行動を取ってきました。先の例を見てもわかるように、[143]これまでも競合他社を切り崩してきています。また、ホールフーズを買収した後、食料品配送のスタートアップ企業による市場参入を徹底的に阻止したため攻撃されました。[144]また、アマゾンは、音声アシスタント、ショッピング、クラウドコンピューティング、メディアなどを傘下に収め、[146]米国における垂直統合トレンドの申し子となっています。[145]

要するに、アマゾンが独占企業的な傾向を示していることは明らかなのです。問題は、米国の独占禁止法が、主に水平方向の合併を防ぐために作られていることです。つまり15年に、ISP大手のコムキャストとタイムワーナーケーブルの合併を米国政府が阻止したように、[147]真っ向勝負の競争相手が合併しようとした場合です。そのため、アマゾンへの独占禁止法による規制が成功するには、アマゾンの垂直統合がイノベーションを阻害し、競争の場を不当に傾けていると主張する必要があります[148]。

もしアマゾンが分割されるとしたら、ＡＷＳが最も可能性の高いパーツとなるでしょう。ＡＷＳは、アマゾンのコアビジネスである小売、プライム、Ａｌｅｘａとはまったく異なる人々にサービスを提供し、事業構造もまったく異なるため、独立した会社にするのが最も理にかなっています[149]。実際、「純粋な」クラウド企業は、歴史的に見て、クラウドとその他の事業部門が混在している企業よりもはるかに速く成長してきたことを考えると、ＡＷＳは単独でもうまくやっていけるかもしれません[150]（一方、マイクロソフトＡｚｕｒｅ、Ｇｏｏｇｌｅクラウド、ＩＢＭクラウド、そしてＡＷＳの他の競合他社はすべて、関連性がなく、成長の遅い様々なビジネスユニットとセットになっています。Ａｚｕｒｅはマイクロソフトの主力製品かもしれませんが、唯一の製品ではありません）。このような理由から、ＡＷＳが積極的にスピンオフされても不思議はありません

しかし、ＡＷＳがなくても、アマゾンはおそらく世界中の企業を巧妙に脅かし続けるでしょう。

おわりに

テクノロジーに限らず、学ぶことに終わりはありませんが、『ソフトウェアカンパニーの秘密』のメインコンテンツはここで終了です。

私たちが提供したケーススタディや分析は、テクノロジーの背後にある「なに」と「なぜ」をより深く理解していただけるものだと思います。次の優れたアプリを送り出すため、会社のビジネス戦略を立てるため、あるいは次の大きな技術ニュースを理解するために、より良い準備ができることを願っています。

その前に、最後にいくつかご紹介したいことがあります。

―― 参考資料

メインコンテンツを読み終わった現在、本書が今後の参考になることを願っています。

そのためにも、本章の後に用語集を掲載しています。ここでは、一般的なプログラミング言語の説明、ビジネスの略語、テック企業の従業員のタイプなど、本書では取り上げきれなかったものも含め、何十もの技術用語やビジネス用語を定義しています。

また、企業、製品、コンセプト、人物などを調べることができる索引も用意しました。たとえば、テック企業の面接を受ける際には、その企業を調べて、その企業の戦略や製品に関する重要な部分を読むことができます。

――テック企業向けの履歴書のブラッシュアップ

新しい仕事を探している方にとって、本書で学んだことが役立つことを願っています。しかし、自分の知識を採用担当者にアピールするには、まず面接を受けなければなりません。

私たち3人は、グーグル、フェイスブック、マイクロソフトの採用プロセスを成功裏に乗り切ったため、あなたの履歴書を他人よりも際立たせる方法を学んでいます。この知識を30ページのガイドに凝縮しました。このガイドは、あなたが素晴らしい履歴書を作成し、コンサルティング、製品管理、マーケティング、その他の分野でより多くの面接を受けるのに役立つでしょう。

このガイドは通常、キャリアコンサルティングのクライアント向けに99ドルで販売していますが、もしあなたがアマゾンのレビューで本書の魅力を伝えてくれたら、無料で1冊差し上げます。

購入確認済みのレビューのスクリーンショットを team@swipetounlock.com までメールでお送りください。

―― 連絡先

テック業界の予測、最新のテックイベントの分析、テック業界に参入するためのヒントなどをお聞きになりたい方は、リンクトインで私たちをフォローしてください。

リンクトインでの私たちの活動は以下の通りです。

- linkin.com/in/neelmehta18
- linkedin.com/in/adityaagashe
- linkin.com/in/parthdetroja

書籍の写真をリンクトインで共有し、私たち3人（Neel Mehta、Aditya Agashe、Parth Detroja）をタグ付けしていただければ、私たち全員があなたとつながり、あなたの投稿に「いいね！」「コメント」「シェア」をして、あなたがより多くのビューやフォロワーを獲得できるようにします。

――注意書き

テクノロジーやビジネスの戦略について知るべきことはたくさんありますが、本書ではまだその一部を紹介したのに過ぎません。そのため書籍内で参照したすべての資料へのリンクを用意しました。

紙面をスリムにするために、リンクはウェブサイト（swipetounlock.com/notes/3.4.0）に掲載しています。気になる事実や意見があれば、ぜひソースを読んで資料を深めてみてください。

――改めて御礼

本書を楽しんでいただき、ここで学んだことが皆さんの人生やキャリアに役立つことを願っています。本書の執筆は、私たちにとってとても楽しいものでした。もしこの本がお役に立ちましたら、アマゾンでレビューを書いていただき、友だちにも勧めていただければ幸いです。

用語解説

ウェブサイトを構築するにはどうすればいいのでしょう、と一般的な技術系ブログに尋ねると、「GitHubのリポジトリを開いて、PythonやRubu on RailsでバックエンドをŔ構築し、HTML、CSS、JavaScriptをサーバにアップロードし、RESTful APIを構築し、UI/UXを調整して、AWSでMVPをユーザーに届けます」という答えが返ってくるでしょう。それと、ついでにCDNも導入しましょう、と言われるかもしれません。

どうですか。ソフトウェアの世界には、気が遠くなる量の専門用語やバズワードがあります。ここでは、最も一般的な用語をいくつか紹介しましょう。これで、外国語の授業を受ける必要があると感じることなく、エンジニアのように話ができるのです。

プログラミング言語

料理がレシピに沿って作られるように、すべてのソフトウェアはコードで書かれます。英語、ベンガル語、トルコ語でレシピを書けるように、ソフトウェアもRuby、Python、Cなどのプログラミング言語で書けます。それぞれのプログラミング言語には長所と短所があり、特定の状況で使用されるのです。ここでは、最も人気のある言語をいくつか紹介しましょう。

■ アセンブリ

コンピュータは「1」と「0」でしかものを考えませんが、アセンブリは「1」と「0」を少しきれいにしただけの言語です。プログラマがアセンブリ言語で書くことはめったにありません。手間がかかりすぎるからです（コンピュータがアセンブリに変換して実行する「上位言語」で書くのが一般的です。この章で紹介する他の言語も、すべて上位言語、つまり「抽象度の高い」言語です）。車の運転に例えると、各車輪の速度を直接設定するのではなく、ステアリングホイールとペダルを使えばいいわけです。この方がはるかに簡単ですし、そもそも車輪の速度をどのように適切に設定すればいいのかわからないでしょう。

■ C/C++

最も古くからあり、今でも最も人気のあるプログラミング言語の1つ。グラフィックスを多用するゲームや物理シミュレータ、ウェブサーバ、OSなど、最高のパフォーマンスを求める開発者は、CやC++を使うことが多くなります。

■ C#（シーシャープ）

マイクロソフトが開発した言語で、デスクトップアプリケーションを書くのによく使われ、Javaに似ています。

■ CSS

HTMLと連動するウェブ開発言語で、ウェブサイトを美しく見せるために使用されます。CSSは、ウェブページの色、フォント、背景などを変更できます。また、ウェブページ上の様々なボタン、ヘッダー、画像などの位置指定もできます。

■ Go

グーグルが開発した新進気鋭の言語で、ウェブサーバの構築によく使われます。

■ HTML

ウェブページを作成するための言語。リンク、画像、ヘッダー、ボタンなど、ウェブページを構成するあらゆる要素をHTMLで作成します。これらの要素は「タグ」と呼ばれます。たとえば、<img>というタグは画像を表します。

■ Java

最も普及しているプログラミング言語の1つであるJavaは、アンドロイドアプリやウェブサーバ、デスクトップアプリケーションの作成に使用されます。Javaは、「1度書けば、どこでも動く（write once, run anywhere）」というキャッチフレーズが有名で、同じJavaアプリケーションをあらゆるデバイスで即座に実行できます。

■ JavaScript

ウェブページをインタラクティブにするための言語です。フェイスブックメッセンジャー、スポティファイ、Googleマップなど、あなたが使っているすべてのウェブアプリケーションには、JavaScriptが使われています。最近では、ウェブサーバやデスクトップアプリケーションの構築においてもJavaScriptが使用されます。ECMAScriptまたはESとも呼ばれます。

■ MATLAB

工学、科学、数学的モデリングによく使われる専門的な商用言語。ソフトウェアを作るというよりは、研究目的で使われることが多い。

■ Objective-C

以前はiPhone、iPad、Macのアプリケーションを作成するために使用されていた言語ですが、現在はSwiftで開発することが多くなっています。

■ PHP

ウェブサーバを構築するための言語。近年、開発者の間では人気がなくなってきていますが、フェイスブックは今でもPHPのカスタム「方言」を使って書かれています。

■ Python

コンピュータサイエンスの入門コースでよく使われる、人気のある学びやすい言語。データサイエンスやウェブサーバの作成に広く使用されています。

■ R

膨大な量のデータをグラフ化したり、要約したり、解析したりできるデータ分析言語。

■ Ruby

人気のウェブサーバソフト「Ruby on Rails」でウェブアプリケーションを構築する際によく使われる言語。

■ SQL

Structured Query Languageの略で、データベースを扱うための言語。Excelのように、テーブル、行、列を扱うことができます。「クエリ」を実行することで、データのフィルタリング、ソート、結合、分析などを行えます。

■ Swift

iPhone、iPad、Macのアプリケーションを作成するためのアップルの言語。Objective-Cに代わって採用されました。

■ TypeScript

マイクロソフトが開発したJavaScriptの拡張版で、大規模なアプリケーションの構築を容易にするための機能が追加されています。ブラウザはTypeScriptを直接実行できないため、ツールを使ってJavaScriptに「トランスコンパイル」または「トランスパイル」します。

■ データ

私たち人間は、データをExcelやワードで保存したいと思っています。しかし、コンピュータは単純なテキストファイルでデータを保存することを好みます。ここでは、「機械が読める」形式でデータを保存する代表的な方法を紹介します。

■ CSV

カンマで区切られた値やデータを軽量な表にして保存する方法で、Excelファイルに似ていますが、よりシンプルです。ファイルの末尾には「.csv」が付いています。

■ JSON

ウェブアプリケーションでよく使用されるデータ保存形式。CSVよりも自由度が高く、データオブジェクトを他のオブジェクト内に入れ子できます。たとえば、「person」オブジェクトには「name」と「age」のデータが含まれ、「pet」オブジェクトには「name」と「age」のデータが含まれます。

■ XML

もう1つのテキストベースのデータ保存形式。HTMLのようにタグを使ってデータを保存・整理することができ、JSONのように入れ子にすることもできます。

ソフトウェア開発

ソフトウェア開発者のように話すには、一般的な用語やバズワードを知っておく必要があります。ここでは、それらを説明しましょう。

■ A/Bテスト

製品（通常はウェブベースの製品）にどの機能を追加するかを決めるために行う実験。あるユーザーにはある機能のバリエーションを、他のユーザーには別のバリエーションを表示します。たとえばアマゾンでは、半分のユーザーに赤い「今すぐ購入」ボタンを表示し、残りの半分のユーザーに青いボタンを表示します。そして、売上数やクリック数といった様々な指標を見て、どちらのバリエーションが良いかを判断し、勝ったバリエーションをすべてのユーザーに展開するのです。A/Bテストは、プロダクトマネージャーや開発者にとって、ソフトウェアの改善方法を科学的に判断する上で役立ちます。

■ アジャイル

ソフトウェアの作成とユーザーからのフィードバックを交互に短時間で行うことを重視したソフトウェア開発手法です。たとえば、アジャイルチームは、何ヶ月も何年もかけて巨大な最終製品をリリースするのではなく、「ミニマムバイアブルプロダクト（MVP）」、つまりシンプルなプロトタイプを素早くリリースすることを優先します。そして、ユーザーからのフィードバックを得て、そのプロトタイプを「反復」して改良し、満足のいく結果が得られるまで何度もこのプロセスを繰り返すのです。

■ Anguler

グーグルが開発したウェブアプリケーション構築用フレームワーク。テスラ、ナスダック、ウェザーチャネルなどの人気ウェブサイトがAngularを使用しています。

■ バックエンド

アプリケーションやウェブサイトのユーザーには見えない「舞台裏」の部分。バックエンドは、データの保存、ユーザーとそのパスワードの管理、最終的にユーザーに表示されるウェブページの準備などを行います。たとえて言えば、レストランでは、キッチンのコックが「バックエンド」です。顧客が目にすることはなくても、顧客が楽しむための料理を作っているのですから……。

■ β版

最終製品の発売前に、ユーザーからのフィードバックを得るためにテスターに公開されることが多い、ソフトウェアの予備バージョン。

■ ビッグデータ

膨大な量のデータを扱い、興味深い洞察力を引き出すこと。どの程度の大きさを「ビッグ」とするかについての具体的な定義はありませんが、通常サイズのコンピュータ1台に収まらないほど巨大なデータセットは、「ビッグ 」とみなされる可能性が高いでしょう。

■ ブロックチェーン

ビットコインを支える技術であるブロックチェーンは、非中央集権的な取引を可能にします。たとえば、ウーバーアプリを使わずにウーバーを呼べたり、フェイスブックのような会社や通信キャリアに邪魔されずに誰かにメッセージを送れたりすることを想像してみてください。ブロックチェーンでは、誰もが過去の全取引の記録を共有しているので、中央機関は必要ありません。ビットコインでは、全ユーザーが過去の販売履歴を持っているため、特定の個人や企業がビットコインを「所有」することはありません。また、誰かが怪しいことを企んでいると、すぐに全員に知れ渡るので、不正行為を防げます。

■ Bootstrap

Bootstrapは、ウェブサイトをデザインするための人気ツールキットで、基本的には、ボタンや見出しなどのウェブページのレイアウト、フォント、色がきれいにデザインされた巨大なCSSファイルです。多くのウェブサイトが、

BootstrapをCSSによるスタイル設定の出発点として使用しており、非常に強力なウェブサイトテンプレートとなっています。

■ キャッシュ

情報をコンピュータの特定の場所に保存して、より素早くアクセスできるようにすること。たとえば、お気に入りのピザ屋さんの電話番号を連絡先に保存しておけば、いちいちググる必要がなくなり、情報を素早く呼び出せるようになるのと同じです。

■ Cookie

ウェブサイトがユーザー情報を記憶するために、ユーザーのブラウザに保存する小さなメモ。たとえば、Eコマースサイトでは、顧客のカート、好みの言語、ユーザー名などをCookieに保存できます。Cookieは、ターゲティング広告を可能にします。ウェブサイトは、Cookieを介してユーザーの位置情報やその他の個人情報を伝え、好みを把握し、その結果、どのような広告を表示するかを決定します。

■ データベース

情報を保存するために使用される巨大なテーブルで、超強力なExcelファイルのようなもの。たとえば、フェイスブックでは、全ユーザーの情報をデータベースに保存しています。ユーザーごとに行が分かれており、名前、誕生日、出身地などの列があります。

■ Docker

開発者がアプリケーションの実行に必要なものをすべて「コンテナ」にパッケージ化し、サポートされているマシンであれば誰でも実行できるようにする方法。同じコンテナがどこでも同じように動作するので、コンピュータの構成を気にする必要がなく、便利です。Dockerは、それぞれのアプリケーションを実行するため、まったく新しいOSを起動するという選択肢よりもはるかに効率的です。

■ フラットデザイン

不要な光沢のある色や影、アニメーションなどのディテールを取り除き、アプリをシンプルな色、幾何学的な形、グリッドに落とし込んだミニマルなデザインのこと。マイクロソフトのメトロUI（Windows 8および10で採用されているタイル状のデザイン）や、アップルがバージョン7以降のiOSをフラットにしたことなどがその例です。

■ フロントエンド

ウェブサイトやアプリケーションのユーザー向けの部分。フロントエンドには、ユーザーが操作するボタン、ページ、画像などがすべて含まれます。ユーザーから情報を受け取り、それをバックエンドに送信し、バックエンドが応答するとユーザーが見るものを更新します。例えるなら、レストランのウェイターが「フロントエンド」です。ウェイターは、お客さんのリクエストを料理人（バックエンド）に伝え、完成した料理をお客さんに提供するのです。

■ GitHub（ギットハブ）

何百万ものオープンソースソフトウェア・プロジェクトを受け入れているウェブサイト。誰でも他人のコードを確認でき、それをベースに構築できます。GitHub上のコードは、「repos」とも呼ばれるリポジトリにまとめられています。開発者は「pullリクエスト」を使ってリポジトリの変更を提案できます。

■ ハッカソン

開発者がチームを組んで、クールでクリエイティブなソフトウェアを、通常12時間から72時間の短いスプリントで構築するコーディングコンテスト。ハッカソンではしばしば、テック関連の賞品、テック企業のリクルーター、Tシャツやステッカーなどの無料グッズ、深夜の食事などが提供されます。

■ Hadoop

テラバイト、ペタバイトといった大量のデータを保存、分析するための無料の「ビッグデータ」ソフトウェアパッケージ。

■ jQuery

最も有名なウェブ開発ライブラリの1つであるjQueryは、インタラクティブなウェブサイトをより簡単に構築できるJavaScriptツールです。

■ ライブラリ

ある開発者が他の開発者のためにオンラインで公開している、再利用可能なコードの塊。たとえば、D3はJavaScriptの開発者が数行のコードでインタラクティブなグラフ、チャート、マップを作成できる有名なライブラリです。パッケージやモジュールとも呼ばれます。

■ Linux

WindowsやmacOSの代替となる、フリーでオープンソースのオペレーティングシステム。世界最大級のスーパーコンピュータの多くや、ほとんどのウェブサーバがLinuxを搭載しています。Android OSもLinuxで作られています。

■ マテリアルデザイン

アンドロイドや多くのグーグルアプリで採用されているグーグルのデザインフレームワーク。鮮やかな色使い、四角い情報カード、スライドアニメーションなどが特徴。フラットデザインに似ていますが、フラットデザインにはない影やグラデーション、3D要素などがあります。

■ ミニフィケーション

開発者がコードファイルを圧縮するために、不必要なテキストを削除する技術のこと。難読化や圧縮とも呼ばれます。

■ モックアップ

ワイヤーフレームとプロトタイピングの後、デザイナーはモックアップを作成します。モックアップとは、アプリケーションを作る開発者が使用すべきフォント、色、写真、間隔などを正確に指定する高品質の図面のことです。モックアップを作成することで、デザイナーは細部まで完璧に仕上げることができ、実際にコーディングする前にフィードバックが得られます。UXPin（オンライン上でワイヤーフレームを作成できるサービス）が言うように、「ワイヤーフレームは骨組み、プロトタイプは動作を示すもの、モックアップは皮膚」なのです 。

■ Node.js

ウェブアプリケーションのバックエンドを構築するためのJavaScriptフレームワーク。

■ オープンソース

誰もがアプリケーションのコードを見たり、コピーしたり、改良したりできるソフトウェア構築のための哲学（レストランで、料理のレシピを見て新しい料理を提案するようなものです）。Linux、Android、Firefox、WordPressなど、人気のアプリケーションやプラットフォームの多くはオープンソースです。また、多くのプログラミング言語やソフトウェア開発ツールもオープンソースです。

■ ペルソナ

デザイナーが市場にいるユーザーのタイプをまとめるために作成する人物像。ペルソナには名前、背景、性格などが設定されます。たとえば、リンクトインのペルソナは、学生のサンジャナ、採用担当者のリッキー、就職活動中のジャッキーなどとなります。

■ プロトタイプ

アプリケーションやウェブサイトの初期バージョンで、アプリケーションのメーカーがユーザーにアイデアを試してもらうためのもの。プロトタイプには、クリックできるウェブサイトのような複雑なものから、付箋紙のようなシンプルなものまであります。

■ React

フェイスブックが開発したウェブアプリケーション構築用のフレームワーク。フェイスブック、インスタグラム、スポティファイ、ニューヨーク・タイムズ、ツイッターなど、多くのウェブサイトでReactが使用されています。

■ レスポンシブウェブデザイン

スマホ、タブレット、ラップトップなど、あらゆるスクリーンサイズでウェブサイトをうまく動作させること。たとえば、ニューヨーク・タイムズは、大きな画面（および印刷された紙）では複数の列のテキストを表示しますが、小さな画面では1列しか表示しません。

■ Ruby on Rails

Rubyを使ってウェブアプリケーションを構築するためのフレームワーク。エアビーアンドビー、ツウィッチ、スクウェアなどはRuby on Railsで作られています。RoR、Railsとも呼ばれます。

■ スクラム

ソフトウェア開発チームが数週間ごとに新機能をリリースし、作業を「スプリント」にまとめる、アジャイル開発の1つ。毎日15分間のスタンドアップミーティングを行うことが多く、他のメンバーが何をしているかを全員が把握し、重要な情報をチーム全体で共有できます。

■ サーバ

ウェブサイトや多くのアプリケーションを動かすコンピュータ。サーバにはしばしば、スクリーンやタッチパッド、マイクなどの機器がありません（代わりに、その計算能力と巨大なハードドライブだけが利用されています）。

■ スタック

アプリケーションやウェブサイトを構築するために必要な一連の技術。アプリケーションのフロントエンドツール、バックエンドツール、データベースの選択などが含まれます。自動車に例えるなら、自動車の「スタック」には、特定の種類の内装、エンジン、タイヤ、ヘッドライトなどが含まれます。

■ ターミナル

コンピュータに搭載されているテキストベースのインターフェースで、開発者がソフトウェアを構築する際に使用します。コードを書いていなくても、複雑なカスタマイズをするのに便利です。いくつかのアプリケーションは、私たちが慣れ親しんでいるポイント＆クリック式のインターフェースではなく、ターミナルからしか実行できません。コマンドライン、シェル、Bashなどとも呼ばれます。

■ Unix

LinuxやmacOSを含むオペレーティングシステムの一群。

■ ワイヤーフレーム

アプリケーションやウェブサイトの「骨組み」を描く簡単な方法で、エッセイを書く前にアウトラインを作るようなもの。ワイヤーフレームは、紙の上に線を引くだけでできます。ボタンや画像はボックスに、サイドバーは長方形に、テキストはくねくねとした線に、といった具合です。ワイヤーフレームは、コード化される前に、ページの要素がどこに置かれるべきかを把握するのに役立ちます。

テクノロジーの略語

略語は、ソフトウェアの専門用語の中で最も苛立たしいものかもしれません。ここでは、代表的なものをいくつか紹介します。

■ AJAX

あるウェブサイトが他のウェブサイトからAPIを使って情報にアクセスする方法。JavaScriptを使用します。

■ API

Application Programming Interfaceの略。あるアプリが別のアプリから情報を取得したり、別のアプリに何かをさせたりする方法。たとえば、ツイッターには、他のアプリが誰かの代わりにツイートを投稿するためのAPIがあり、ESPNには、最新のスポーツスコアを取得するためのAPIがあります。

■ AWS

Amazon Web Services（アマゾン・ウェブ・サービス）の略。クラウド上にデータを保存したり、アプリケーションを実行したりするためのプラットフォームです。

■ CDN

Content Delivery Network（コンテンツ・デリバリー・ネットワーク）の略で、ウェブサイトが画像やCSSファイルといった「静的」資産をより速く提供するために、別の専用ウェブサイトを利用する方法。これらのCDN専用ウェブサイトは、コードを実行する代わりにファイルを保持することに特化しており、世界中に多数のサーバが散在しているため、誰でも通常よりもはるかに速くファイルを入手できます。

■ CPU

Central Processing Unit（中央処理装置）の略。コンピュータや携帯電話の「頭脳」であり、OSやアプリケーションを動かします。

■ FTP

File Transfer Protocolの略。ウェブサーバとの間でファイルを送受信するためのプロトコルです。

■ GPU

Graphics Processing Unit（グラフィックス・プロセッシング・ユニット）の略で、グラフィックスの描画に最適化されたコンピュータの特殊なパーツ。「ハードウェアアクセラレーションによるアニメーション」という言葉を耳にすることがあれば、それはGPUを使用したものです。

■ HTTP

HyperText Transfer Protocol（ハイパーテキスト・トランスファー・プロトコル）の略で、インターネット上のウェブページを閲覧するためのプロトコル。プロトコルとは、情報をどのように転送するべきかという一連のルールを意味します。

■ HTTPS

HyperText Transfer Protocol Secure（ハイパーテキスト・トランスファー・プロトコル・セキュア）の略で、HTTPを暗号化したもの。銀行取引や決済、電子メールやウェブサイトへのログインなど、安全なオンライン通信に使用されます。

■ IaaS

Infrastructure-as-a-Service（インフラストラクチャー・アズ・ア・サービス）の略で、他社のサーバスペースを借りてアプリケーションを動作させられるツール。AWSがIaaSの一例です。

■ IDE

Integrated Development Environment（統合開発環境）の略で、開発者が特定のソフトウェアを容易に構築できるようにするための専用アプリケーション。たとえば、Eclipseは、JavaとAndroidのためのIDEです。料理人が自分専用のキッチンを持ち、特定の道具や材料を使うのと同じです。

■ I/O

Input/Outputの略で、ファイルの読み書きを行うこと。多くのスタートアップ企業が「.io」というドメインを使うほど、テクノロジーとほぼ同義語になっています。

■ IP

Internet Protocol（インターネットプロトコル）の略で、インターネット上においてコンピュータ間でデータの「パケット」をやり取りするためのプロトコル。TCPと密接に連携していて、HTTPはTCPとIPの上に構築されます。

■ MVC

Model-View-Controller（モデル・ビュー・コントローラ）の略で、オブジェクト指向プログラミングをベースにした、コード整理法の1つ。ウェブやアプリケーションの開発フレームワークの多くがMVCを採用しています。

■ MVP

Minimum Viable Product（ミニマム・バイアブル・プロダクト）の略で、アジャイル開発において、初期のテストに使用される初期段階のプロトタイプ。たとえば、オンラインの靴販売会社であるザッポスのMVPを考えてみましょう。創業者たちは、地元の店舗で靴の写真を撮ってウェブサイトに掲載し、誰かが靴を「購入」するたびに、その店舗から靴を購入して郵送しました。MVPとは、そのアイデアが人々に受け入れられるかを確認するためのシンプルで初期バージョンのアプリケーションなのです。

■ NLP

Natural Language Processing（自然言語処理）の略で、人間の言語を理解するための人工知能の一種。

■ NoSQL

Not only SQLの略で、SQLに代わるデータベースの構築方法の1つ。NoSQLは、SQLのように行や列を扱うだけでなく、より自由な形でデータと対話することを重視しています。

■ OOP

Object Oriented Programming（オブジェクト指向プログラミング）の略で、理解、再利用、構築が容易になるようにコードを構成するプログラミング手法。ボタンやピクチャといったインターフェイス要素から、顧客や犬のような概念まで、すべてをオブジェクトとして表現します。たとえばスナップチャットには、ユーザー、スナップ、グループ、ステッカー、ストーリー、カメラボタンなどのオブジェクトがあります。それぞれのオブジェクトには、関連するデータやアクションがあります。たとえば犬は、自分の名前と、どのように吠えるかを理解しています。

■ PaaS

Platform-as-a-Service（プラットフォーム・アズ・ア・サービス）の略で、コードを送るだけでアプリを実行してくれるツール。複雑さの点ではIaaSとSaaSの中間となります。

■ RAM

Random-Access Memory（ランダムアクセスメモリ）の略で、コンピュータの「短期」メモリのこと。アプリケーションは開いているブラウザタブなどの一時的なデータを保存するためにRAMを使用します。一般に、端末は、RAMが多ければ多いほど高速になります。

■ REST

Representation State Transferの略で、一般的なAPIの一種。このタイプのAPIはRESTfulと呼ばれます。

■ ROM

Read-Only Memory（リード・オンリー・メモリ）の略で、ハードウェアに焼き付けられ、通常は変更できない情報の記憶装置。コンピュータは、コンピュータの起動に必要なコードをROMに格納しています。ファームウェアとも呼ばれます。

■ SaaS

Software-as-a-Service（ソフトウェア・アズ・ア・サービス）の略で、インターネット上で提供されるソフトウェア。多くの場合、ウェブブラウザ上で使用します。Google Docsはその典型的な例です。SaaSアプリケーションはしばしば、アプリを前もってダウンロードして支払うのではなく、月単位または年単位で支払う必要があります。

■ SDK

Software Development Kit（ソフトウェア開発キット）の略。アンドロイドやGoogleマップなど、特定プラットフォーム向けのアプリケーションを開発するためのツールをまとめたものです。

■ SEO

Search Engine Optimization（検索エンジン最適化）の略で、グーグルの検索結果で上位に表示されるようにウェブサイトを変更すること。たとえば、ページのタイトルや見出しに適切なキーワードを含めることなどがあげられます。

■ SHA

Secure Hash Algorithm（セキュア・ハッシュ・アルゴリズム）の略で、安全な通信の符号化と復号化に使用される一般的な暗号化アルゴリズム。SHAには複数のバージョンがありますが、本稿執筆時点での最新バージョンはSHA-3です。

■ TCP

Transmission Control Protocol（伝送制御プロトコル）の略で、情報を小さな塊に分割して、インターネット上で簡単に送信できるようにするためのプロトコル。

■ TLD

.com、.org、.govといったドメイン名の末尾。各国には、「ccTLD」と呼ばれる独自のTLDがあります。フランスには「.fr」、メキシコには「.mx」、インドには「.in」などがあります。

■ TLS

Transport Layer Security（トランスポート・レイヤー・セキュリティ）の略で、インターネット上で送信される情報を暗号化し、ハッカーが通信を盗み見できないようにする方法。HTTPSで使用されます。

■ UI

User Interface（ユーザーインターフェース）の略で、アプリケーションやウェブサイトの見栄えを重視したデザインの一種。色、フォント、レイアウトなどを扱い、UXとセットで使われることが多くなります。

■ URL

Uniform Resource Locator（ユニフォーム・リソース・ロケータ）の略で、"https://maps.google.com"や "https://en.wikipedia.org/wiki/Llama"のようなウェブページのアドレス。

■ UX

User Experience（ユーザー・エクスペリエンス）の略で、アプリやウェブサイトを使いやすくすることに焦点を当てたデザインの一種。ウェブサイトやウェブページのパーツの配置方法を扱い、UIと対になることが多くなります。

ビジネスサイド

ソフトウェア開発者に負けず劣らず、テック企業のビジネスパーソン（マーケティング担当者やストラテジストなど）にも、お気に入りの専門用語があります。

■ B2B

B2B（Business-to-Business）とは通常、一般人ではなく、他の企業に向けて販売する企業のこと。有名なB2Bテック企業には、クラウドコンピューティングサービスを提供するIBMや、技術コンサルティングを提供するアクセンチュアなどがあります。

■ B2C

B2C（Business-to-Consumer）とは、一般消費者に向けて販売する企業。たとえば、フィットビット、ナイキ、フォードなどはB2Cです。B2BとB2Cの両方を兼ねる企業もあります。たとえば、コカ・コーラは買い物客に炭酸飲料を販売していますが、大学やホテル、レストランにも販売しています。また、マイクロソフトはOfficeを一般消費者と大企業の両方に販売しています。

■ 直帰率

アプリやウェブサイトの訪問者が、リンクをクリックするなど、意味のあることをせずに帰ってしまう頻度。直帰率が高いということは、訪問者がウェブサイトの内容に興味を持っていないことを示唆しているかもしれません。

■ コールトゥアクション（CTA）

「メーリングリストに参加する」「カンファレンスに登録する」など、訪問者に何らかの行動を促すボタンやリンクのことです。

■ チャーンレート

特定期間に企業が失うユーザーの割合。たとえば、1,000人がOffice 365に申し込んだものの、翌年に契約を更新したのは750人だけだった場合、解約率は25％となります。

■ コスト・パー・クリック（CPC）

グーグルに代表されるインターネット広告の一種。CPCでは、誰かが広告をクリックするたびに広告主に少額の料金が請求されます。ペイ・パー・クリック（PPC）とも呼ばれます。

■ コスト・パー・ミル（CPM）

インターネット広告の一種。CPMでは、グーグルの検索結果など、ウェブサイト上で1,000人が広告を閲覧するたびに、広告主は定額料金を支払います。ペイパー・インプレッション（PPI）とも呼ばれます。

■ クリック・スルー・レート（CTR）

広告をクリックした人の数を、その広告を見てクリックする選択肢があった人の数で割ったもの。言い換えれば、平均的な人が広告をクリックする可能性のことです。広告がどれだけ成功したかを測る方法です。

■ コンバージョン

コンバージョンとは、ユーザーが企業の望む行動をしたときに得られるもので、詳しい行動は企業の目標によって変わります。コンバージョンには、メーリングリストへの参加、アカウントへのサインアップ、商品の購入などが含まれます。

■ カスタマー・リレーションシップ・マネジメント（CRM）

企業が顧客やビジネスパートナーとの関係を追跡するために使用するソフトウェア。企業はCRMソフトウェアを使用して、電子メール、ミーティングノート、およびその他のデータを追跡できます。

■ ファネル

商品購入などの特定「コンバージョン」を行う前に、潜在顧客層がどのように縮小するかを示す比喩。たとえば、ECサイトに1,000人が訪れたときには、500人が何かを検索し、100人が何かをカートに入れ、50人が購入するのです。

■ 主要業績評価指標（KPI）

企業が製品、チーム、従業員の成功を把握するために使用する指標。たとえば、ユーチューブのKPIには、ユーザー数、ビデオ数、ビデオ視聴数などがあります。

■ ランディングページ

特定層をターゲットにした小さなウェブページで、訪問者の連絡先情報と引き換えに、しばしば電子書籍やメーリングリストといった有用な情報を提供します。マーケティング用語では、「リード」を獲得するためのターゲットとなる方法です。

■ リード

あるサービスの利用や商品の購入に興味を示した人のこと。マーケティング担当者は、見知らぬ人をリードに変え、リードを顧客に変えようとしています。

■ ライフタイムバリュー（LTV）

顧客との関係が続いている間に、顧客が直接的または間接的にどれだけのお金をもたらしてくれるかの程度。たとえば、大学の書店が、学生が4年間で年間500ドルを教科書に費やすと考えた場合、学生1人当たりの生涯価値は2,000ドルとなります。一般に企業は、顧客のLTVがその人を顧客にするためのコスト（顧客獲得コスト、CACと呼ばれます）よりも高い場合にのみ、その顧客を獲得しようとします。

■ 市場浸透率

製品や業界が対象市場にどれだけ実際に到達しているかを示す指標。たとえば、米国には約3,000万人のティーンエイジャーがいますが、ティーンエイジャーに特化したSNSに600万人のティーンエイジャーのユーザーがいれば、ティーンエイジャー市場における市場浸透率は20%となります。

■ 市場の細分化

巨大で多様な市場を、より小さく、より具体的なものに分解すること。たとえば、性別、地域、関心事（サイコグラフィック）、収入（いわゆる「行動的」セグメンテーションの一部）などで市場を区分できます。

■ ネットプロモータースコア（NPS）

顧客満足度を測定する指標。顧客に製品やサービスを0（嫌い）から10（好き）の間で評価してもらいます。

■ 投資収益率（ROI）

あるプロジェクトにおける利益とコストの比率。たとえば、広告キャンペーンに2,000ドルを費やし、その結果2,600ドルのソフトウェアを追加販売した場合、ROIは30％となります。ROIは、「費用対効果」を測る手段に過ぎません。

■ 中堅・中小企業（SMB）

一般に、従業員数1,000人以下の企業のこと。

■ バリュー・プロポジション

消費者がその商品を有用だと思う理由を説明する短い文章。たとえば、電子書籍サイト「スクリブド」は、2015年に「世界のすべての本を所有するように読む」というバリュープロポジションを用いました。

■ 前年同期比（YoY）

ある時点と1年前の間の指標の変化。この指標は、指標に季節変動がある場合に有効です。たとえば、教育用ソフトウェアの売上が夏にはいつも低い場合、今年の6月の売上を今年の3月と比較するに意味はありません。代わりに、去年の6月と比較するのです。

テック企業における役割

テック企業では、マーケティング担当者やCEO、人事担当者など、「普通」のプロフェッショナルを採用しています。しかし、ソフトウェアは一般の物質的な商品とは異なる作り方をしているため、テック企業特有の役割があります。ここでは、ソフトウェア業界における役割を簡単にご紹介します。

■ バックエンド・エンジニア

データベースやウェブサーバを扱うソフトウェアエンジニアです。たとえば、フェイスブックのバックエンドエンジニアは、フェイスブックのスーパーコンピュータが何十億枚もの写真を保存し、毎日何十億人もの訪問者を処理するためのコードを書いています。ソフトウェアエンジニアの項も参照のこと。

■ データサイエンティスト

データサイエンティストは、会社のデータ（顧客、売上、使用状況など）を分析し、会社のビジネス戦略や製品に反映させます。

■ デザイナー

デザイナーは、アプリやウェブサイトを美しく機能的にします。また、ロゴ、色、ブランディングなどのデザインも行います。デザイナーには、UI、UX、ビジュアル、モーションなど、様々な種類があります。

■ フロントエンドエンジニア

顧客向けのアプリやウェブサイトを構築するソフトウェアエンジニア。たとえば、フェイスブックのフロントエンドエンジニアは、フェイスブックのウェブサイトやアプリの見た目や動作を良くします。ソフトウェアエンジニアの項も参照のこと。

■ プロダクトマネージャー（PM）

PMは、ビジネス、デザイン、エンジニアが交差する立場です。PMは、顧客やビジネスのニーズに基づいて、どのような製品（アプリ、ウェブサイト、ハードウェア）を作るか、その製品にはどのような機能が必要かを決定し、エンジニアと協力して製品を作り、発売します。PMは、オーケストラの指揮者のようなもので、様々なパートが連携して素晴らしい音楽（この場合はソフトウェア）を作り上げるのをサポートします。

■ プロダクトマーケティングマネージャー（PMM）

プロダクトマネージャーの中でも、よりマーケティングに特化した立場で、製品を作るのではなく、製品の発売やマーケティングに力を入れます。

■ 品質保証エンジニア（QA）

ソフトウェアやハードウェアを厳密にテストしてバグを探し出し、ソフトウェアが堅牢であることを確認するエンジニアです。

■ ソフトウェアエンジニア

コードを書き、ソフトウェアを構築する人。SWE、ソフトウェア開発者、またはdevとも呼ばれます。

索　引

A-Z、数字

あ行

か 行

さ行

な 行

た 行

は行

わ行

ま行

や行

ら行

■ブックデザイン　小口翔平＋三沢稜＋須貝美咲（tobufune）
■DTP・図版作成　西嶋 正

ソフトウェアカンパニーの秘密

テック企業の戦略から見えてくるDXの鍵

2021年12月25日　初版第1刷発行

著　者　ニール・メタフ、アディティヤ・アガシェ、パース・デトロージャ
訳　者　イノウ
発行人　片柳 秀夫
発行所　ソシム株式会社
https://www.socym.co.jp/
〒101-0064 東京都千代田区神田猿楽町 1-5-15　猿楽町SSビル
TEL　03-5217-2400（代表）
FAX　03-5217-2420
印刷・製本 中央精版印刷株式会社

定価はカバーに表示してあります。

落丁・乱丁は弊社編集部までお送りください。送料弊社負担にてお取り替えいたします。

ISBN978-4-8026-1343-9